KB004770

반감고객들

반감고객들

무엇이 고객을 등 돌리게 하는가?

2014년 5월 30일 초판 1쇄 발행

지 은 이 | 최순화
펴 낸 곳 | 삼성경제연구소
펴 낸 이 | 정기영
출판등록 | 제302-1991-000066호
등록일자 | 1991년 10월 12일
주　　소 | 서울특별시 서초구 서초대로74길 4 (서초동) 28~31층 (우137-955)
전　　화 | 02-3780-8153(기획), 02-3780-8084(마케팅), 02-3780-8152(팩스)
이 메 일 | seribook@samsung.com

ISBN | 978-89-7633-460-2　03320

삼성경제연구소 도서정보는 이렇게도 보실 수 있습니다.
홈페이지(http://www.seri.org) → SERI 북 → SERI가 만든 책

반감고객들

| 무엇이 고객을 등 돌리게 하는가? |

최순화 지음

삼성경제연구소

마케팅 관련 연구자나 실무자들의 목표와 관심은 예나 지금이나 한결같이 고객을 유혹하는 새로운 제품과 서비스, 마케팅 기법을 개발해 사랑받는 브랜드, 사랑받는 기업을 만드는 데 있다. 나 역시 기업연구소와 대학에서 소비자를 연구하면서 '그들은 무엇을, 왜 선호하는가?' '어떻게 그들을 충성고객, 마니아고객으로 전환시킬 수 있는가?'라는 질문에 답하고자 대부분의 시간과 노력을 들여왔다.

그러나 연구자가 아닌 한 사람의 소비자로서 실제의 생활을 들여다보면 만족이나 감동은커녕 실망과 불쾌한 경험으로 점점 더 많이 채워지고 있는 듯하다. 예컨대 얼마 전 10년 넘게 이용해온 인터넷 서비스를 해지하기 위해 고객센터로 전화를 걸었을 때의 일이다. 상냥한 목소리로 새로운 혜택을 제시하며 이탈을 막으려던 직원은 내 마음이 바뀌지 않을 것이라고 판단한 순간 태도가 돌변했다. 퉁명스럽게 해지 전용 전화번호를 알려주며 귀찮다는 듯이 전화를 끊어버린 것이다. 이런 일이 흔하다는 얘기를 들어온 터였지만 직접 경험했을 때의 당혹스러움과 배신감은 깊은 흔적으로 남았다.

이 정도는 아닐지라도 소소한 불쾌감이 마음에 쌓이는 경우는 훨씬 많다. 온라인으로 주문해 배달된 장거리가 속이 훤히 보이도록 문 앞에 놓여 있을 때면 마치 사생활이 만천하에 공개된 듯한 기분을 느끼게 된다. 그 기업은 나를 주기적으로 거래하는 충성고객으로 분류할지 모르지만, 실제의 나는 반복되는 실망이 절망감과 체념으로 바뀌어 언제라도 떠날 준비를 하고 있다. 이외에도 주변을 둘러보면, 확고한 신념이나 가치관을 가지고 절대 거래하지 말아야 할 기업이나 브랜드를 손꼽는 사람들이 점차 많아지고 있다. 고객을 유혹하려는 기업의 마케팅 활동이 오히려 소비시장의 피로도와 불안감을 높이는 요인으로 작용한 지도 이미 오래다.

특정 제품이나 브랜드에 열광하는 소비자들의 뒤에는 실망, 수치심, 혐오, 분노 등 다양한 부정적 감정을 품은 수많은 소비자들이 존재한다. 소비자의 요구가 까다로워지고 기업은 물론 언론, 정부 등에 대한 사회적 불신이 높아짐에 따라 이들 '반감(反感)고객들'은 더욱 증가할 것으로 보인다. 그렇다면 과연 첨단 기능, 프리미엄 서비스와 같은 전형적인 고객만족 요인만으로 반감고객들의 마음을 돌릴 수 있을까? 제품 결함이나 서비스 실수는 고객불만을 야기하는 표면적이고 부분적인 요인에 지나지 않는다. 다양한 부정적 상황에서 형성되는 고객반감은 제품이나 서비스 개선 차원에서 한 걸음 나아가, 반감의 형성 과정과 유형에 대한 심층적인 이해가 기반이 되어야만 근본적인 예방, 효과적인 사후 관리가 가능하다.

이 책은 '왜 소비하는가?'가 아닌 '왜 거부하는가?'의 관점에서 출발했다. 직접적으로 불만을 제기하는 소비자 외에도 다양한 사회적 · 심리적 이유로 기업이나 브랜드에 반감을 갖게 된 많은 소비자들이 있음에도 불구하고 그들은 여전히 마케팅 연구의 사각지대로 남아 있다. 이 책은 그동안 기업이 제대로 돌아보지 않고 주변적으로 인식해 온, 분노하고 저항하는 소비자들을 브랜드 생명을 유지하고 성장하기 위한 새로운 기회라는 관점에서 바라본다. 고객반감을 형성하는 요인과 과정을 살펴보고 반감고객들의 유형에 따른 대응전략을 소개하는 이 책이 소모적인 마케팅 경쟁에서 벗어나 보다 성숙한 고객관계를 구축하고자 하는 기업들에 작은 힘이나마 보탬이 되기를 희망한다.

2011년 "안티소비, 왜 주목해야 하나?"라는 보고서에서 시작되어 이 책이 발간되기까지 오랜 기간에 걸쳐 여러 방면으로 도움을 주신 삼성경제연구소의 정기영 소장님과 출판팀에 깊은 감사를 보낸다. 또 인생의 멘토로 언제나 응원과 격려를 보내주시는 부모님께도 사랑과 감사의 마음을 전한다.

2014년 5월

최순화

차례

이별을 통보하는 고객들

안티 브랜드
_개인적 차원의 반감고객들

안티 마케팅

_ 사회적 차원의 반감고객들

Bad is stronger than good!

스위스 브베(Vevev)에 위치한 글로벌 최대 식품 기업 네슬레의 본사에는 마치 뉴스룸처럼 사방이 모니터 스크린으로 도배된 큰 공간이 있다. 킷캣(KitKat) 초콜릿과 네스카페 등 2,000여 개 네슬레 브랜드의 소셜미디어 정보를 총괄하는 디지털촉진팀(DAT ; Digital Acceleration Team)의 사무실이다. DAT의 정예요원들은 모니터에 계속 업데이트되는 SNS 정보, 즉 친구와 네스카페를 같이 마신 이야기, 인도에서 라면의 대명사가 된 '매기(Maggi)'의 요리법, 반려동물 사료인 '퓨리나(Purina)' 블로그에 올라온 귀여운 강아지 사진까지 방대한 대화 내용을 실시간으로 모니터링한다.

펩시, 유니레버, 다논 등 소비자 마케팅을 선도하는 글로벌 기업들처럼 네슬레도 홍보와 판촉 수단으로 소셜미디어를 적극 활용한다.

그러나 2011년 신설된 DAT에는 또 다른 중요한 목적이 있다. 바로 온라인상의 적대적 소비자(online enemy)를 조기에 발견해 상황 악화를 막는 것, 즉 브랜드 훼손을 방지하는 일이다.

2012년, 설립 5년 만에 미국 요구르트시장에서 매출 10억 달러를 달성하며 글로벌 최대 규모의 요구르트 기업 다논을 위협하고 있는 초고속 성장기업 초바니(Chobani)도 고객관리 포커스가 남다르다. 자사 브랜드에 불만과 반감을 지닌 '부정적 소비자'를 기업 발전의 밑거름으로 삼는다는 점이 그렇다. 초바니의 CEO 함디 울루카야(Hamdi Ulukaya)는 자신의 휴대폰 번호를 공개해 고객이 자신에게 직접 불만 내용이나 부정적 이야기를 전송할 수 있도록 했으며, 유용한 불만을 제기한 고객은 마케팅 담당자로 채용하기도 했다. 혁신 기업 아마존도 고객이 CEO 제프 베조스(Jeff Bezos)의 이메일로 직접 불만과 개선할사항을 전달하도록 하는 등 신속한 문제 해결을 최우선시하고 있다.

대다수 기업이 고객의 기대를 넘어서는 전략으로 고객만족에 그치지 않고 고객감동(delight)을 이끌어내기 위해 노력할 때, 네슬레와 초바니, 아마존 같은 기업들은 불만과 반감을 지닌 부정적 고객에 더욱 집중한다. 이들이 부정적 소비자를 중시하게 된 배경은 지난날 고객 반감에 안일하게 대응하다 혹독한 비난을 받은 과오, 고객불만에 귀 기울인 덕분에 가속화된 브랜드 성장, 완벽주의를 추구하는 CEO의 경영철학 등 각각 다르다. 그러나 공통점이 하나 있다. 부정적 경험·감정·피드백이 긍정적 경험·감정·피드백보다 영향력이 훨씬 크다는 것, 다시 말해 '부정은 긍정보다 강하다(Bad is stronger than good)'[1]

라는 사실을 정확히 이해하고 있는 기업들이라는 점이다.

아무리 맛있는 음식이라도 계속 먹다 보면 어느 순간 더는 맛있다고 느끼기 어렵고, 특별대우를 자주 받다 보면 고마움을 잊기 쉽듯이 훌륭한 제품과 서비스를 지속적으로 경험한 소비자는 기대치가 점점 더 높아지게 되고 따라서 그 기대치를 충족하기란 더욱 어려워진다. 예를 들어 아메리칸 에어라인(American Airlines)이 항공사 마일리지 서비스를 처음 선보였을 때는 모든 고객이 이 새로운 서비스에 기뻐하고 고마워했지만, 이제는 마일리지 사용과 관련된 작은 불편만 겪어도 강력하게 항의한다. 실제로 글로벌 기업들을 대상으로 조사해본 결과 전체의 89%가 고객이 기대하는 이상의 가치를 제공하고 있다고 대답한 반면, 해당 기업의 고객들을 대상으로 조사했을 때는 그 84%가 최근 서비스가 자신의 기대에 미치지 못했다고 불평했다.[2]

지금 소비시장은 행복감을 느낄수록 행복감에 대한 기준이 점점 높아져 오히려 행복감을 느끼지 못하는 이른바 '쾌락의 쳇바퀴(hedonic treadmill)', '만족의 쳇바퀴(satisfaction treadmill)'에 빠져 있다. 기업들이 새로운 자극을 발굴하고 상품화하는 데 집중함에 따라 반드시 충족되어야 하는 요인이 점점 많아지고, 당연시되는 기본 기능과 서비스에서 불만족을 경험한 소비자의 실망과 불만, 분노의 강도는 더욱 커지고 있다. 매장에서의 '끔찍한' 경험에 대한 소비자 인터뷰 결과 판매직원의 무시, 원하는 제품의 재고 부족 등 가장 기본적인 부분에서 경험한 불쾌감은 뚜렷이 기억되고 있는 것으로 나타났다.[3]

고객반감이 기업에 미치는 영향도 점차 커지고 있다. 미국, 유럽, 아

프리카, 호주 등지의 7만 5,000여 명 소비자를 대상으로 조사한 결과 기분 좋은 경험을 한 소비자는 그중 25%만이 자기 경험을 누군가에게 이야기한 반면 불쾌한 경험을 한 소비자는 그중 65%가 부정적 이야기를 전달했다고 한다. 또 10명 이상의 주변 사람에게 자기 경험을 전달한 비중은 긍정적 경험을 지닌 소비자의 경우 23%에 머무른 반면 부정적 경험을 한 소비자는 48%에 달해, 실망과 불쾌감의 파급효과가 즐거운 경험의 파급효과보다 훨씬 크다는 것을 알 수 있다. 게다가 고객접점에 있는 직원들이 분노한 고객의 희생양이 되거나 직장에 대한 자부심을 잃어 조직 내부적으로도 위기를 겪을 수 있다.

과열된 마케팅 경쟁은 소비자의 혼란과 피로감 증대, 불필요한 소비로 인한 자원 낭비 같은 역효과도 유발한다. 소비자 니즈를 충족시키는 데 충실하기보다는 경쟁사에 비해 더 많은 기능을 갖춘 상품을 더 빨리 출시하려는 데 혈안이 되는 탓이다. 이른바 '경쟁을 위한 경쟁'은 소비자의 합리적 의사결정을 저해하는 결과를 초래한다. 과도한 상품 및 정보의 범람으로 인해 소비자들은 쉽게 싫증을 내거나 새로운 자극에 둔감해지고, 그에 따라 기업은 더 강력한 자극을 제공해야 하는 악순환이 되풀이되는 것이다. 결국 기업의 과도한 경쟁은 소비시장 전반에서 피로와 스트레스를 증폭시키는 비효율적 마케팅, 한마디로 마이너스섬(minus-sum) 게임과도 같다.

이 책은 신제품 및 신규고객 경쟁에 몰입한 기업들이 외면하고 있는 부정적 소비자, 불쾌감·절망감·분노를 경험한 반감고객들에게 초점을 맞춘다. 과연 이들이 누구를 대상으로 부정적 감정을 품고 있는

지(특정 브랜드 vs. 일반 마케팅), 그리고 부정적 감정을 어떤 식으로 표현하는지(투쟁 vs. 도피)에 따라 반감고객들을 4가지 행동유형(RAGE: Revenger, Abandoner, Guerilla, Escaper)으로 구분하여 소개한다. 그런 다음 각 유형의 반감고객들이 어떤 배경에서 불쾌감과 분노감을 경험하며 그로 인해 무엇을 요구하는지, 나아가 기업이 이에 어떻게 대처해야 좋을지 그 방식을 논의한다.

대중적 인지도가 높고 충성고객을 많이 거느리고 있다고 생각하는 브랜드일수록 고객과의 관계를 냉정하게 점검해봐야 한다. 진정한 소통을 통해 고객을 제대로 이해하고 있는지, 혹여 고객의 속마음은 모른 채 동상이몽의 관계를 유지해오고 있었던 것은 아닌지 살펴봐야 할 것이다. 고객을 뺏고 뺏기는 소모전에 빠져 시한폭탄 같은 반감고객들을 외면하고 있지는 않은지, 선두 자리를 차지하기 위한 비효율적인 신제품 경쟁의 쳇바퀴 페달만 밟아대고 있는 것은 아닌지 진지한 고민이 필요한 시점이다.

Part 1

이별을 통보하는 고객들

01

고릴라가 보이지 않는다고?

"이제 나는 당신을 떠납니다"

2012년 8월, 오랜 역사를 자랑하는 미국의 대형 유통체인 JC페니(JCPenney)의 CEO 론 존슨(Ron Johnson)은 고객으로부터 편지 한 통을 받았다. 당시 JC페니는 매장 인테리어를 대대적으로 바꾸고, 할인과 쿠폰 증정 등 연간 수백 회에 달하는 이벤트를 없애는 대신 연중 단일가격으로 상품을 판매하는 획기적 변신을 시도하고 있었다. 편지의 발신자는 1995년부터 JC페니를 이용해오면서 스스로 충성고객임을 자부하는 플래티넘 고객이었다.

"우리 여성들에게 단골 백화점은 베스트 프렌드와 같아요. 우리 일상은 그 친구가 제안하는 상품과 아이디어로 가득 차 있지요. 그런데 지금 JC페니는 우리가 알던 베스트 프렌드가 완전히 다른 사람으로 돌변해 그간의 우정을 접으려는 것 같군요. 우리 생각과 요구를 무시한 갑작스러운 변화는 단순히 불편함만을 주는 것이 아니에요. 그동안 우리가 쌓은 신뢰관계를 무너뜨리고, 무엇보다 더는 우리를 가치 있는 고객으로 여기지 않는다는 좌절감을 안겨주네요.
우리를 당신의 대단한 전략을 이해하지 못하는 바보로 대하지 마세요. 우리는 당신의 새로운 모습을 알게 되었고, 거기에 배신감을 느낍니다. 오랜 친구를 잃은 데 충격을 받고 화가 날 뿐이에요."[1]

그해 11월, 영국의 한 경제 전문가도 유사한 내용의 글을 발표해 세계적으로 화제의 중심이 되었다. 13년간 의지하고 사랑하던 브랜드 애플을 향해 자신의 블로그를 통해 공개적으로 이별을 통보한 것이다.

"친애하는 애플, 이 결정은 나에게도 매우 어려운 일이었지만 단도직입적으로 말하겠습니다. 이제 나는 당신을 떠납니다. 그동안 정말 좋았지만 이젠 끝났습니다.
10대 시절 귀여운 디자인의 반투명 iBooks를 구입한 이후 13년간 iMac, iPod, iPod touch, iPod nano, iPhone, iPad를 사용하며 내 인생 대부분을 당신과 함께했습니다. 나는 서서히 당신에게 의존하게 되었고, 당신의 PR 대변인처럼 주변 사람들을 설득할 정도로 집착하기도 했습니다.

그렇지만 최근 당신의 모습은 이제까지 보여주었던 쿨하고 날카로운 모습과는 너무도 다릅니다. 새로운 OS와 전용 앱은 복잡하기만 할 뿐 쓸모가 없으며, 예전의 개성이 사라진 평범한 이미지에도 실망했습니다. 게다가 제품이나 서비스 실수에 대해서도 오만하게 대응하는 태도, 다른 제품을 깔보는 듯한 광고는 사람들을 불쾌하게 만들고 있을 뿐입니다.

아무튼 나는 이제 당신 없이도 완벽하게 잘 지낼 수 있게 되었습니다. 솔직히 말하자면 이미 몇 달 전부터 당신이 아닌 다른 이와 함께 생활하고 있고, 아무런 불편함이 없습니다. 당신이 지닌 몇 가지 사소한 부분은 아직도 마음에 들지만 당신이 나를 힘들게 한 시간을 보상해줄 정도는 아니네요. 그럼 안녕."[2]

열정적 마니아, 긴 세월을 함께한 충성고객의 이별 통보는 브랜드에게 쇠락의 신호탄과 같다. 100년이 넘도록 미국 유통시장의 역사를 주도해온 JC페니는 중장년 여성 소비자들에겐 오랜 친구와도 같았다. 그러나 새로 도입한 전략에 화난 소비자들이 외면하면서 2012년 3/4분기 동일 매장 매출이 26% 급락하는 위기에 부딪혔고, 결국 2013년 4월에는 론 존슨이 취임한 지 16개월 만에 CEO 자리를 내놓아야 했다. 혁신의 상징으로 여겨지며 매년 브랜드 가치 1, 2위를 석권하던 애플 역시 마니아 고객이 떠나는 징후가 보이는가 싶더니 곧이어 업계 2위 브랜드에 점유율이 뒤졌을 뿐 아니라 매출과 영업이익에서도 그 격차가 크게 줄어들었다.

소비자의 칭송과 동경 속에 성장한 브랜드들이 익숙하지 않은 '고객

반감(customer hatred)'[•] 으로 홍역을 치르고 있다. 특정 브랜드에 불만과 반감을 지닌 소비자가 전 세계적으로 계속 증가하고 있으며 그 영향력도 매우 커지고 있다. 미국의 대표적 소비자단체인 공정거래협회(Better Business Bureau)에 신고된 불만 건수는 매년 20% 넘게 증가하고 있으며, 한국소비자원에 접수된 불만 건수 역시 2006년 30만 9,545건에서 2011년 77만 8,000건으로 2배 이상 늘어났다. 그뿐 아니라 자신이 겪은 불쾌한 경험을 블로그와 소셜미디어를 통해 적극적으로 알리는 소비자도 많아지고 있다.

마케팅 경쟁이 과열되면서 전반적인 기업 마케팅 활동에 대한 불신감, 피로감도 증폭되고 있다. 매년 25개국에서 정부, 기업, NGO, 미디어에 대한 신뢰 수준을 조사하는 에델만 신뢰도 지표조사(Edelman Trust Barometer)의 2012년 결과를 보면 '불신사회'로 접어든 국가가 많아지고 있으며, 특히 한국인들의 기업 신뢰도는 30%로 전 세계 평균(47%)과 아태 지역 평균(51%)보다 훨씬 낮다.

신제품 출시 속도가 빨라지고 모바일 서비스가 일반화되면서 과다 기능·정보로 인한 피로감을 느끼는 소비자도 증가하고 있다. 2013년 SK커뮤니케이션즈가 네이트온 패널을 통해 싸이월드, 페이스북, 카카오스토리 중 1개 이상의 SNS를 사용하는 만 14~39세 남녀 1,037명을 대상으로 실시한 이용실태 조사 결과에 따르면, '콘텐츠 피드(feed)

• 반감(反感)은 '남의 말이나 행동, 태도 등에 대해 불쾌해하거나 반발하는 마음'을 의미한다. 이 책에서 고객반감은 실망감, 혐오감, 불쾌감, 분노감 등 고객이 경험하는 부정적 감정을 총칭하는 의미로 사용된다.

(88%),' '사생활 노출(85%)' 등에서 이용자 대부분이 SNS 피로감을 느끼는 것으로 나타났다. 또한 반(反)기업 · 반소비 운동에 동참하는 젊은 소비자도 많아졌다.

하지만 불만을 '표현'하고 혼란과 피로를 '호소'하는 소비자들은 빙산의 일각이다. 불쾌한 경험을 겪은 소비자 중 불만을 직접 전달하는 비중은 20%에 불과하며 마음속에서 증폭되는 불신감은 쉽게 밖으로 드러나지 않기 때문이다. 공개적 불평 없이 등을 돌리거나, 마지못해 관계를 유지하는 냉소적이고 무관심한 고객들은 대부분 침묵하고 있다. 부정적 감정을 품고 있거나 냉담한 소비자에게 달콤한 유혹의 손짓만 끊임없이 보내는 브랜드는 짜증을 불러일으키는 성가신 존재일 수밖에 없다. 기업 마케팅 활동의 근본적 가치 자체를 위협하며 큰 빙산으로 다가오는 '반감고객들'이야말로 이제 더는 외면할 수 없는 대상이다.

'보이지 않는 고릴라', 반감고객

자신이 보려고 하는 대상에만 주의를 집중하다 보면 다른 중요한 정보를 놓치기 쉽다. 바로 '주의력 착각'에 빠지는 것이다. 이 주의력 착각을 잘 보여주는 유명한 실험이 있다. 검은색 셔츠와 흰색 셔츠를 입은 두 팀이 농구 경기를 벌이는 동영상을 보여주면서 실험 대상자에게 흰 셔츠 팀이 몇 번이나 패스를 하는지 세어보라고 주문한다. 그런

데 사실 이 동영상에는 고릴라 분장을 한 학생이 천천히 무대 중앙에 등장해서 자기 가슴을 두드리고 난 뒤 나가는 장면이 포함되어 있었다. 그러나 패스 횟수를 세는 데만 집중한 대부분의 실험 대상자들은 이 고릴라의 존재를 전혀 인지하지 못한다. 연구를 진행한 심리학자 크리스토퍼 차브리스(Christopher Chabris)와 대니얼 사이먼스(Daniel Simons)는 이러한 현상을 자신이 보고 싶은 것에 정신이 팔려 뜻밖의 사실을 보지 못하는 '무주의 맹시(inattentional blindness)'로 설명한다.

반감고객들은 바로 오늘날의 기업들에게 '보이지 않는 고릴라'와 같다. 많은 기업이 자극적인 마케팅에 동조하고 즐거워하는 소비자들에게 주의력을 쏟느라, 실망과 분노감을 쌓아가는 반감고객의 존재는 미처 인지하지 못하고 있다. 이들 기업은 고객을 뺏고 뺏기는 제로섬 게임에 빠져 있는 탓에 정작 자신들에게 배신감과 원한을 품고 떠나거나 떠날 준비를 하는 고객은 외면한다. 하지만 이런 방식은 밑 빠진 독에 물 붓기와 같다. 순간적 고객 증가와 매출 증대에 치우쳐, 한편으로는 원망과 분노를 품은 적군을 키우고 있는 것이다.

앞서 언급했듯 안정적 성장세를 보이는 브랜드 기업들이 공유하는 특성 중 하나는 열광하는 고객의 칭송을 즐기기보다 부정적 감정과 불만을 지닌 고객, 즉 '보이지 않는 고릴라'에 집중한다는 점이다. 세계 최고의 혁신 기업으로 꼽히는 아마존의 예를 다시 들어보자. CEO 제프 베조스는 자신의 이메일을 공개해 고객이 불만을 자신에게 직접 전달할 수 있도록 했으며, 고객이 불만을 써서 보내오면 그 내용을 즉시 확인하고 곧바로 담당 직원에게 전달해 최대한 빨리 문제의 원인을 찾아 해결하도록 하고 있다. 이때 베조스가 담당 직원에게 전달하는 불만 이메일의 제목 앞에는 물음표('?')가 붙는데, 아마존 내부에서는 이 '물음표 이메일'을 시한폭탄으로 여기며 긴박하게 처리한다고 한다.

미국에서 웰빙 콘셉트로 각광받는 '그리스 요구르트' 시장에서 기존의 선두 기업 다논과 요플레를 제치고 점유율 1위를 차지한 초바니도 부정적 소비자가 기업 발전의 밑거름이라는 점을 강조한다. 터키에서 이민 온, 이 회사의 설립자이자 CEO인 함디 울루카야는 고객이 불평불만이나 제품에 관한 부정적 이야기를 즉각 자신의 휴대폰으로 전송할 수 있게 했으며, 의미 있고 유용한 불만을 제기한 고객을 마케팅 담당자로 채용하기도 했다. 초바니는 미국시장의 침체 속에서도 고성장을 거듭하여 2012년 매출이 2010년 대비 375%, 전년 대비 43% 성장해 무려 10억 달러에 이르렀다.[3]

기업은 기대수준이 높아진 소비자들과 첫사랑 같은 낭만적 관계를 꿈꾸기보다 서로의 허물까지 포용할 수 있는 보다 성숙한 관계로 발전해나가려 노력해야 한다. 성숙한 관계란 좋은 모습만 보이고 서로 칭찬만 하는 관계가 아니라 부족하고 불편한 모습에 대한 비난과 부정적 감정까지 받아들이며 신뢰를 쌓아가는 관계이다. 고객불평에 표면적이고 단발적으로 대응하기보다는 소비자의 반감과 스트레스를 유발하는 전반적 배경을 이해하여 잘 관리한다면 안정적 성장과 함께 새로운 시장기회를 창출할 수 있을 것이다.

: 분노고객의 비난을 기반으로 되살아난 도미노피자 :

2009년, 도미노피자의 한 매장 직원들이 재료로 심한 장난을 치며 비위생적으로 만든 피자를 파는 모습을 담은 유튜브 동영상이 퍼지면서 전 세계 소비자들의 공분을 산 사건이 벌어졌다. 도미노피자의 주가는 폭락했고 소비자 불매운동이 확산되었으며, 비위생적 조리 과정뿐 아니라 이전에는 별로 나오지 않던 이야기, 즉 '도미노피자가 얼마나 맛없는지'에 대한 불만까지 쏟아졌다.

도미노피자의 CEO는 즉각 사과했으며, 여기에 그치지 않고 이제껏 드러나지 않던 고객들의 부정적 의견을 수집하기 위해 '피자 턴어라운드(Pizza Turnaround)'라는 대대적 캠페인을 시작했다. 캠페인을 통해 도미노피자는 홈페이지와 소셜미디어에서 소비자들의 불만을 적극 받아들이는 동시에 다양한 고객층을 대상으로 한 포커스 그룹 인터뷰를 실시했다.

"차라리 피자 박스를 씹어 먹겠다", "소스 맛이 케첩보다 못하다", "다시는 맡고 싶지 않은 냄새가 난다" 같은 적나라한 이야기가 쏟아져들어왔고, 다양한 채널을 통해 수집된 의견은 홈페이지는 물론 타임스퀘어 전광판, 라이브쇼로 공개되었다. 도미노피자는 고객불만을 바탕으로 밀가루와 치즈 등 재료와 조리법을 바꾸었으며 실제 고객들의 적나라한 불평과 기업의 반성, 개선된 제품 등을 담은 내용으로 TV광고도 만들었다.

점원들의 장난으로 시작된 위기 상황이 오히려 그동안 숨겨져 있던 크고 작은 고객불만을 끄집어내 개선할 수 있는 좋은 계기가 된 것이다. 만약 이 사건이 없었다면 도미노피자는 그저 덩치만 큰 회사가 만든 맛없는 피자에 실망한 고객들이 하나둘 떠나는 상황에 직면했을지도 모른다. 하지만 도미노피자는 전혀 다른 길을 걸었다. 도미노피자는 캠페인을 시작하고 채 6개월도 되기 전에 주가가 150% 오르는 기적을 이루었고, 2010년 매출이 전년 대비 12% 상승하는 성과를 거둘 수 있었다.

사랑받는 만큼 미움도 받는 파워 브랜드

파워 브랜드를 꿈꾸는 기업은 브랜드 명성(reputation)의 양면성을 반드시 이해해야 한다. 디지털 마케팅 전문 컨설팅 업체인 소셜미디어 익스플로러(Social Media Explorer)는 2012년 소셜미디어에서 가장 사랑을 받거나 미움을 받은 브랜드 50개를 발표했다.[4] 트위터(twitter.com), 페이스북(facebook.com), 레딧(reddit.com) 등 10개의 소셜미디어에서 이루어진 대화 내용에서 '사랑(love)' 또는 '미움(hate)'이라는 단어와 함께 쓰인 브랜드를 각각 분석한 결과였다. 흥미롭게도 각 분야의 10위권에 들어간 브랜드 중 무려 8개가 양쪽 순위에서 중복되었다. 특히 트위터와 페이스북, 아이폰은 소셜미디어 사용자들에게 가장 사랑받는 동시에 가장 미움을 받는 브랜드인 것으로 나타났다. 결국 파워 브랜드란 소비자의 사랑과 미움을 동시에 받는, 그야말로 '애증(love-hate)'의 대상임을 확인할 수 있었다.

2012년 소셜미디어에서 '가장 사랑받은 브랜드'와 '가장 미움받은 브랜드'

가장 사랑받은 브랜드			가장 미움받은 브랜드		
순위	브랜드	언급 횟수	순위	브랜드	언급 횟수
1	트위터	52,255	1	트위터	304,156
2	페이스북	50,476	2	페이스북	234,867
3	아이폰	3,959	3	아이폰	53,698
4	애플	3,702	4	유튜브	33,123
5	텀블러	3,131	5	월마트	31,671
6	유튜브	2,007	6	판도라	27,455
7	안드로이드	1,713	7	애플	24,237
8	구글	1,373	8	텀블러	22,940
9	맥	1,234	9	블랙베리	19,876
10	블랙베리	1,073	10	안드로이드	17,576
11	월마트	1,034	11	아이패드	14,304
12	아이패드	1,022	12	구글	12,754
13	NBA	983	13	NBA	10,353
14	판도라	825	14	맥	10,148
15	아이튠즈	807	15	아이튠즈	9,559
16	배트맨	748	16	리퍼	8,731
17	NFL	703	17	AT&T	8,359
18	빅브라더	693	18	맥도날드	7,254
19	삼성	691	19	타코 벨	6,773
20	비틀즈	689	20	ESPN	6,725

자료: 〈http://www.socialmediaexplorer.com/social-media-research-2/the-most-loved-and-hated-brands-of-2012/〉.

브랜드 명성은 만족스러운 상황이 유지된다는 전제 아래서만 원활한 순기능을 한다고 볼 수 있다. 예를 들어 서비스 전문가들에게 잘 알려진 기업인 아메리칸 에어라인과 다소 생소한 기업인 스피릿 에어라인(Spirit Airline)의 고객들이 유사한 수준의 서비스 실패를 경험했을 때, 두 기업 중 어느 쪽이 더 강력한 비난을 받을 것 같은가? 이에 대해 조사해본 결과 응답자의 75%가 아메리칸 에어라인이 위기에 빠질 확률이 훨씬 높을 것으로 예상했다.

소비자의 사랑을 받는 성공한 브랜드일수록 실망과 질타의 대상이 될 확률이 높아지는 것이다. 특히 JC페니의 여성고객처럼 브랜드에 오랜 추억이 담겨 있어 유난히 친근감을 느낄 경우에는 기업의 전략적 변화에 더욱 민감하게 반응하면서 실망과 배신감, 거부감을 적극 표현하기도 한다. 2009년 초 펩시콜라의 오렌지주스 브랜드 트로피카나(Tropicana)도 용기 디자인을 바꾸는 과정에서 이런 고객들의 반발에 부딪히는 난관을 겪었다. 주스가 담긴 유리잔으로 단순화한 새 디자인에 대해 고객들은 "보기 싫다", "싸구려 같다"라는 비난과 불만을 자신들의 블로그에서 쏟아낸 것이다. 매출이 20%나 급감하자 결국 트로피카나는 기존 디자인으로 복귀하고 말았다. 마찬가지로 미국의 대표적 패션기업 갭(Gap)도 브랜드 로고 변경을 발표한 후 팬들의 질타를 받아 변경계획을 철회한 바 있다.

명성이 높은 브랜드일수록 고객의 높은 기대를 충족시키지 못하면 더 큰 대가를 치러야 한다. 다시 말해 브랜드 가치와 명성을 쌓아올려 파워 브랜드로 성장한 기업이 위상을 유지하기 위해 반드시 고려해야

트로피카나 용기의 기존 디자인(좌)과 소비자들이 거부한 새 디자인(우)

자료: 〈http://ideasinspiringinnovation.wordpress.com/2010/03/01/logo-packaging-design-makeover-tropicana-orange-juice/〉.

하는 것이 바로 고객의 부정적 감정이다. 성공가도를 달리고 있는 브랜드는 높은 인지도와 선호도, 수익에 도취되어 소비자의 부정적 감정에는 관심을 기울이지 않기 쉽다. 도요타의 아키오 사장이 2009년 대규모 리콜 사태를 회고하며 "만들면 팔린다는 오만함으로 고객불만에 소홀했다"라고 고백한 것도 바로 이런 점에 대한 뒤늦은 깨달음이 아니었을까.

마케팅 전문가 존 거제마(John Gerzema)는 소니나 도요타같이 수백억 달러의 브랜드 가치를 자랑하며 승승장구하던 우수 기업이 전략적 판단의 오류, 제품 관리 소홀, 리콜 사태 등으로 순식간에 밑바닥으로 전락하는 사례를 들며 브랜드와 이미지 같은 무형자산 가치의 허상에

: 브랜드 명성의 대가(代價) :

미국의 한 대학에서 점심시간에 식사로 샌드위치를 배달시키는 실험을 실시했다. 참가자들은 두 집단으로 나뉘어 한 집단은 인지도가 높고 평판이 좋은 브랜드의 샌드위치를, 다른 집단은 반대로 평판이 낮은 브랜드의 샌드위치를 주문했다. 이때 실험의 주최 측은 양쪽 집단 모두에 예정 시간보다 30분 늦게 샌드위치가 배달되도록 연출했다.

실험 전과 후 각 브랜드에 대한 만족도를 측정하여 비교해본 결과, 평판이 낮은 브랜드의 경우 실험 전과 후의 평균 만족도가 거의 변하지 않았지만(2.75에서 2.73으로), 평판이 좋은 브랜드에 대한 만족도는 3.64에서 2.38로 35%나 하락했다. 또 다른 실험에서는 배달을 90분 지연시켰는데, 이 경우 평판이 좋은 브랜드에 대한 만족도는 1.62로 55% 하락했다. 서비스 지연으로 만족도가 대폭 떨어졌을 뿐 아니라 평소 평판이 나빴던 브랜드보다도 훨씬 못한 평가를 받은 것이다.[5]

대한 경각심을 불러일으킨 바 있다.[6] 우수한 브랜드 가치와 위상을 자축하고 더 높은 가치를 인정받기 위해 노력하느라, 다른 한편에서는 서서히 퍼져가는 고객의 분노와 이탈 행동을 경시한 결과 내리막길을 걷게 되었다는 것이다.

소비자들의 마음속에 잠재된 불만, 분노, 체념은 거대한 브랜드 가치를 한순간에 물거품으로 만든다. 진정한 '파워 브랜드'의 자리는 제품과 서비스의 우수함뿐 아니라 고객의 불만과 반감을 정면에서 바라보고 진심으로 포용해야만 차지할 수 있다. 브랜드의 지속적 성장은 충성고객이 반감고객으로 전환되지 않도록 하면서 반감고객을 호감고객으로 바꾸기 위해 쏟아붓는 꾸준한 노력의 결실인 것이다.

02

반감고객, 그들은 누구인가?

불만관리에서 반감관리로: 부정적 감정의 이해

후회, 혐오, 좌절, 분노…… 일상생활에서 우리가 느끼는 부정적 감정은 매우 다양하다. 바쁜 생활 속에서 지친 소비자들에게 새로운 상품 경험이나 기업의 마케팅 활동은 즐거움을 주기도 하지만 다양한 부정적 감정을 일으키는 역작용을 불러올 수도 있다. 실망하고 불만족스러워하는 고객이 늘어나면서 기업이 불만고객 관리에 들이는 비용도 커질 수밖에 없다. 그러나 대부분의 기업은 환불이나 교환 등의 방식으로 불평고객의 요구사항을 '처리'하는 데 급급한 모습이다.

고객과 성숙한 관계로 발전해나가려면 표면적 '불만관리'가 아니라 고객의 감정을 이해하고 공감하는 심층적 '반감관리'가 필요하다. 단순히 고객이 원하는 것을 그때그때 들어주고 만다면 많은 시간과 자금을 들여 불만고객을 관리하더라도 같은 실수를 반복하게 되며 브랜드 성장은 정체될 수밖에 없다. 고객의 반감을 효과적으로 관리하려면 우선 그들이 경험하는 다양한 감정의 유형을 이해할 필요가 있다.

그렇다면 소비자의 복잡한 감정체계에서 부정적 감정은 구체적으로 어떤 감정을 포함할까? 사회학과 심리학 분야에서는 감정•을 몇 개의 하위 집단으로 분류하는 감정체계 연구가 진행되어왔다. 다양한 감정을 구분하는 학문적 시도는 즐거움(Pleasure), 각성(Arousal), 지배(Dominance)의 3가지 차원으로 감정 상태를 세분화하는 PAD 모델로 거슬러 올라간다.[7] 구체적으로 보면, '즐거움'의 차원은 주어진 환경에서 소비자가 느끼는 '행복한-불행한, 즐거운-성난, 만족스러운-불만족스러운' 등 유쾌함의 정도를 설명해준다. '각성'의 차원은 '침착한-흥분한, 느긋한-고무된' 등 흥분감과 고무감의 정도를, '지배'의 차원은 '통제하는-통제당하는, 순종적-지배적'과 같이 활동의 자유로움이나 통제감의 정도를 설명해준다. PAD 모델은 환경이 인간행동

• 감정(emotion) 또는 정서(affect)는 특정 자극 대상에 대한 긍정적·부정적 방향성(valence)이 있는 주관적인 느낌의 상태를 의미하며, 자극 대상과의 관련성이 상대적으로 낮은 정서 상태인 기분(mood)과는 구별해 사용하고 있다. 즉 감정은 가벼운 기분보다 더 강렬한 상태로 방향성에 따라 소비자의 행동에 미치는 영향이 크다. 한편 정서가 좋아함(긍정적)/싫어함(부정적)의 양극적 특성을 중심으로 해석되는 경향이 있는 반면 감정은 행복, 즐거움, 증오, 분노 등 다양한 상태를 포함한다는 점에서 두 개념은 차별성을 갖는다. 그러나 일반적으로 감정과 정서는 명확한 구분 없이 혼용된다.

에 영향을 미치는 과정의 매개변수로서 감정의 역할을 구체화하고 있으며, 이런 점에서 볼 때 특정 상황에서 느끼는 감정 강도와 상황에 대한 통제 욕구가 소비자 행동에 영향을 준다고 전제할 수 있다.

후속 연구들은 하위 감정을 더욱 세분화하는 데 초점을 두었다. 얼굴 표정에 나타나는 기본 감정을 분류한 DES(Differential Emotions Scale)에서 인간의 감정은 흥미(interest), 즐거움(joy), 놀라움(surprise), 슬픔(sadness), 성남(anger), 혐오(disgust), 경멸(contempt), 두려움(fear), 수치심(shame), 죄책감(guilt)의 10가지 차원으로 구성된다.[8] 그런데 이 10가지 차원에서 슬픔, 혐오 등 7개가 부정적 감정을 표현하고 있듯이 인간이 경험하는 다양한 감정은 부정적 상황에서 더욱 부각된다. DES의 10가지 감정 차원은 다시 각각 3개의 하위 감정으로 구성된다. 이에 따라 낙담함·역겨움·당황스러움 등 미묘한 감정까지 모두 포괄할 수 있어 소비자 감정 연구에서 자주 활용되어왔다. 이후 DES는 감정의 강도, 특정 기간 내에 느낀 감정의 빈도를 함께 측정하는 DES-II로 발전했다.[9]

한편, 감정을 긍정과 부정이 대립하는 1차원적 개념으로 바라보지 않고 긍정적 감정과 부정적 감정이라는 2가지 독립적 차원으로 전제한 PANAS(Positive Affect and Negative Affect Schedule) 연구는 감정 분석에 흥미로운 시사점을 제시한다.[10] 극심한 불쾌감 같은 높은 부정적 감정 수준의 반대는 즐거움이 아니라 불쾌감의 정도가 매우 낮거나 전혀 없는 상황이라는 것이다. 마케팅 차원에서 보자면, 특정 브랜드와 제품에 불만감을 나타내지 않는다고 해서 그 고객이 반드시 만족감이 높다고는 단정할 수 없다는 것이다. 이는 고객의 만족이나 감동에 집중하는 전략으로는 불만족한 고객이나 반감고객 문제를 해결하는 데 한계가 있음을 암시한다. PANAS 연구는 감정을 각각 10개의 긍정적 감정과 부정적 감정으로 분류한다. 긍정적 감정과 부정적 감정의 독립성에 대한 이견이 존재하기는 하지만, 두 차원으로 구분한 것은 개인의 행동에 영향을 미치는 감정 자체의 특성을 분석하는 데 매우 유효한 것으로 평가된다.[11]

미국 미주리대학 비즈니스스쿨의 리친스(Richins) 교수는 기존의 감정 구분이 일상생활의 감정을 표현하는 데는 적절하나 소비와 관련된 감정을 측정하기 위한 연구에서는 부적절한 면이 있음을 지적하였다. 리친스 교수는 소비자가 소비환경에서 주로 경험하는 감정을 설명하는 CES(Consumption Emotion Set)를 개발했다.[12] CES는 총 16가지 감정 세트로 구성되며 각 세트는 2~3개의 구체적 하위 감정으로 구성된다. 여기에 소비자 상황에 따라 추가로 사용할 수 있는 감정 항목을 보완함으로써 유연성을 더했다. CES에서 알 수 있듯 소비자가 소비 상황에서 경험하는 부정적 감정은 걱정스러움, 슬픔, 죄책감 등 보통의 대인관계에서 느끼는 여러 미묘한 감정과 매우 유사하다. 예를 들어 소비자는 고객접점에서 직원으로부터 존중받지 못하거나 대기업 혹은 글로벌 브랜드의 탐욕스러운 모습을 목격할 때 수치심이나 걱정 등 심리적 상처, 공포감 같은 강렬한 부정적 감정을 경험하게 된다.

한국에서도 한국 소비자의 특성을 고려한 소비자 감정체계에 관한 연구가 진행되고 있다. 리친스 교수의 CES를 한국의 소비 상황과 소비자 정서에 맞도록 개발한 CREL(Consumption-Related Emotions List) 연구에서는 감정을 총 21개 군집에 38개의 구체적 감정으로 분류한다.[13] 또한 제품 및 서비스 소비와 관련된 긍정적 · 부정적 감정 유형을 구분한 한국인의 소비정서 개발 연구에서는 '정이 간다'와 같이 한국 문화에 특화된 소비자 감정을 포괄하기도 한다.[14] 이 책 40쪽의 표는 기존의 여러 연구에서 발견된 일상생활 혹은 소비생활에서 느낄 수 있는 부정적 감정을 목록화한 것이다.

최근 들어서는 소비자의 복잡한 감정체계를 2차원 매핑을 통해 위치시킴으로써 유사한 감정을 한데 묶어 단순화하는 경향이 있다.[15] 2차원 모형은 감정의 긍정적-부정적 차원(valence)과 감정의 강도(arousal) 2가지를 축으로 한 감정 바퀴(emotion wheel)의 형태를 띠는데,[16] 감정을 2차원 공간에서 포지셔닝하여 구분하는 데 사용된다. 이 책 41쪽의 그림은 구체적 감정을 V-A 축을 사용한 공간에서 매핑한 연구사례이다.[17] 강한 부정적 감정은 분노로, 약한 부정적 감정은 슬픔으로 구분해, 구체적 감정이 각 차원의 수준에 따라 포지셔닝되었음을 알 수 있다.

한편 GEW(Geneva Emotion Wheel) 모델은 제네바대학의 정서과학 센터(Center for Affective Sciences)에서 개발한 것으로, 일상에서 자주 경험하는 감정을 긍정-부정 차원과 상황의 유지 · 변경에 영향을 미치는 통제 수준에 따라 구분한다.[18] 이 모델에서 원의 크기는 감정의 강도를 나타내며, 감정 바퀴의 한가운데는 아무런 감정을 느끼지 않는 상태이다. 예를 들어 부정적 감정 중 통제력 수준이 높은 감

부정적 감정의 종류

구분	부정적 감정
DES	괴로움(distress: downhearted, sad, discouraged) / 분노(Anger: enraged, angry, mad) / 혐오감(disgust: feeling of distaste, feeling of revulsion) / 경멸(contempt: contemptuous, scornful, disdainful) / 공포(fear: scared, fearful, afraid) / 수치심(shame: sheepish, bashful, shy) / 죄책감(guilt: repentant, guilty, blameworthy)
PANAS	괴로운(distressed) / 화난(upset) / 적대적인(hostile) / 짜증나는(irritable) / 무서운(scared) / 걱정되는(afraid) / 수치스러운(ashamed) / 죄책감이 드는(guilty) / 불안한(nervous) / 초조한(jittery)
CES	분노(anger: frustrated, angry, irritated) / 경멸(discontent: unfulfilled, discontented) / 걱정(worry: nervous, worried, tense) / 슬픔(sadness: depressed, sad, miserable) / 공포(fear: scared, afraid, panicky) / 수치심(shame: embarrassed, ashamed, humiliated) / 부러움(envy: envious, jealous) / 외로움(loneliness: lonely, homesick) / 기타 및 추가 항목: 죄책감(guilty) / 무력감(helpless) / 짜증(impatient) / 방어적(protective)
CREL	걱정스럽다 / 귀찮다 / 기분 나쁘다, 답답하다, 불쾌하다, 싫다 / 슬프다 / 당황스럽다 / 의심스럽다, 짜증나다 / 신경질나다, 불만족하다 / 부담스럽다, 산만하다 / 두렵다, 긴장되다 / 불신하다, 실망스럽다, 화나다, 후회스럽다 / 어쩔 수 없다 / 불편하다 / 부끄럽다
한국인의 소비정서	화나다, 황당하다, 후회스럽다, 짜증나다 / 불신하다, 불쾌하다, 못마땅하다 / 신경질나다, 실망스럽다, 시원찮다, 속상하다, 싫다 / 어처구니없다, 어이없다 / 아깝다, 아쉽다 / 기가 막히다, 기분 나쁘다

자료: Izard, C. E. (1977). *Human Emotions*. New York: Plenum Press; Watson, D., Clark, L. A. and Tellegen, A. (1988). "Development and validation of brief measures of positive and negative affect: The PANAS scales". *Journal of Personality and Social Psychology*. 54(6), 1063–1070; Richins, M. L. (1997). "Measuring emotions in the consumption experience". *Journal of Consumer Research*. 24(September), 127–146; 이학식, 임지훈 (2002). "소비 관련 감정척도의 개발". 《마케팅 연구》. 17(3), 55–91; 서용원, 손영화 (2004). "한국인의 소비정서 항목 개발을 위한 탐색적 연구". 《한국심리학회지: 소비자·광고》. 5(1), 69–92.

소비자 감정의 2차원 매핑

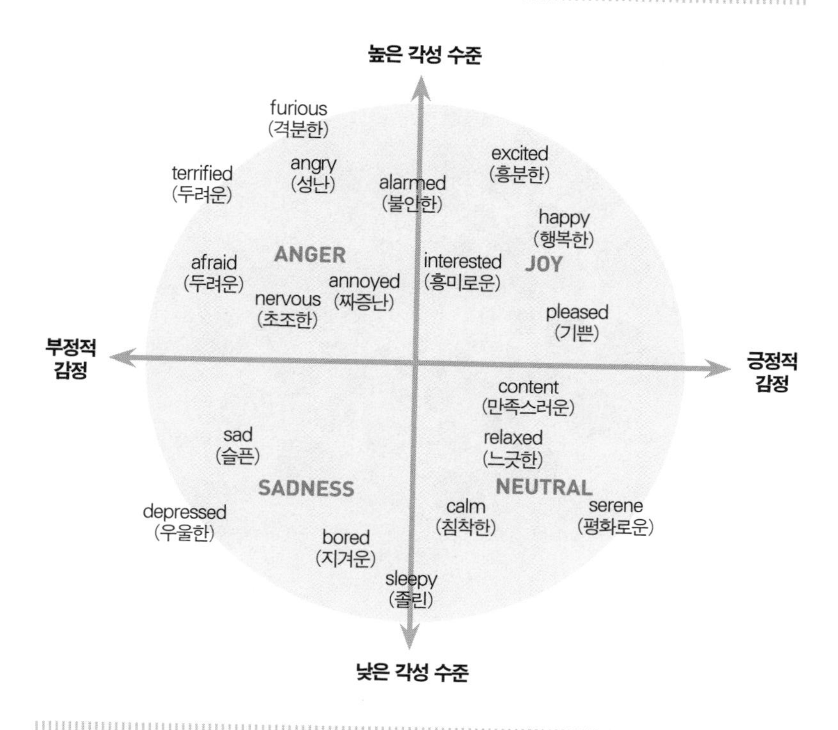

자료: Giannakopoulos, T., Pikrakis, A. and Theodoridis, S. (2009). “A dimensional approach to emotion recognition of speech from movies”. ICASSP 2009.

정은 분노, 적대감 등이며, 낮은 통제력 상황은 불안, 슬픔, 지루함으로 분류된다.[19]

감정체계에 대한 기존의 연구 흐름에서 보듯 소비자가 경험하는 부정적 감정은 흔히 표현되는 '불만족스럽다', '화가 난다'에서 더 확장되어 다양하게 세분화된다. 소비 상황과 개인 성향 등에 따라 형성되는 다양한 부정적 감정은 제품 및 브랜드에 대한 소비자의 태도와 행

GEW(Geneva Emotion Wheel)

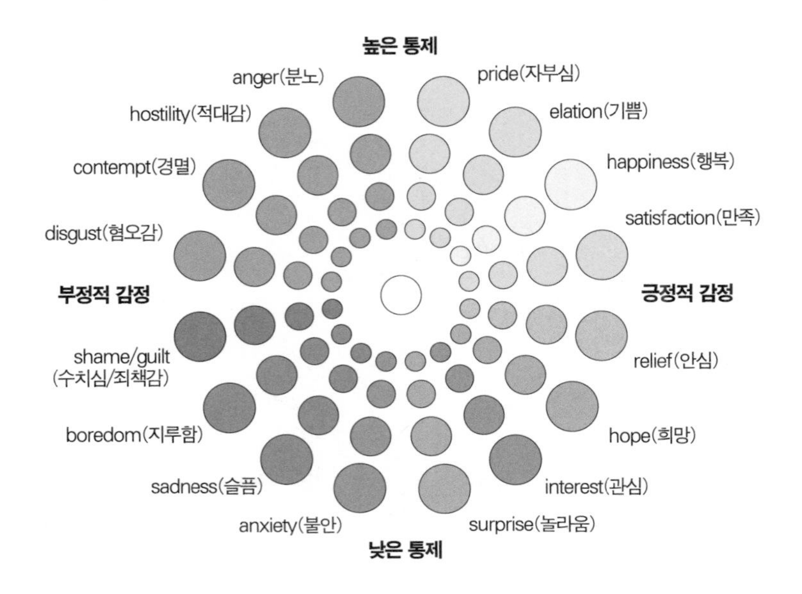

자료: Scherer, K. R. (2005). "What are emotions? And how can they be measured?". *Social Science Information*. 44(4), 695-729.

동에 영향을 미친다. 따라서 불쾌감을 지닌 고객이 구체적으로 어떤 감정을 어떤 상황에서 경험하는지를 제대로 파악한다면 나쁜 관계를 회복하거나 부정적 감정이 다른 고객들에게 확산되는 것을 방지할 수 있다. 특히 부정적 감정을 경험하는 소비자의 각성 수준, 부정적 상황에 대한 통제 수준은 즉각적 또는 장기적 행동 방향과 강도를 결정하는 영향 요인이므로, 이를 바탕으로 부정적 관계에 처한 고객들을 심층적으로 이해하고 전략적인 대응방안을 구상하여야 한다.

반감고객을 나누는 2개의 축

만족스러운 경험을 한 고객이 매장을 빈번하게 방문하고 프리미엄 상품을 구매하는 등 충성행동을 보이는 것처럼 제품 결함이나 기업의 비윤리적 행태 등 불쾌한 상황을 경험한 고객은 자신의 감정에 따라 대처행동을 보인다. 물론 소비자의 감정과 행동 사이의 관계는 상황적 특성, 소비자 개인의 기질 등에 따라 다르지만 일반적 패턴을 예상해볼 수는 있다. 예를 들어, 격분을 느낀 소비자는 직원에게 강하게 항의하거나 기업의 블로그에 강한 반감을 표출할 가능성이 크고, 수치심이나 슬픔을 느낀 소비자는 직접적 행동을 보이기보다는 적대감을 품은 채 브랜드와의 접촉을 회피할 것이다.

기업 입장에서 눈에 보이지 않는 소비자 감정을 실시간 감지하고 대응하기란 현실적으로 불가능하므로 부정적 상황의 내용과 고객의 행동패턴에 따라 그 배경을 유추해 반감을 완화할 최적의 방식으로 대응하는 것이 효과적이다. 이 책에서는 '부정적 감정을 유발한 손실범위(Individual vs. Society)'와 '소비자가 부정적 상황에 대처하는 방식(Fight vs. Flight)'을 기준으로 반감고객의 유형을 구분하고자 한다. 유형별 반감고객의 특성과 상황적 배경을 이해하고 맞춤화된 대응전략을 도모하는 체계적 고객반감 관리는 임시방편적 불만 처리로는 결코 달성하지 못하는 성숙한 고객관계로 발전할 수 있게끔 이끌 것이다.

손실범위: 개인 vs. 사회

손실범위란 소비자에게 부정적 감정을 유발한 손실의 범위 수준을 말하는데, '개인(Individual)'과 '사회(Society)' 차원으로 구분할 수 있다. 개인 차원의 손실은 개인 소비자가 특정 브랜드와 관련된 부정적 경험으로 물리적 · 금전적 · 심리적 손실을 입었을 경우이다. 즉 구매, 제품 사용, 서비스 등 다양한 고객접점에서 발생한 문제가 브랜드에 대한 분노감을 형성한 유형이라 할 수 있다. 대다수 소비자가 이런 문제로 인해 불쾌감을 겪었거나 개인적 손실을 입었는데도 적정 시간 내에 문제가 해결되지 않는다면 브랜드 반감이 대중적으로 파급될 수 있다.

사회적 손실은 시장과 사회 전반에 영향을 미치는 문제로 인해 나타난다. 환경 파괴, 소비 불균형, 과소비 등에 따른 공동체적 손실이 바로 그러한 예다. 최근에는 기업 간의 과도한 마케팅 경쟁으로 인한 사회문제에 대한 우려가 높아지면서 소비시장 전반에서 저항감과 불안감, 피로도가 높아지는 추세이다. 사회적 혹은 공공적 손실에 따른 부정적 감정은 사회나 환경에 실제로 손실을 끼친 특정 기업만이 아니라 소비시장과 사회문화의 건전한 발전을 저해하는 경영방식을 활용하는 다수 기업에 대한 적대감으로 확장되기 쉽다.

개별 고객이 제품과 서비스를 소비하는 상황에서 겪는 현실적이고 직접적인 손실은 즉각적이고 감정적인 반응을 일으킬 가능성이 크다. 한편 사회적 손실은 보다 객관적이고 이성적인 판단에 의해 평가된다. 또 사회적 손실은 비록 전체적 손실규모가 크더라도 전 사회가 공동으로 감당하는 것이고, 그 피해가 점진적으로 나타날 가능성이 크다. 따라서 구체적이고 명확한 개인적 손실로 인한 부정적 감정이 사회적 손실로 인한 부정적 감정보다 각성 수준이 더 높다고 가정할 수 있다.

대처방식: 투쟁 vs. 도피

대처방식이란 부정적 감정을 경험한 소비자가 행동으로 보이는 반응, 즉 반감을 어떤 행동으로 표출하느냐를 의미한다. 부정적 경험으로 반감을 갖게 된 소비자의 대처방식은 '투쟁(Fight)' 또는 '도피(Flight)'로 설명된다. 투쟁적 소비자라면 반감 대상을 적극 비난하며 공격하는 행동을 보인다. 자신이나 사회에 해를 끼친 특정 기업이나 브랜드 또는 여러 기업을 향해 불평하고 보상을 요구하거나 반소비운동에 참여하는 경우가 그런 예다. 반면 도피는 자신의 감정이나 생각을 적극 표현하기보다는 내부로 투사하며 통제하는 방식으로, 반감 대상과 최대한 거리를 둔 채 회피하려는 태도로 나타난다.

투쟁과 도피는 스트레스 상황을 해결하고자 하는 인간의 대처전략(coping strategy)으로 설명된다. 소비자에게 반감이 형성되는 것은 직원의 무례함이나 스팸메일 등 부정적 소비환경의 자극(stressor)으로 인한 심리적 불편함(탈항상성)과 같으므로 소비자는 어떠한 방식으로든 이에 대처하기 위해 투쟁 혹은 도피라는 행동 반응을 보일 것이다. 이와 유사하게 감정의 변화 과정을 설명하면서 대처전략을 '직접행동(direct action)'과 '경감(palliation)'으로 구분한 연구도 있다. 여기서 '직접행동'이란 자신이 원하는 방향으로 상황을 개선하고자 하는 대처방식이며, '경감'이란 그 상황에 적응하기 위해 어쩔 수 없이 자신의 느낌이나 생리적 반응을 변경하려 시도하는 것을 말한다.[20]

따라서 반감 대상에 대한 투쟁은 부정적 감정을 유발한 대상 또는 상황을 바꾸기 위해 적극적으로 행동하는 문제 해결 중심적 대응전략을 의미하며, 도피는 대상이나 상황을 바꾸기보다는 최대한 빨리 그 상황에서 탈출해 거리를 두려 하는 소극적 대응전략으로 설명된다. 투쟁은 적극적 행동을 하게 만들 정도로 상황에 대한 지배(dominance) 또는 통제(control) 욕구가 높은 경우에 나타나는 대응전략이며, 부정적 감정을 강하게 느끼더라도 상황을 바로잡고자 하는 동기가 부족하거나 자신이 노력해도 문제가 해결되지 않을 것이라고 생각하는 경우에는 지배 또는 통제 욕구가 낮은 탓에 소극적 대응전략을 사용하게 된다. 한편, 보다 나은 기업이나 소비시장으로 바꾸고 싶다는 동기가 작용한다면 각성 수준이 높지 않더라도 적극적인 투쟁 행동이 나타날 것이다.

반감고객의 4가지 유형

이러한 두 축에 따라 반감고객을 구분하면 '보복형(Revenger)', '유기형(Abandoner)', '유격형(Guerilla)', '탈출형(Escaper)'의 4가지 유형으로 나눌 수 있다. 특정 제품 · 기업 · 브랜드에 대한 개인적 경험에서 문제가 발생했을 때 손해에 대한 보상을 적극적으로 요구하거나 상황이나 대상을 변화시키려 하는 '보복형' 반감고객이 있는 한편, 굳이 자신이 노력해 문제를 해결하려 애쓰기보다는 브랜드와의 관계를 중단하고 그 이상의 접촉을 회피하는 '유기형' 반감고객도 존재한다. 레스토랑에서 형편없는 서비스를 경험한 고객 중 불만을 표현하며 보상이나 더 나은 서비스를 요구하는 고객이 있는가 하면, 속으로 불쾌감을 품은 채 조용히 떠나는 고객도 있는 것이다. 보상 요구에 대해 불만

반감고객의 4가지 유형

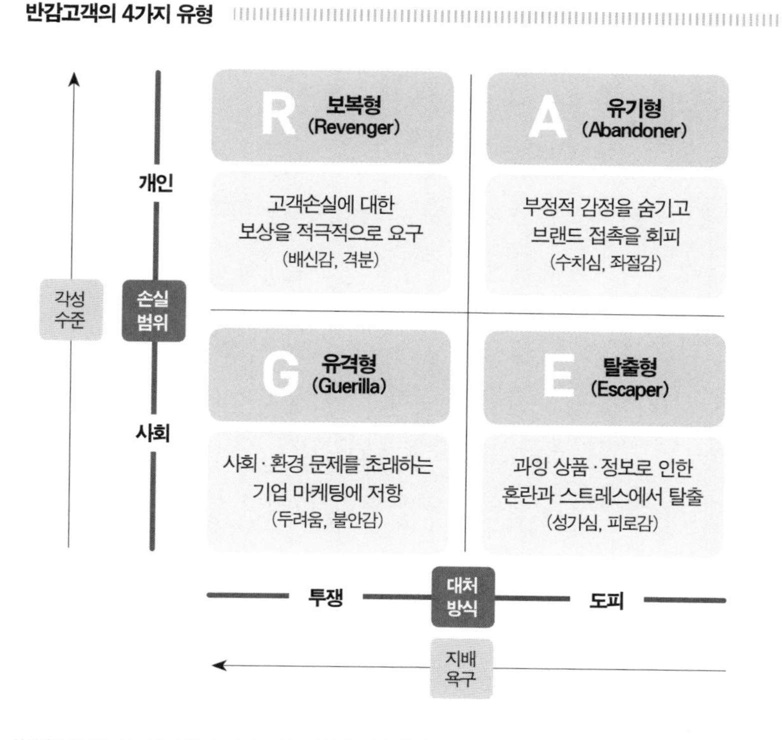

족스러운 반응을 반복적으로 얻게 되면 절망감과 피로감을 느껴 결국 브랜드를 유기해버리는 반감고객으로 전환될 수 있다.

공공적 손실을 유발하는 기업에 대한 반응도 마찬가지다. 해당 기업을 향해 변화를 촉구하며 적극적으로 대처하는 '유격형' 고객과 기업과의 접촉을 최소화하려는 '탈출형' 반감고객의 대응은 다를 수밖에 없다. 그린피스(Greenpeace), 애드버스터스(Adbusters) 등 글로벌 단체들은 환경을 파괴하거나 과소비를 조장하는 거대기업에 저항하기 위해 최대한 많은 소비자에게 사실을 알려 조직적 활동에 참여하도록 하는 게릴라 전략을 주로 취한다. 대중을 계몽하고 바람직하지 않은 경영활동을 바로잡고자 하는 유격형 반감고객에 비해 탈출형 반감고객들은 어지럽고 혼란스러운 시장에서 벗어나 자신만의 단순하고 절제된 소비생활을 추구한다. 대중적 유행, 과시적 소비에 무관심한 이들에게 마케팅 자극은 스트레스와 피로의 근원일 뿐이다.

나중에 자세히 살펴보겠지만, 우선 반감고객의 4가지 유형을 대략적으로나마 정리해보면 다음과 같다.

Type 1 | 기업의 응급 상황: 보복형 반감고객

보복(報復)형 반감고객은 금전적·물리적·심리적 손실을 유발한 특정 브랜드에 대해 반감을 표출하며 적극적 보상을 요구한다. 제품 또는 서비스의 품질 문제, 불공정한 대우 등 실망스러운 상황에서 고객이 자신의 손실을 보상받기 위해 영향력을 발휘하여 상황을 공정한 방향으로 변화시키거나 기업을 처벌하고자 하는 경우이다. 특히 오랜 기간 신뢰해온 브랜드이거나 많은 것을 투자해 선택한 제품에 실망했을 때는 배신감과 함께 보복에 대한 욕구가 더욱 커진다. 이런 고객은 적극적으로 보상을 요구하거나 개인 미디어를 통해 폭로를 하기도 한다. 감정체계 구분에 따르자면 이는 각성 수준이 높은 분노(anger), 격분(fury), 배신감(sense of betrayal) 등의 감정을 경험해 자신이 원하는 방향으로 상황을 바꾸기 위해 적극적으로 대처하는 '공개적 적대감(open hostility)'의 표현이라 할 수 있다.

Type 2 | 보이지 않는 빙산의 위험: 유기형 반감고객

유기(遺棄)형 반감고객은 특정 기업 및 브랜드에 대한 부정적 감정을 공개적으로 표현하기보다는 침묵 속에서 관계를 끊는 유형이다. 이들은 자신의 기대에 미치지 않는 제품이나 브랜드에 대해 부정적 감정을 지니고 있지만 상황을 개선하기 위한 행동은 최소화한다. 비록 어쩔 수 없이 관계를 유지하더라도 최소한의 상호작용만으로 거리를 유지하고자 한다. 부정적 감정의 각성 수준이 어느 정도 높더라도 상황에 대한 통제력이 없다고 판단되어 직접적으로 행동하기를 체념하거나 포기하는 경우의 대처방식이라 할 수 있다. 강한 분노가 형성되기는 하지만 고압적 대상에 대한 무력감을 느낄 때 경험하는 수치심(shame), 좌절감(frustration), 비참함(misery) 등이 주된 감정이다. 특정 브랜드에 대한 불만이 중첩되고 장기화되면서 개선에 대한 기대감을 잃어 우울함(depression), 싫증(boredom)을 경험할 때도 고객의 브랜드 유기가 나타날 수 있다.

Type 3 | 폭군에 저항하는 게릴라: 유격형 반감고객

유격(遊擊)형 반감고객은 사회적 병폐를 초래하는 기업의 대량 마케팅, 대중 소비문화의 부정적 측면을 바로잡고자 해당 기업들과 소비시장을 계몽하려는 조직적 · 체계적 성격을 지닌 반감고객 유형이다. '유격' 활동은 주로 과잉생산, 과다상품, 과다정보 등으로 발생하는 사회 · 환경 문제와 그에 대한 개선을 추구하는 경고 메시지를 알리려는 반소비(anti-consumption) 운동으로 나타난다. 인권 및 환경문제를 초래하는 글로벌 대기업의 막강한 권력에 저항하기 위해 반소비 단체를 중심으로 유격대가 형성되거나 과소비와 자원낭비의 실상을 알리고 변화를 이끌어내기 위한 이벤트가 벌어지기도 한다. 참여자들은 각성 수준이 높은 부정적 감정이 아닌, 냉철한 판단에 기초해 조직적 · 체계적으로 활동한다. 과도한 경쟁으로 사회와 환경의 지속성을 위협하는 기업 및 소비사회의 부정적 측면에 대한 우려와 두려움(terror), 불안감(anxiety) 같은 감정이 작용한다.

Type 4 | 성가신 유혹으로부터의 도피: 탈출형 반감고객

탈출(脫出)형 반감고객은 사회 · 환경 문제를 유발하는 기업 마케팅에 적극적으로 저항하기보다 소비시장의 혼란이나 스트레스로부터 벗어나고자 한다. 감당하기 어려울 정도로 빠르고 복잡하게 변화하는 소비시장에서 극심한 피로와 회의감을 느껴 기업이 전달하는 마케팅 메시지를 아예 차단하거나 그러한 자극에 둔감하게 반응한다. 최근에는 특히 선진시장을 중심으로, 구매력이 있는데도 좀 더 절제하면서 간소한 소비생활을 즐기거나 유행·트렌드 등 대중 소비시장의 궤도에서 이탈해 자신만의 소비방식을 추구하는 소비자가 점차 늘어나는 추세이다. 이들에게는 수많은 기업이 앞다퉈 제안하는 신상품 광고나 마케팅 메시지가 별 소용이 없다. 오히려 성가심(annoyance)과 피로감(tiredness)을 줄 뿐이다.

유형별로 다른 접근법이 요구되는 반감고객 관리

반감고객의 유형은 다양하다. 하지만 대부분의 기업은 적극적으로 보상을 요구하는 보복형 고객과 주로 맞서고 있으며, 관계 개선을 체념하고 이미 떠났거나 이별을 준비하는 브랜드 유기 고객의 존재는 아예 인지하지 못하는 경우도 많다. 소비시장에 큰 영향을 미치면서 대량 마케팅 경쟁을 주도하는 기업이라면 아무래도 조직적 운동을 벌이는 유격형 반감고객과 마주칠 가능성이 크다. 그러나 기업은 각종 마케팅 활동에서 오는 극심한 피로와 스트레스로 주류시장을 벗어나고 싶어하는 탈출형 소비자들의 감정과 행동에도 유의해야 한다.

손실범위와 대처방식이 상이한 반감고객 유형은 부정적 감정이 형성된 상황적 배경이 매우 다르고 기업에 미치는 영향도 서로 다를 것이므로 차별화된 접근이 요구된다. 예를 들어 특정 브랜드와 맺는 관계에서 문제가 생긴 보복형 반감고객은 판매와 시장점유율 등 기업의 경영성과에 즉각적 영향을 주는 반면, 일종의 사회적 현상으로서 서서히 부각되고 있는 유격형 반감고객의 등장은 당장에는 해당 기업의 경영성과에 직접적 영향을 미치지 않는 듯 보인다. 하지만 장기적 관점에서 보자면 기업전략의 근본적 명분과 방향 전환을 요구하는 위협 요인이 될 수 있다.

이 책은 반감고객에 대한 전략적 관리법을 개인 차원과 사회 차원의 반감관리로 구분해 제안한다. 제품 및 서비스 실패 등 부정적 소비 상황에서 개인적으로 금전적·심리적 피해를 경험한 고객은 자신의 손실에 민감하게 반응해 상대 기업에 즉각 보상을 요구하거나 오랜 기간 동안 부정적 감정을 지니게 된다. 이러한 적대적 고객관계는 고객에게 직접적 손실을 끼칠 뿐 아니라 반감고객의 거래 중단, 제품 및 서비스에 대한 부정적 정보 확산 등으로 기업 성과를 빠르게 악화시킬 수 있다.

그러므로 이어지는 〈Part 2. 안티 브랜드〉에서는 고객이 특정 브랜드의 적군이 되는 부정적 상황이나 돌이킬 수 없는 원한관계가 되지 않도록 예방하는 전략을 살펴볼 것이다. 그리고 〈Part 3. 안티 마케팅〉에서는 공공적 손실을 유발한 기업에 대한 사회적 반감 상황과 대응전략에 대해 논의한다. 사회적 반감은 소비시장 혹은 사회환경에 악영향을 주는 기업의 경영방식에 대한 집단적 평가에 의해 형성된다. 특히 단기적·양적 성장에 치중한 대량·과잉 마케팅은 소비자 개인에게 즉각적 손실을 유발하지는 않을지라도 환경 훼손, 과소비 조장, 피로도 증대 등 사회 전반에 점진적 영향을 미치는 요인으로 작용할 소지가 있다. 만일 바람직하지 않은 경영방식으로 인한 대중의 반감에 적절히 대응하지 못한다면, 사회적 피해를 유발하는 '공공의 적'으로 인식되어 조직 차원의 신뢰 기반이 약화될 수 있다. 개인적 반감 관리가 고객접점 또는 마케팅 차원에서 이루어져야 한다면, 사회적 반감 관리는 기업의 기본적 전략 방향과 조직문화를 재점검하는 전사적 차원에서 다루어져야 할 것이다.

Part 2

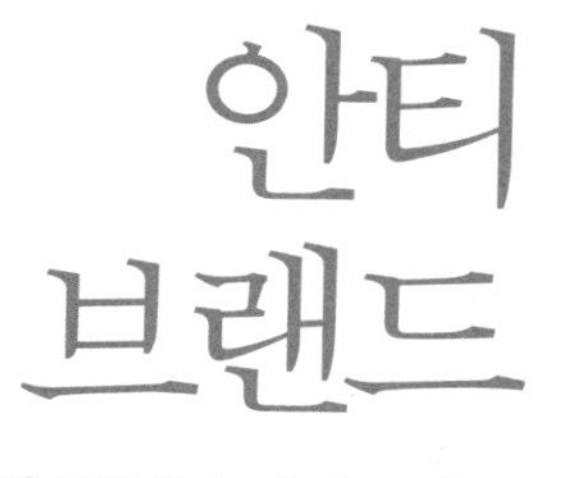

개인적 차원의 반감고객들

기대했던 제품이나 서비스가 실망스러울 때, 믿었던 기업의 비윤리적 경영에 관한 정보를 접할 때, 소비자는 '유쾌하지 않은 놀라움(unpleasant surprise)'을 경험한다. 그리고 이런 불쾌감은 소비자의 마음속에 해당 브랜드에 대한 반감의 씨앗을 심어놓는다. 부정적 상황이 발생한 후 기업이 적절한 해결방안을 제시하지 않거나 충분한 노력을 보이지 않을 때 이 반감의 씨앗은 소비자를 기업 및 브랜드에 대해 적대적 감정을 가진 '브랜드 적군(brand enemy)'으로 성장시킨다. 일반적으로 제품 불량, 기업의 경영 실수, 실패를 접한 소비자의 약 34%가 브랜드에 대해 강한 반감을 갖게 되고, 이는 직장생활이나 개인적인 인간관계에서 종종 느끼는 적대감보다 훨씬 더 강렬한 감정인 것으로 나타났다.[1]

브랜드에 대한 반감이 깊어지고 적대적 소비자가 많아지면 해당 기업은 심각한 고객관계 위기에 처한다. 고객관계 위기는 특정 브랜드에 대한 반감을 지닌 소비자들이 브랜드와의 관계를 단절하거나 단절을 예정할 때 발생한다. 사회적 관계로 비유하자면 주변의 지인들이 절연과 절교를 결심하고 떠나려 하는 것과 같다. 브랜드의 문제점을 공격적으로 지적하고 떠나는 고객이 있는가 하면 적대적 침묵을 지키는 고객도 있다. 이는 그동안 쌓은 관계를 정리해야 하는 고객이나 버림받는 브랜드 양쪽 모두에 감정적 · 경제적 · 사회적 손실을 발생시키는 불행한 일이다.

01

브랜드 반감에 **주목**해야 하는 **이유**

고객과 브랜드의 이별은 기업의 손실만으로 끝나지 않는다. 소비자 입장에서도 오랜 기간 거래해온 브랜드와의 관계를 정리하는 것은 그동안 투자한 금전적·심리적 비용을 포기하는 일이나 마찬가지이다. 그뿐만이 아니다. 시간을 들여 새로운 대안을 찾아 헤매야 하고 그렇게 선택한 새 제품이나 서비스에 익숙해지기 위해 또다시 노력을 기울여야 하는 번거로움도 있다. 더욱이 혐오감이나 분노감 같은 부정적 감정은 개인의 행복감과 편안함을 위협하는 스트레스 요인이 된다. 결국 고객반감 형성은 브랜드와 고객 모두를 불행하게 하는 'lose-lose' 상황을 야기한다.

한번 생기면 쉽게 사라지지 않는 브랜드 반감

비틀어진 관계를 회복하는 데는 시간이 약이라고 한다. 누군가를 미워하고 증오하는 것 자체가 집중적인 인지 노력과 감정적인 소모를 필요로 하기에 반감과 적대적 행동을 장기간 유지하기가 쉽지 않기 때문이다. '소비자는 합리적 경제인'이라는 기본 전제를 놓고 보면 특정 기업과 적대적 관계를 만들거나 그런 관계를 계속 유지할수록 개인이 부담해야 하는 자원 손실과 리스크가 커지므로 보복 욕구를 비롯해 나쁜 감정과 사고와 행동을 오랜 기간 유지하는 것은 비합리적 결정이다.[2]

그러나 최근의 다양한 소비자 행동 연구 결과는 개인의 감정이 판단과 의사결정에 미치는 영향이 점차 커짐에 따라 소비자에게 합리적 경제인의 모습만 기대할 수는 없다는 점을 일깨워준다.[3] 실제로 자신에게 피해를 입히거나 상처를 준 브랜드에 대한 소비자의 원한(grudge)은 꽤 오랜 기간 유지되는 것으로 나타났다. 원한을 지닌 소비자는 비록 특별히 공격적인 행동을 보이지 않은 채 계속해서 그 기업의 제품을 구매한다 하더라도 쉽게 반감을 거두지는 못한다는 것이다. 실제로 미국과 캐나다의 소비자들은 조사한 결과, 좋지 않은 경험을 한 후 8주가 지나도 해당 브랜드에 대한 원한과 보복 욕구 수준이 유지되었고,[4] 중국과 호주의 소비자를 대상으로 조사한 또 다른 결과를 보면 수년이 지나도 특정 브랜드에 대한 분노를 지우지 못하는 경우가 많았다.[5]

여기에는 소비자와 기업이라는 관계의 특수성이 영향을 미친다. 사회적 대인관계에서는 잘못을 저지른 상대방과 관계를 중단하거나 보복하고자 하는 욕구가 시간이 지남에 따라 점차 사라진다. 관계 중단에 따른 심리적 비용과 사회적 관계를 맺는 대상의 한정성이 작용하는 탓이다. 예를 들어 친구나 동료와의 관계가 나빠질 경우 그 대상을 대체하기가 쉽지 않아 자연스럽게 관계를 회복하는 경우가 많다. 하지만 소비자와 브랜드 간의 거래관계는 그러한 인간관계에 비해 대체 가능성이 훨씬 높다.[6] 시장에는 이전에 사용하던 제품과 서비스를 대체해줄 멋진 후보 상품들이 그야말로 즐비하다! 실망하고 분노한 소비자는 원래 관계로 돌아가야 할 필요성을 크게 느끼지 않으므로 시간이 지나도 반감과 회피 욕구가 유지될 수 있다.

또 잘 갖춰진 디지털 환경은 원한을 품은 소비자가 비교적 쉽게 그리고 반복적으로 브랜드를 공격할 기회를 제공해주고 있다. 개인 블로그, SNS 네트워크, 소비자 상담 사이트 등 소비자가 큰 노력과 비용을 들이지 않고도 브랜드 반감을 표출할 수 있는 통로가 다양하게 형성되어 있기 때문이다. 즉 과거에 비해 브랜드 보복 비용이 현격하게 감소해 소비자가 브랜드와 오랜 기간 적대관계를 유지할 수 있게 되었다. 특히 브랜드를 직접 공격하기보다는 최대한 거리를 둔 채 접촉을 피하고자 하는 소비자의 경우, 그런 태도를 유지하는 데 별다른 노력과 투자가 요구되지 않기 때문에 부정적 감정이 계속 유지될 소지가 크다.

한편 소비자의 반감이 쉽게 사라지지 않는 것은 기업의 공격적 마케팅 활동이 가져온 부작용이기도 하다. 기업의 적극적 광고, 대대적 프로모션 등 대중을 대상으로 하는 공격적인 브랜드 노출은 브랜드 회피를 원하는 소비자에게서는 더 강한 반감을 불러일으킨다. 대인관계에서도 다시 보기 싫은 상대와 계속 마주치면 반감과 회피 욕구가 증대하지 않던가. 따라서 소비자의 심리 상태와 관계 욕구에 대한 충분한 이해 없이 펼치는 공격적 마케팅은 소비자의 마음에 더 큰 반감과 보복 욕구를 일으키고 관계를 악화시킬 수 있다.

감정적 흔적(affective trace)이라는 말이 있다. 감정은 사라져도 상처는 남는다는 것이다. 즐겁든 화가 나든 감정 자체는 일시적일 수 있지만, 흔적이 남을 만큼 강한 감정을 경험한 경우에는 오랜 시간이 지나도 그 흔적이 기억 속에 남아 있다가 언제든지 다시 표출될 수 있다는 이야기다.[7] 특정 브랜드로 인해 크게 실망하거나 분노한 소비자에게는 감정적 흔적이 남고, 시간이 지나면 그 감정 자체는 사라지지만 관련 경험이 회상될 때 해당 브랜드에 대한 감정적 흔적은 당시와 같은 강도까지는 아니더라도 유사한 느낌과 정서를 유발하는 효과를 지니는 것이다.

손해 보더라도 경쟁 브랜드를 택하는 보복심리

신제품 출시 전날부터 매장 앞에서 줄을 서서 기다리는 소비자들은 브랜드와 특별한 관계를 유지하기 위해 희생을 감내하는 충성고객이다. 보통의 사람들이 브랜드 사랑에 눈먼 이러한 브랜드 마니아를 쉽게 이해하지 못하는 것처럼 특정 브랜드에 강한 반감을 가진 소비자 역시 상식적으로 이해하기 어려운 의사결정과 행동패턴을 보이고는 한다. 이를테면 제품이나 기업으로부터 얻는 실용적 가치를 중시하기보다는 자신이 경험한 분노, 혐오, 원망 같은 부정적 감정에 치우쳐 비합리적 선택을 할 가능성이 큰 것이다. 이들은 쾌락적 가치를 추구하는 충동구매와는 상반된 행동, 즉 보복과 앙갚음을 위한 적대적 행동을 취할 수 있다.

반감고객의 응징은 무엇보다도 라이벌 브랜드를 웃게 한다. 반감을 품은 브랜드 기업에 자신이 겪은 문제에 대해 직접 항의하거나 고발하지 않더라도 경쟁 브랜드를 선택함으로써 해당 기업의 시장지배력을 약화시키겠다는 식으로 대갚음하려는 의지가 있기 때문이며, 결과적으로 이런 방식의 보복은 해당 기업의 경쟁력에 직접적인 영향을 미친다.

불쾌한 감정을 경험한 소비자는 다음 번 구매 시기에는 반감 브랜드를 고려 상품군(consideration set)에서 무조건 제외시키게 된다. 소비자가 제품을 구매할 때 최선의 대안을 찾는 가장 이성적이고 객관적인 의사결정 기준은 가격 대비 효용(품질과 가격의 비교)이지만, 특정 브랜드에 반감과 원한을 지닌 소비자의 경우 반감 브랜드로부터 받은 손해와 상처를 되돌려주는 것이 구매 의사결정의 가장 중요한 목적이 될 수 있다. 이런 소비자들은 선택 대안들이 최고의 효용을 제공하느냐 하는 합리적 기준을 버리고 반감 브랜드에 가장 나쁜 영향을 미칠 수 있는 첫 번째 라이벌 브랜드를 선택하는 경향이 있다. 즉 단순히 구매를 중단하는 비구매나 무관계(no-relationship)를 넘어 라이벌 브랜드에 힘을 실어줌으로써 자신의 부정적 감정을 해소하고자 하는 것이다.

라이벌 브랜드로 전환할 가능성은 소비자가 경험하는 분노와 보복심의 수준에 비례한다. 미국 벤틀리대학 베치워티(Bechwati) 교수와 탬플대학 비즈니스스쿨의 모린(Morrin) 교수는 통신회사 서비스에 실망한 소비자들을 대상으로 기존의 서비스를 대체할 만한 서비스 제공자로서 기존 브랜드의 강력한 라이벌 A와 제3의 브랜드 B 중 어느 브랜드를 선택할지에 대한 실험을 실시했다.[8] 브랜드 A와 B의 서비스 품질에는 차이가 없으며 서비스 가격은 브랜드 B가 저렴한 편이다. 실험 결과, 분노 수준이 낮은 그룹에서는 브랜드 A를 선택한 참여자가 0%인 데 반해, 분노가 중간 수준인 그룹에서는 3.7%였고, 더 높은 수준인 그룹에서는 12.5%로 증가했다.• 즉 화가 난 소비자일수록 실리적이지 않은 차선의(suboptimal) 선택을 해서라도 반감 브랜드 실적에 직접적 영향을 미칠 수 있는 라이벌 브랜드를 선택하여 보복 욕구를 충족시키려 한다는 것을 알 수 있다.

개인 고객이 브랜드의 적이 되는 것은 부정적 입소문을 확산시키고 장기적으로 브랜드 이미지를 훼손하는 추상적 결과를 낳을 뿐만

• 분노 수준은 특별할인 광고에서 제시한 가격보다 통신비가 더 높게 책정된 상황에서 고객이 불만을 표시하자 초과 비용을 삭감해주기로 하는 경우(낮은 수준), 초과 비용을 부분적으로만 삭감해주기로 하는 경우(중간 수준), 무례한 태도로 일관하면서 초과 비용을 모두 지불해야 한다고 하는 경우(높은 수준)로 조작(manipulation)되었다.

분노 수준에 따른 소비자 선택 비교

분노 수준	선택률(%)		
	전환하지 않음	브랜드 A	브랜드 B
낮음	63.6	0	36.4
보통	13.6	3.7	82.7
높음	1.0	12.5	86.5

* A는 반감 대상 브랜드의 가장 강력한 라이벌 , B는 제3의 브랜드

자료: Bechwati, N. N. and Morrin, M. (2003). "Outraged consumers: Getting even at the expense of getting a good deal". *Journal of Consumer Psychology*. 13(4), 440-453.

아니라 즉각적으로 경쟁 기업의 파워를 증대시켜 위협적 상황을 만들 수도 있음을 보여준다. 이는 유권자들이 자신이 원하지 않는 후보의 강력한 라이벌에게 투표하는 심리와 같다. 선거 후보들이 자신을 반대하는 유권자의 마음을 돌리려 애쓰듯 기업은 자사 브랜드에 반감을 지닌 소비자를 단순히 관계가 단절된 고객으로만 보지 말고 그들이 기업의 장단기 성과에 어떠한 영향을 미치는지를 명확하게 인식해야 한다.

그들은 사실 충성고객이었다!

기업이 반감고객에 주목해야 하는 또 다른 이유는 얼마 전까지 그들

이 가치 있는 충성고객이었을 가능성이 크기 때문이다. 오랜 기간 공을 들여 좋은 관계를 쌓아온 고객이 불쾌하고 실망스러운 경험으로 인해 등을 돌려버린다면, 그간의 투자 가치는 사라지고 안정적 수익원도 잃게 될 것이다. 애플과 JC페니에 공개적으로 이별 통보를 한, 앞서 소개한 두 사람도 오랜 기간 브랜드를 지지해온 충성고객이었다.

사실 이러한 주장은 '브랜드 충성도(brand loyalty)'라는 개념과 모순된다. 충성도란 소비자를 고착화해 더 많은 수익을 창출할 수 있도록 하는 중요한 요인을 뜻하기 때문이다. 충성고객은 해당 브랜드로부터 더 많은 제품, 더 비싼 제품을 구매할 뿐 아니라 브랜드의 실수에도 관대하게 반응한다는 것이 일반적인 브랜드 충성도 연구의 결과이다. 즉 충성도는 제품과 기업에 대한 실망으로 인한 분노·공격·회피 행동을 완화하는 역할을 하는데, 이를 충성도의 버퍼링 효과(buffering effect)라고 한다.[9]

그러나 제품과 기업에 대한 소비자의 기대수준이 높아지고 선택의 범위가 넓어지면서 이러한 충성도의 긍정적 효과에 반하는 연구 결과가 나오고 있다. 브랜드와 긍정적 관계를 유지해온 고객일수록 그 브랜드가 기본 원칙을 위반하거나 자신이 불공정한 대우를 받았다고 인지하면 브랜드에 대한 부정적 감정과 공격적 행동 의향이 일반 소비자보다 더 커질 수 있다는 것이다.[10]

이는 브랜드 충성도가 오히려 불리한 방향으로 작용해 기존의 애정 관계를 반전시키는 '사랑-미움 전환 효과(love-becomes-hate effect)'이다.[11] 여기에는 "그동안 내가 이 브랜드가 잘되도록 많은 도움을 줬는데, 정작 내가 도움이 필요할 때는 나를 실망시켰다"라고 하는 배신감이 작용한다. 우수 고객은 일반 소비자보다 자신들에게 기업이 더 많은 신세를 지고 있다고 생각하기 때문에 실망감을 줬을 때 더 큰 배신감을 느끼게 되는 것이다.[12] 한마디로 '믿는 도끼에 발등 찍힌' 상황이라 할 수 있다.

고객의 배신감은 낭만적인 로맨스를 비극적인 복수극으로 뒤바꾸는 데 중요한 역할을 한다. 특히 문제 발생 초기에 고객이 기업에 잘못을 지적하고 개선을 요구했는데도 관계 회복을 위한 기업의 노력이 충분치 않았다고 인식한다면 배신감이 더 커질 테고, 이런 부정적인 느낌은 쉽게 사라지거나 잊히지 않으므로 보복에 대한 더 강력한 욕구를 형성하게 된다.[13]

브랜드 충성도는 배신감, 보복감이 형성되는 속도와 유지되는 기간에도 영향을 미친다. 일반고객의 분노보다 충성고객의 분노가 더 느린 속도로 소멸되며, 충성고객이었을수록 기업의 잘못된 행위에 대한 보복심과 공격 욕구를 더 오래 유지하는 경향이 있다. 또한 어떤 공격 욕구도 품지 않고 그저 해당 브랜드와 거래를 중단하고자 하는 소비자들 중에서도 충성고객일수록 회피 욕구가 더 강하게 형성되는 것으로 분석되었다. 미국 워싱턴주립대학 비즈니스스쿨의 그레고리(Gregoire) 교수와 동료들의 연구는 좋은 관계를 유지해온 고객일수록 브랜드로부터 배신당할 경우 오래도록 보복 욕구를 마음속에 품고, 기업과의 관계를 단절하고자 하는 욕구 또한 더 강하게 느낀다는 점을 보여준다.[14]

브랜드-고객 관계 유형에 따른 보복 욕구와 회피 욕구 변화 비교

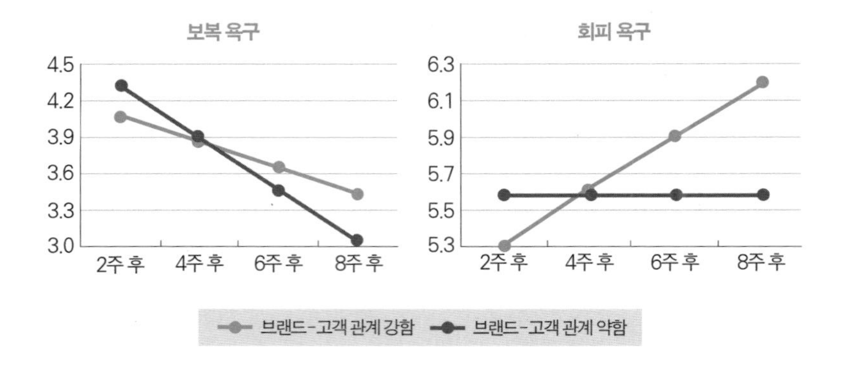

자료: Gregoire, Y., Tripp, T. M. and Legoux, R. (2009). "When customer love turns into lasting hate: The effects of relationship strength and time on customer revenge and avoidance". *Journal of Marketing*. 73(November), 18-32.

이렇듯 충성고객과 로맨스를 즐기던 브랜드도 한순간의 실수로 이별 통보를 받을 수 있다. 충성고객은 그들이 긍정적인 편에 서 있을 때는 큰 도움이 되지만 실망과 배신감을 느끼게 되면 곧바로 해당 기업을 떠날 뿐 아니라, 보복 감정이 사라지는 데도 오랜 시간을 요구한다. 이런 점은 고객충성도의 양면성을 보여줄 뿐 아니라, 제아무리 소비자 신뢰도가 높고 명성을 쌓은 브랜드라 할지라도 공정하지 못한 경영으로 인해 순식간에 버림받을 수 있음을 상기시킨다. 실망과 배신감을 느낀 충성고객은 더 강한 공격성을 보이거나 냉정한 이별을 선택하므로 브랜드가 고객과의 관계를 회복하려면 막대한 시간과 노력을 쏟아야 한다. 충성고객을 확보하고자 노력한 것만큼 그들의 부정적 평가와 감정 또한 민감하게 감지하고 신속하게 대처해야 하는 것이다.

: 충성고객의 두 얼굴 :

고객충성도는 구매 빈도를 높이고 프리미엄 가격에 대한 지불 의사를 강화할 뿐 아니라 기업의 실수에도 일반 소비자보다 상대적으로 더 인내하도록 하는 효과를 지닌 것으로 알려져 있다. 바로 이런 이유로 많은 기업이 막대한 비용을 들여 고객 로열티 프로그램을 개발해 운영한다. 그러나 고객이 금전적·심리적 손실을 입었다고 생각하는 부정적 상황에서도 이러한 충성도가 화를 잠재우고 공격적 행동을 자제시키는 영향력을 발휘할 수 있을까? 브랜드 관계•가 브랜드를 처벌하고자 하는 욕구에 미치는 영향에 관한 설명은 다음의 두 라이벌 이론으로 설명된다.[15]

첫 번째는 'love is blind' 효과이다. 브랜드와 강력한 관계를 맺고 있는 소비자는 그렇지 않은 소비자보다 부정적 상황을 간과한다든지 기업의 실수나 실패를 더 쉽게 용서하는 경향이 있다. 이런 경우 현재 부정적 상황과 과거의 긍정적 기억의 일관성을 유지하기 위해 브랜드의 과오를 축소하거나 문제의 부작용을 과소평가하려는 지각적 편향이 작용한다. 또 충성고객은 심리적 연결감을 느끼던 대상에 상처를 입히는 것이 내키지 않을 수 있다. 특히 브랜드 이미지로 자신의 개성을 표현한 고객일수록 브랜드를 해치는 생각이나 행동은 자신의 자존감이나 정체성에 부정적 영

• 브랜드 관계란 제품 또는 기업 브랜드에 대한 소비자의 심리적 연결을 의미한다. 소비자가 브랜드에 의지할수록, 제품과 서비스를 믿을 수 있다는 확신이 클수록, 여러 측면에서 전반적으로 만족한다고 느낄수록, 그리고 브랜드로부터 자아를 정의(표현)하는 욕구를 충족할 수 있다고 생각할수록 관계는 강해진다.

향을 미치는 것이라고 생각하게 된다.

두 번째는 'love becomes hate' 효과이다. 이는 브랜드와 좋은 관계를 유지해온 고객일수록 부정적 상황에서 더 강한 복수심을 느낀다는 것이다. 충성고객은 자신의 기대에 어긋나는 브랜드 행동이나 제품 결함에 배신감을 느끼고, 따라서 상대를 처벌하고자 하는 보복 욕구가 커지게 된다. 브랜드 결속감을 지닌 충성고객은 다른 소비자보다 자신이 더 나은 대우를 받을 자격이 있다고 생각하므로 자신의 기대와 일치하지 않은 상황에서 더 큰 실망과 배신감을 느끼게 되는 것이다. 이 경우 기업의 실수는 기존의 충성고객을 반감을 지닌 '적군'으로 전환시킴으로써 브랜드 명성과 수익성을 훼손하는 심각한 결과를 초래할 수 있다.

기업 내부로 전염되는 고객반감

소비자들의 기대수준이 높아지고 부당한 대우나 손실에 대한 감정적 반응이 거세지면서 고객접점 직원을 대상으로 강한 분노를 표출하는 경우가 잦아지고 있다. 소비자 반감은 브랜드의 수익과 이미지에 악영향을 끼칠 뿐 아니라 직원들의 직무만족감과 행복을 위협해 인적자원 손실, 조직문화 침체 같은 기업의 내부 문제로 이어질 수 있다.

분노한 고객이 현장의 직원을 공격하는 방식은 크게 3가지이다. 첫

째는 고함치기, 욕설하기, 비꼬거나 무례하게 말하기, 격렬하게 비판하기 같은 언어적 공격이다. 둘째는 어깨를 밀치거나 주먹으로 카운터를 내려치는 것 같은 물리적 공격이며, 셋째는 뚫어지게 쳐다보는 것 등의 비언어적 공격이다. 최근에는 전 세계적으로 사회 전반의 폭력성이 강해지면서 불만고객이 서비스 직원의 목을 조르거나 총까지 쏘는 등 극단적 사태가 벌어지기도 했다. 이런 행동은 소비자가 자신의 분노를 일시적으로 해소하는 데는 도움이 될지 몰라도 해당 직원에게는 엄청난 스트레스로 작용할 수밖에 없어 만족스러운 해결책 마련을 더욱 어렵게 만든다.

고객접점 직원에 대한 고객의 반감 표출은 브랜드 이미지를 공개적으로 훼손할 뿐 아니라 직업과 직장에 대한 직원의 자부심과 충성도를 위축시킴으로써 조직 내부적으로도 결코 작지 않은 리스크로 작용한다. 나아가 소비자들의 공개적인 브랜드 비난은 해당 기업이 하나의 '직장'으로서 지니는 매력도를 급격히 떨어뜨려 인력 확보 및 유지에도 나쁜 영향을 줄 수 있다. 이러한 '고객반감의 부메랑 효과'는 개별 고객과의 상호작용이 중시되는 서비스 기업에서 발생할 확률이 높다.

미국 버클리에 있는 캘리포니아대학 사회학과 혹실드(Hochschild) 교수가 정의한 '감정노동'• 산업에서는 소비자 반감이 내부 직원의

• 주어진 직무를 효과적으로 수행하기 위해 실제 경험하는 감정과 조직에서 요구하는 감정 간에 차이가 발생할 때 자신의 경험감정을 통제하거나 조직에서 요구하는 감정을 표현하려는 노력을 의미한다.

만족도와 업무 효율성, 나아가 기업 성과에 미치는 영향력이 매우 크다.[16] 감정노동자들에 대한 다양한 연구를 살펴보면, 부정적 스트레스가 장시간 지속되거나 반복될 때 직원들은 정신적 압박과 감정소진을 경험하게 되는데,[17] 이는 직원 개인 차원의 자아성취감과 직무만족도 감소에 그치지 않고 이직 의도까지 높임으로써 기업의 인력 및 조직문화 관리 비용을 증대시키는 결과를 초래한다.

조직 내외부 고객의 감정관리는 전통적 서비스 시장뿐 아니라 창의적 인재가 경쟁력의 근원이 되는 첨단산업에서도 매우 중요하다. CEO의 독단적 사업 분리와 가격정책 전략으로 80만 명의 고객을 잃는 큰 홍역을 치렀던 넷플릭스(Netflix)의 경우, 고객반감이 기업 내부로 전염되어 리더십에 대한 직원들의 신뢰와 지지를 잃은 것이 기업의 위기를 증폭시키는 방아쇠 역할을 했다. 고객반감은 결국 직원들의 사기를 저하시켜 역량을 갖춘 인재의 이탈, 우수 인재 채용의 어려움 등 조직운영 측면의 효율성을 떨어뜨리고 리더십 상실과 재무적 손실을 부르는 등 연쇄적 반응을 유발한다.

02

고객은 어떻게 '브랜드 적군'이 되는가?

분노하는 소비자는 자신이 손해를 보더라도 문제를 일으킨 기업 또는 브랜드에 보복하려 한다. 기업이 안전장치라 믿고 투자한 충성고객의 브랜드 사랑이 오히려 강한 배신감과 보복감으로 전환되기도 한다. 브랜드 분노는 소비자 개인의 심리적·물리적 비용 부담은 물론 기업의 브랜드 이미지 훼손, 충성고객 손실, 접점 직원의 스트레스, 조직문화 악화 등 기업 내외부에 장단기적 영향을 미친다.

반감고객 리스크를 줄이려면 사후 처방에 급급하기보다 부정적 감정을 일으키는 원인과 고객반감이 형성된 과정을 먼저 제대로 이해하는 것이 바람직하다. 관련 이론과 연구·사례를 통한 체계적 이해는 제품 및 서비스 문제나 기업의 실수를 경험한 소비자의 심리적 상황과 행동 변화를 파악함으로써 보다 심층적이고 차별화된 고객전략 수립을 가능하게 해줄 것이다. 먼저 부정적 상황에서 고객의 감정 및 행동 반응을 설명하는 이론과 연구에 대해 살펴보자.

고객을 등 돌리게 만드는 5가지

소비자는 자신이 부당한 대우를 받고 있다고 여겨지거나 기업의 비윤리적 행위를 감지하면 우선 그 상황을 인지적으로 평가한다. 그리고 이것은 특정 감정과 행동으로 이어진다. 소비자의 실망과 분노 그리고 행동 반응은 인지(cognition)-감정(emotion)-행동(actions)의 연쇄 모델에 기반을 둔 평가 이론(appraisal theory)으로 설명된다.[18] 문제 상황에서 이루어진 인지적 상황 평가가 감정반응을 유발하는 것이다. 부정적 감정의 증폭에 의한 브랜드 관계 리스크는 결국 인지적 상황 판단에서 비롯된 결과라 할 수 있다.

특정 상황에 대한 해석 경향, 즉 평가적 성향(appraisal tendency)은 개인의 감정 및 행동 반응에 영향을 준다.[19] 똑같은 상황에 처해도 소비자 개개인이 저마다 다른 감정과 행동을 보이는 것은 바로 평가적 성향의 차이에서 기인한다. 예를 들어 레스토랑에서 실망스러운 음식이나 서비스를 접했을 때 어떤 고객은 자신의 분노를 강하게 표현하거나 환불을 요구하지만, 어떤 고객은 자신의 선택을 후회하거나 화가 나더라도 그것을 마음속에 품고 떠나듯 유사한 상황에서도 상이한 인지적 평가와 감정적·행동적 반응이 나타난다.

이처럼 브랜드-고객 관계에 문제가 발생했을 때 소비자가 느끼는 부정적 감정의 강도와 행동방식은 개인의 가치관, 성격, 기존의 대인관계 등으로부터 영향을 받는다. 하지만 부정적 상황에 대한 다차원적 평가방식에는 공통적 특성이 존재한다. '이 상황이 나의 행복에 어떤 영향을 미치는가?', '문제를 유발한 주체는 누구인가?', '상황에 대한 통제력은 누구에게 있는가?' 등을 기준으로 판단한다는 점이다.[20] 이 책에서는 소비자가 특정 브랜드에 부정적 감정을 갖도록 만드는 대표적 상황 요인을 다음과 같이 구분한다.

부정적 상황에 대한 평가 요인

평가 요인	내용
이성적 손실	기업의 제품·서비스·경영 활동이 약속한 결과와 혜택을 제대로 전달했는가?
감정적 손실	기업의 경영방식 또는 직원의 무관심이나 무례함 등이 고객의 자아존중감을 침해했는가?
책임 소재	부정적 상황을 유발하고 책임을 져야 하는 명확한 대상이 존재하는가?
브랜드 동기	부정적 상황을 유발한 브랜드가 이기적이고 탐욕적인 동기를 가지고 있었는가?
관계 주도권	브랜드-고객 관계에 영향을 미치는 주도권을 누가 보유했는가?

이성적 손실: 공정성 침해

사람은 기본적으로 공정성(justice)에 대한 동기를 지닌다. 특정 대상(개인 또는 조직)이 자신과의 개인적 관계에서 혹은 사회적으로 공정하지 않다고 인식되면 대상에 대한 실망과 불만감 등 부정적 감정이 형성되고 대처행동이 뒤따른다.

소비자가 지각하는 공정성은 제품·서비스·경영 활동이 약속한 결과와 혜택을 제대로 전달했는지 여부로 평가된다. 제품이나 서비스의 품질이 약속과 다르거나 자신이 지불한 비용에 합당하지 않을 때, 자신이 치른 비용에 대한 혜택과 다른 사람의 투입에 따른 결과가 불균형할 때, 사회적 규범이나 윤리적 기준을 준수하지 않는 기업활동을 목격할 때 소비자가 기대하는 공정성이 침해된다. 불공정성이 인지되면 소비자의 마음속에서 실망, 후회, 분노 등 부정적 감정이 형성되고, 공정한 상태를 이루기 위해 보상을 요구하거나 자신의 불공정한 경험을 외부에 알려 해당 기업, 브랜드, 서비스 제공자에게 불이익을 주려 한다. 기업의 공정하지 못한 행동이 자신에게 해를 끼쳤다고 인식하면 기업도 어느 정도는 손해를 보도록 만들겠다는 공정성의 원리가 작용하는 것이다.

공정성이 구체적으로 어떻게 분류될 수 있는지 살펴보자. 공정성은 최종 결과가 타인과 비교하여 얼마나 공평한지로 평가되는 분배적 공정성(distributive justice), 최종 결과에 도달하기까지의 과정, 즉 제품과 서비스 실패에 대한 처리 및 복구 노력 과정이 얼마나 공정한지에 대한 인지를 나타내는 절차적 공정성(procedural justice), 소비자가 서비스접점 등을 통해 기업과 소통하면서 적절하고 공정한 대우를 받았는지로 평가되는 상호작용적 공정성(interactional justice)으로 구분된다.[21] 불공정성이 인지된 후 상황이 처리되고 관계가 회복되는 전 과정에서 공정성에 대한 평가가 지속적으로 소비자에게 영향을 미치는 것이다.

소비자를 분노하게 하는 다양한 상황 중에서도 기업이 자신을 공정하게 대하지 않는다는 인식 또는 기업의 경영활동이 정의롭지 않다는 상황적 평가는 부정적 감정 형성에 큰 영향력을 발휘한다. 호주·태국·중국 소비자들의 분노 상황 평가 분석에서 가장 큰 영향력을 보여준 차원도 바로 공정성이었다. 또 상황 발생 초기에는 그저 언짢은 수

소비자의 분노에 영향을 미치는 요인

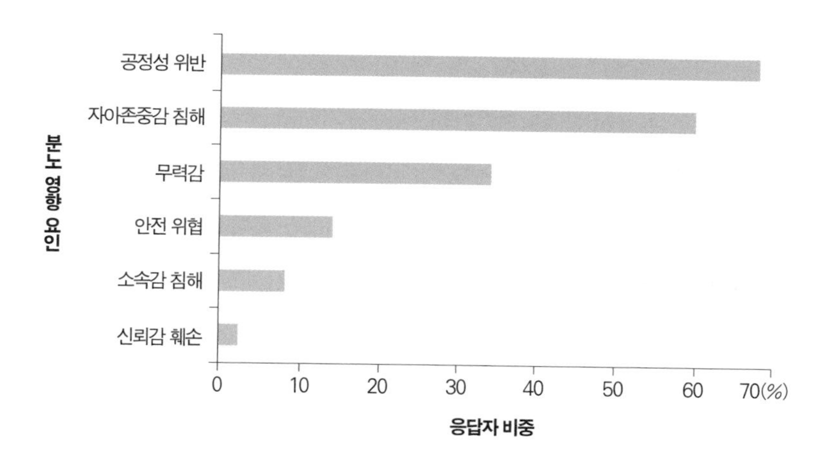

자료: Patterson, P.G., Macoll-Kennedy, J. R., Smith, A. K. and Lu, Z. (2009). "Customer rage: Triggers, tipping points, and take-outs". *California Management Review*. 52(1), 6-28.

준이었지만, 시간이 흐른 뒤에도 문제에 대한 기업의 태도가 계속 불성실하거나 불만족스러우면 불공정하고 부당하다는 판단에 따른 반감이 오랜 기간 유지, 증폭되면서 더욱 강력해진다는 점이 밝혀졌다.[22] 이는 절차적·상호작용적 공정성 침해가 분노감을 증폭시킨 결과라 할 수 있다.

또한 공정성 이론은 충성도가 높은 고객일수록 부정적 상황에서 더 강한 분노감을 품을 수 있다는 가설을 뒷받침해준다. 오랜 기간 관계를 유지하면서 더 비싼 제품이나 서비스를 더 자주 구매한 충성고객은 관계 유지를 위해 그만큼의 시간적·금전적 투자를 했기 때문에 불공정하다고 지각되는 상황에서 인지적·정서적 민감도가 더 높아지게 된다. 따라서 브랜드와 좋은 관계를 맺어온 우수한 고객일수록 부정적 상황에 감정적으로 반응해 배신감 및 보복 욕구와 보복 행위가 유발된다.[23] 불공정한 상황이 충성고객에게는 더 모욕적으로 느껴져, 감정적 상처와 배신감이 어떤 방식으로든 해당 기업 및 브랜드가 대가를 치르도록 만들겠다는 식의 보복 욕구로 이어지는 것이다.

감정적 손실: 자존감 침해

소비자와 브랜드·기업 간 관계를 경제적 거래관계에서 한 발 더 나아가 인간적·감성적 관계로 인식하면 분노와 반감의 형성 배경과 원인을 보다 깊이 이해할 수 있다. 우리가 대인관계에서 상대방에게 불쾌감과 분노감을 느끼게 되는 경우를 한번 떠올려보자. 쌍방 간 거래의 공정성이나 문제의 책임 소재 같은 상황적 논리 못지않게 매우 추상적이고 미묘한 심리적 요인이 많이 작용한다. 화난 사람이 화난 이유를 논리적으로 설명하기 어려운 까닭이 바로 그것이다.

스트레스 대처 이론에 기초해 살펴볼 때 대인관계에서 스트레스를 유발하는 다양한 요인 중 가장 중심이 되는 것은 개인의 심리사회적(psychosocial) 니즈를 무시하는 것이다. 여기서 심리사회적 니즈는 매슬로(Maslow)나 알더퍼(Alderfer)가 주장한 상위 차원의 욕구인 소속감, 관심, 자아존중감 등에 대한 욕구라 할 수 있다. 자아존중감이란 인간이 느끼는 자기 자신에 대한 가치를 말하는데, 마찬가지로 상대방의 자아를 존중하는 것이 긍정적 관계를 유지하기 위한 기본 조건이 된다.

특히 서비스 과정이나 소통이 이루어지는 상황에서 고객의 자아존중감을 지켜줄 뿐 아니라 더욱 높여주려는 노력이 매우 중요하다. 고객의 이름을 기억하거나 진심으로 인사하고 또 감사하는 행동이 고객의 기본적 자존감을 높여주는 것이다. 이러한 욕구는 사회적 동물로서 인간이 지닌 근본적 니즈로, 이에 대한 침해는 기업과의 관계에서 고객이 서비스나 제품의 품질 수준, 기대에 못 미치는 경영활동에서 비롯된 당혹스러움을 강력한 부정적 감정으로 발전시키는 데 핵심적 영향을 끼친다.

자아존중감 침해는 공정성 위반에 이어 소비자의 분노를 일으키는 두 번째 영향 요인으로 밝혀진 바 있다.[24] 고객이 자존심을 다치거나 중요하지 않은 사람으로 취급받는 경우, 구석으로 몰리는 느낌을 받는 경우, 스트레스 상황에 대해 무력감을 느끼는 경우를 예로 들 수 있다. 즉 경멸적 대우, 느린 응대 등은 고객의 자아존중감을 위협해 분노

: 국민 차원의 자존감 침해가 부른 소비자 분노 :

정신의학 전문가들에 따르면 한국인은 남에게 무시당했다고 느낄 때 화를 내는 경우가 많다고 한다. 개인적 자존감에서 나아가 자신이 속한 조직이나 국가의 존엄성을 중시하는 성향은 한국뿐 아니라 중국이나 중동 국가와 같이 민족주의가 강한 사회의 공통점이다. 정치적 · 종교적 갈등 관계에서 민족성이 강한 국가의 소비자들은 단결하여 갈등을 겪는 상대국의 기업, 브랜드, 제품을 거부하는 모습을 보인다. 국가와 민족의 가치를 손상시킨 가해자에 대한 보복인 셈이다.

최근에는 중국 소비시장의 중요도가 높아지면서 중국 소비자의 민족주의 · 중화주의 사상이 중국과 대립하는 국가의 기업에 대한 혐오와 거부감으로 확산되고는 한다. 예를 들어 2007년에는 자금성에 매장을 연 스타벅스가 중국의 존엄성을 해친다며 반발하는 소비자의 거센 저항으로 문을 닫았고, 2010년에는 센카쿠 열도를 둘러싼 영유권 갈등이 발생한 후 전국 각지에서 격렬한 반일 시위와 일본 상품 불매 운동이 이어져 현지 일본 기업이 생산을 중단하는 사태가 빚어지기도 했다.

와 공격적 대처행동을 유발할 소지가 크다.

중요한 것은 제품의 기능이나 품질 문제와 같이 구체적인 상황, 비교적 해결이 용이한 상황이라도 이후의 처리 과정에서 겪는 소비자의 심리적 기대 불충족(무관심, 사과 부족, 무시)이 사건을 전반적으로 악화하는 데 핵심 역할을 할 수 있다는 점이다. 이때 무엇보다도 자존감 침해는 심리적 상처를 입힘으로써 소비자로 하여금 오랜 기간 부정적 상황과 그 당시의 감정을 곱씹고 반추(reflect)하게 만드는 이른바 '원한의 씨앗'이 될 수 있다.

책임 소재: 상황귀인 vs. 성향귀인

부정적 상황, 예를 들어 불공정한 대우를 받았다고 인지하거나 자존감에 상처를 입은 소비자는 상황을 유발한 책임을 누가 져야 하는지, 즉 비난의 대상이 누구인지 판단하게 되고, 이는 이어지는 감정 및 행동 반응에 중요한 영향을 미친다. 귀인이론(歸因理論, attribution theory)은 개인이 특정 상황을 인과론적으로 설명하기 위해 '왜?'라는 질문에 대답해가는 과정과 방식을 설명해준다.[25] 귀인이론이란 상황을 유발한 주체, 즉 원인 제공자를 외부 압력 또는 내부 상태로 귀속하는 것, 즉 인과추론 결과에 따라 다양한 형태의 감정과 욕구가 형성된다는 이론이다.

소비자는 제품이나 서비스의 품질 또는 기업의 활동이 자기 기대에 못 미칠 때, 즉 부정적인 내용의 기대 불일치가 발생하면 인지부조화(cognitive dissonance)로 인한 심리적 불편·스트레스·갈등을 겪고 상황귀인을 하게 된다. 대개 귀인은 정교한 정보처리 과정 없이 즉각적이며 재빠르게 일어난다.[26] 이때 문제에 대한 책임을 제품 및 서비스 제공업체(또는 직원)로 판단하면 상황귀인(외적 귀인)으로, 문제의 원인을 고객 자신에게 돌리면 성향귀인(내적 귀인)으로 설명한다. 소비자의 귀인적 추론 결과는 제품·브랜드·기업에 대한 만족 혹은 불만족, 구매 의향, 불평행동 등 감정과 행동에 순차적 영향을 미치게 된다.

기대수준에 못 미치는 상황의 원인을 자신이 아닌 기업에 둘 때 소비자는 실망감을 느끼게 되고, 이는 비난과 불평행동으로 이어질 확률이 높다. 기대를 충족시키지 못한 채 불쾌감만 제공한 기업에 그 대가를 요구하거나 부정적 입소문을 냄으로써 보복하려는 동기가 작용하는 것이다. 특히 고객이 이러한 부정적 상황을 기업이 충분히 통제할 수 있었으리라고 생각할수록 자신이나 사회가 입은 손실에 대한 책임을 기업으로 귀인하게 되어 더 큰 반감을 갖는다. 기업이 문제 발생에 책임이 있고 부정적 결과를 방지할 수 있는 통제력(controllability)을 보유했다고 생각할수록 분노와 보복 욕구의 수준은 더욱 높아진다.[27]

소비자의 실망감은 기대수준이 높을수록 커지므로 선호도·충성도·기대감이 큰 고객일수록 부정적 불일치를 통한 실망과 상황귀인, 그리고 분노의 감정을 느낄 가능성이 커진다.[28] 예를 들어 친구가 추천해준 레스토랑의 음식맛이나 서비스가 다른 곳과 별 차이가 없을 때, 평소 신뢰하던 기업의 비윤리적 행동에 관한 뉴스를 접했을 때 소비자의 실망감은 상대적으로 커지고 책임과 비난의 대상이 누구인지를 재빨리 판단하게 된다.

반면 부정적 결과의 원인이 자기에게 있다고 판단하게 되면 실망보다는 후회(regret)의 감정을 느끼게 된다. 자신의 대안비교와 의사결정이 부정적 결과를 초래했다고 생각하는 것이다. '다른 브랜드를 선택했더라면 이렇게 나쁘지는 않았을 텐데', '조금만 더 기다렸더라면 더 싸게 구매할 수 있었을 텐데' 하는 자기 비난적 상황이라 할 수 있다. 이처럼 자신이 맞닥뜨린 부정적 상황과 나쁜 감정의 발생 원인이 스스로에게 있다고 생각해 후회감을 갖게 되는 소비자는 적극적으로 불평하며 나쁜 소문을 퍼뜨리기보다는 침묵하는 태도를 취할 가능성이 높다.

브랜드 동기: 이기적 · 탐욕적 성향

소비자 의식이 높아지고 기업윤리 기준이 까다로워지면서 부정적 사건이 발생하고 상황을 처리하는 과정에서 기업이 자신의 이익을 최우선시하는 모습을 보이면 소비자들의 분노 수준이 급속도로 높아진다. 또 비록 자신이 사고의 직접적 피해자가 아닐지라도 도덕적 심판자의 입장에서 해당 기업에 대해 분노하고 강력한 처벌을 요구하게 된다. 엔론 정보조작 사태, 엑슨 석유 유출, 월스트리트 붕괴로 인한 글로벌 금융위기 등은 문제 발생 또는 처리 과정에서 기업의 의도적이고 기회주의적인 동기가 드러나면서 전 세계 소비자들의 공분을 초래한 바 있다. 나이키나 애플 같은 파워 브랜드도 협력업체의 열악한 근무환경을 묵인한다는 이유로 비난과 혐오의 대상이 되고는 한다.

브랜드 반감을 일으키고 사회적 이슈로 증폭시키는 결정적 요인 중 하나가 바로 부정적 상황을 유발한 악의적 동기, 즉 브랜드의 탐욕(greed)이다. 탐욕은 기업경영의 근본 동기이자 활동의 윤리성에 직접적 영향을 미치는 브랜드 성격(personality)의 한 유형이다. 기업이 수익을 올리기 위해 소비자 또는 사회에 해를 끼치면서 이기적으로 행동한다고 판단될 때 탐욕적인 브랜드 이미지가 형성되고, 강한 비난과 반감의 대상이 된다.[29]

탐욕은 브랜드가 부정적 상황을 야기한 데 책임이 있는가 하는 판단에서 더 나아가 왜 그런 행동을 저질렀는가 하는 의도를 보여준다. 단순히 제품 성능에서 오는 문제라거나 서비스 실수라면 악의적 의도와 무관하게 부정적 상황을 유발할 수 있지만, 이기적 의도로 소비자에게 손해를 입히고 그러한 탐욕적 동기가 당사자인 소비자들에게 인지된다면 동기 자체에 대한 강한 분노와 보복 욕구가 뒤따를 가능성이 크다. 이는 기업의 실수, 곧 제품이나 서비스 역량이 소비자의 기대에 못 미치는 수준에서 기인하는 소비자 분노보다 훨씬 강력한 처벌을 부르는 상황이다.[30] 손해의 정도나 실수의 범위를 떠나 '나쁜' 브랜드로 인식되기 때문이다.

의도하지 않은 실수로 시작된 부정적 상황이라도 이를 처리하는 과정에서 이기적이고 탐욕적이라는 느낌을 주게 되면 악의적 브랜드로 인식된다. 누구의 잘못이라 할 수 없는 상황, 예컨대 천재지변 상황에서 기업이 명분이나 이해득실만 따지는 모습을 보인다면 강한 분노를 야기할 수 있다. 반면 '타이레놀 독극물 사건'처럼 기업이 비난의 대상이 아니었는데도 자신의 이익을 포기하고 사건을 수습하는 이타적 모습을 보이면 브랜드 이미지가 좋아지고 고객과의 관계 역시 더욱 견고해진다. 부정적 상황에서 기업이 손해를 보면서도 소비자를 배려하는 회복 노력을 하는가의 여부는 책임이 누구에게 있는가를 떠나 브랜드 개성을 드러내는 데 중요한 역할을 한다.

고객에 대한 배려와 사회 구성원으로서 기업의 역할이 중시되면서 기회주의적이고 이기적인 이익추구자로 판단되는 브랜드는 정당한 복수의 대상으로 여겨진다. 필립 코틀러(Philip Kotler)가 주장한, 브랜드 영성이 중시되는 '마켓 3.0' 시대에는 기업의 기술적 · 감성적 능력에서 더 나아가 도리를 지킬 줄 알고 상대를 배려하는 이타적 태도와 투명한 영혼을 소유하는 것이 성공의 열쇠이자 고객관계 단절을 방지하기 위한 필수 조건이다. 한마디로 말해 소비자를 존중하고 배려하는 책임의식이 없으며 사회적 규범을 어기는, '품격(integrity)' 없는 브랜드는 도덕적으로 정당할 뿐 아니라 사회적으로도 바람직하게 여겨지는 보복행동을 야기하는 탐욕적 대상으로 판단되는 것이다.

관계 주도권: 소비자-브랜드 파워 밸런스

소비자의 파워는 기업의 행동과 태도를 조절할 수 있는 상대적 역량과 잠재적 영향력으로 정의된다.[31] 즉 스스로 파워를 지녔다고 인식하는 고객은 기업과의 관계를 자신에게 유리한 쪽으로 바꾸어나갈 수 있다고 생각한다. 불공정한 대우를 받거나 자존감이 침해당했다고 판단되는 상황에서 고객이 원하는 결과를 얻기 위해 자신의 능력을 행사할 수 있다고 인지할수록 감정적 · 행동적 반응의 강도는 더 커지게 된다.[32]

자신이 이른바 '큰손 고객(big customer)'이라 생각하는 소비자일수록 부정적 상황에서 더 공격적으로 대응하는 것도 이런 이유에서다. 관계의 주도권을 자신이 쥐고 있다고 믿기 때문이다. 이들은 브랜드와의 관계에서 자신이 브랜드를 필요로 하는 것보다 브랜드가 훨씬 더 자신을 필요로 한다고 인식한다. 따라서 자신이 감정을 공격적으로 표출하더라도 브랜드 입장에서는 적대적 반응을 할 수 없으리라 생각한다. 반면 브랜드와의 관계에서 자신이 약자라고 인식하는 소비자는 기업의 부당한 대우, 비윤리적 행동에 반감을 느끼더라도 적극 대응하거나 보복행위를 실천에 옮기지 않는다.

소비자의 파워 인식은 여러 요인으로 그 수준이 결정되는데, 상대에게 위협을 가할 수 있는 능력, 상대와의 관계에 대한 의존도가 대표적 요인이다. 일반적으로 소비자가 기업과의 관계에서 가장 크게 위협을 가하는 행위는 구매를 중단하는 것으로, 구매 중단으로 인한 양측의 비용 부담 정도에 따라 관계 주도권 여부가 달라진다. 큰손 고객의 경우 자신이 해당 기업에 의존하는 만큼 기업도 자신의 구매 빈도, 구매량에 의존하므로 관계 주도권을 확보할 수 있다. 또 새로운 관계를 형성할 대안 브랜드가 많을수록 소비자의 브랜드 의존도가 낮아지고 소비자 파워는 증대한다.

관계 주도권 확보 정도는 반감을 표출하는 방식에도 영향을 미친다. 힘 있는 소비자는 거리낌 없이 공격적 보복행위를 실천할 가능성이 높다. 그러나 스스로를 약자라고 생각하는 소비자는 부당한 대우를 받아도 직접적이고 공격적으로 반응할 확률이 낮다. 브랜드와 장기간 갈등관계를 유지하면 결국 약자인 소비자가 더 큰 손실을 당할 것이라는, 달걀로 바위를 치는 격이라는 판단 때문이다. 이 경우 간접적 보복 활동, 즉 주변 사람들에게 부정적 입소문을 퍼뜨리거나 관련 기관의 도움을 받는 등 개인이 직접 노출되지 않는 방식으로 반감 스트레스를 해소할 가능성이 높다.

주목할 점은 부정적 감정을 지닌 소비자가 자신의 영향력이 전혀 없다고 판단할 때, 즉 무력감(helplessness)을 느낄 때 오히려 강한 분노로 이어질 수 있다는 것이다. 분노 상황 평가와 관련된 기존 연구를 보면 무력감은 분노 형성에 큰 영향을 주는 것으로 나타났다.[33] 사람은 자신이 처한 스트레스 상황에서 무력감이나 통제 불가능성을 느끼면 깊이 절망하게 된다. 더욱이 '아무도 내 이야기를 듣거나 도와주지 않는다'라거나 '나는 이 기업(직원)을 상대로 아무것도 할 수 없다'라는 느낌을 갖게 되면 극도의 분노로 발전할 수 있다는 것이다.

실망에서 분노로: 반감은 어떻게 증폭되는가?

소비자는 자신이 직접 입은 손실뿐 아니라 사회적으로 공정하거나 진실하지 않은 기업의 행태에 대해서도 비난 여론에 동참하고 부정적 감정을 표출한다. 특히 시장에 큰 영향력을 미치는 글로벌 브랜드, 대중의 신뢰와 사랑을 받아온 대표 브랜드가 고의적이거나 이기적인 동기로 잘못을 저지르면 사회 전반에 강한 반감이 형성된다. 브랜드 반감이 형성된 후 문제가 즉각적으로 해결되지 않을 때 부정적 감정이 증폭되면서 브랜드 리스크도 커진다.

반감이 형성되고 브랜드 리스크가 커지는 과정은 중복적 일탈(double deviation), 즉 문제 발생 후 고객과의 관계가 제대로 회복되지 않는 실패의 반복으로 설명할 수 있다.[34] 제품이 제대로 작동하지 않거나 무례한 서비스 직원을 만나는 등 소비자가 정당한 대우와 존중을 받지 못한다고 판단될 때 첫 번째 일탈이 발생한다. 분노를 증폭시키며 공격적 반응을 일으키는 것은 그 뒤를 따르는 연속적(중복적) 일탈이다. 금전적 보상이 충분치 않았거나 직원의 사과에 진정성이 부족한 경우를 예로 들 수 있다. 소비자는 기업이 발생한 문제를 해결해야 하는 도덕적 의무를 지닌다고 믿기 때문에 그런 노력이 부족하다고 판단되면 자신을 가치 있는 고객으로 대우하지 않는 것으로 인식하게 되어 분노감이 상승한다.

호주 뉴사우스웨일즈대학 비즈니스스쿨의 패터슨(Patterson) 교수는 이러한 분노 상승 과정을 말콤 글래드웰이 설명한 '티핑 포인트(tipping point)'• 개념을 빌려 이야기한 바 있다.[35] 전염병이나 트렌드의 확산과 유사하게 부정적 감정 또한 수차례의 티핑 포인트를 거치며 증폭된다는 것으로, 이때 불쾌한 느낌은 끓는점(비등점)을 넘어 감정이 격앙되는 시점을 지나고 이후에도 분노가 쉽게 사라지지 않아 분개하거나 복수(vengeance)하고자 하는 단계로 전환된다.

• 말콤 글래드웰이 멈출 수 없는 변화의 순간을 묘사하기 위해 사용한 개념으로 전염병, 사회 트렌드, 상업적 성공, 입소문이 폭발적으로 확산되는 어느 순간을 의미한다.

사실 강력한 분노는 대상 기업에 만회할 기회를 여러 번 주고 난 뒤에 형성되는 경우가 많다. 소비자의 기대에 어긋날 때, 공정하지 못한 모습을 보이거나 탐욕적 동기로 실수를 저지를 때, 기업이 잘못을 인정하지 않거나 관계를 정상화하려는 노력을 제대로 보여주지 못하면 소비자의 가벼운 화(짜증, 당황)는 점차 극단적 분노와 공격적 보복행위로 발전한다. 직원에게 소리치거나 기업의 자원에 물리적 손해를 끼치는가 하면, 주변 사람들에게 기업 및 브랜드에 대해 신랄한 험담을 하고 법적 분쟁을 일으키는 방식으로 보상을 원하기도 한다. 미국 워싱턴주립대학 비즈니스스쿨 트립(Tripp) 교수의 연구에 의하면 온라인 불만 사이트에 불만을 접수한 소비자의 96%가 중복적 일탈을 경험한 소비자였다고 한다.[36] 즉 문제 발생 후 기업의 대처방식이 오히려 소비자들을 더 지치게 하고 화를 키웠던 것이다.

중복적 일탈로 증폭된 브랜드 반감은 쉽게 사라지지 않고 수일, 수년, 어쩌면 평생 유지되어 생각만 해도 부글거리는 분노감을 느끼게 만들기도 한다. 비록 그 브랜드 제품을 재구매한다 하더라도 감정의 흔적은 남아 있다. 여전히 그 제품이 싫고 그 기업을 생각하면 기분이 나쁘지만 어쩔 수 없이 구매를 하거나 관계를 유지하는 경우도 있는 것이다. 부당함을 느낀 소비자가 문제를 해결하기 위해 노력하는 과정에서 기업의 중복적 일탈로 인해 무력감과 절망감을 느끼거나 자존심에 상처를 받으면 근본적인 신뢰가 무너져 브랜드와 관계를 회복하기는 점점 더 어려워진다.

도요타: 품질 결함+오만함=브랜드 품격 추락

얼마 전 글로벌 소비시장에서 큰 이슈가 된 바 있는 도요타 사태는 수많은 소비자로부터 신뢰를 받아온 모범 브랜드가 공분의 대상으로 바뀌는 과정을 잘 보여준다. 도요타는 2007년 GM을 제치고 생산과 매출에서 글로벌 1위를 차지했을 뿐 아니라• 성실하고 믿을 수 있는 기업이라는 브랜드 퍼스낼리티를 쌓아왔다. 2006년 CNN이 "미국 소비자들이 GM에는 퇴짜를 놓고, 도요타와는 사랑에 빠졌다"라고 보도할 정도로 위상을 인정받기도 했다.[37]

그러나 시장 한편에서는 소비자들의 불만과 반감이 서서히 형성되고 있었다. 2007년부터 도요타 자동차의 가속페달과 관련된 불만이 접수되기 시작했지만 도요타는 '그것은 운전자의 문제'라며 일축하고 어떠한 대응방안도 마련하지 않았다. 도요타에 대한 소비자들의 분노가 폭발한 계기는 일가족 4명이 사망한 2009년 렉서스 차량의 급가속 사고와 당시 911 통화 내용("차가 말을 안 듣는다", "부딪힌다") 공개였다. ABC 방송은 '폭주하는 도요타(Runaway Toyotas)' 시리즈를 통해 그동안 드러나지 않던 고객들의 불만사항과 그에 대한 도요타의 안일한 대응이 부른 참사를 고발, 폭로했으며 《뉴욕타임스》와 《LA타임스》 등 주요 언론도 연이어 도요타 자동차의 안전성에 의혹을 제기했다. 도요타를 향한 공분의 첫 번째 방아쇠가 당겨진 것이다.

• 2007년 도요타는 생산 975만 대, 매출 2,629억 달러를, GM은 생산 969만 대, 매출 1,776억 달러를 기록했다.

이러한 대중적 분노는 일가족 사망 사고로 인한 불안감과 제품 안전성에 대한 의혹, 신뢰했던 톱 브랜드에 대한 실망과 비난, 미국 언론과 소비시장의 영향력 등 다양한 요인이 복합적으로 작용한 결과라 할 수 있다. 개인 차원에서 보자면 도요타 자동차를 소유한 사람은 자신이 처한 문제(자동차의 결함 가능성)를 해결하고 궁극적 목표(안심과 안전, 행복)를 달성할 수 있는 대안(자동차 검사, 새 차 구입 등)을 생각하는 인지적 작업이 우선적으로 진행될 것이다(스트레스 대처 메커니즘의 활성화). 이러한 인지활동은 곧이어 혹은 동시에 다양한 부정적 감정반응을 불러일으킨다. 비록 도요타 자동차 소유자가 아니더라도 가족, 친구, 주변 사람들을 떠올리며 우려와 불안감을 갖게 되고, 사회적 정의를 중시하는 소비자라면 사회적 손실을 입힌 대기업에 대해 불신과 분노를 느끼게 된다. 특히 오랜 기간 해당 기업을 신뢰해온 고객은 그동안 자신이 들인 비용, 신뢰, 사랑에 비해 기업의 태도나 보상 수준이 미흡하다고 판단하여 더 큰 실망과 배신감을 맛보게 된다.

이 일이 있은 후 2010년 초까지 도요타는 두 차례에 걸쳐 대대적 리콜을 단행했으나 소비자들의 마음을 돌리지 못했을 뿐만 아니라 더 큰 실망과 분노를 부르는 '중복적 일탈' 과정을 거쳤다. 도요타는 가속페달 무상교환을 선언하고 캐나다, 중국, 유럽 등지로 리콜 지역을 확대했지만 그런 한편, "페달이 너무 길게 제조되었다", "스프링 탄력이 좋지 않았다", "매트에도 문제가 있었다"라고 납품업체인 CTS를 비난하기 바빴다. 이에 대하여 CTS는 자신들은 닛산에도 납품을 하고 있지만 아무런 문제가 없었다면서 도요타의 급가속 사고는 자신들과 거래하기 이전에 발생한 것이라고 반박했다. 결국 도요타는 '협력업체에 책임을 전가하는 기업'이라는 낙인까지 찍히고 만다. 실력과 능력뿐 아니라 태도와 자질에도 문제가 있는 브랜드로 전락한 것이다.

도요타에 대한 소비자의 반감과 분노를 증폭시킨 두 번째 방아쇠는 부정적 상황을 해결하는 데 집중하기는커녕 오히려 문제의 원인과 책임을 다른 쪽으로 떠넘김으로써 은폐하려 했다는 점, 즉 제품 차원을 넘어 관계 파트너 차원의 실망과 불신에 의해 당겨졌다. 게다가 공개된 청문회에서 보인 도요타 사장 및 경영진의 태도 또한 너무나 의례적이고 오만하여 진정성이 없다는 비판을 낳았다. 주요 언론들은 아키오 사장이 사과할 때 고개를 얼마나 숙였는지 그 각도까지 문제 삼으며 '회의용 인사'라고 논평하기도 했다.

도요타의 이기적이고 탐욕적인 동기와 오만한 대응태도로 소비자들의 집단적 반감은 증폭되었고, 급기야 미국 자동차 노조원들이 도요타 비판에 가세하면서 여론은 더욱 악화되어 '안티 도요타 시위'로 표출되었다. 글로벌 1위 자리를 탈환한 지 2년 만에 도요타는 절반 가까운 미국 소비자들이 생각하는 '절대 사지 않을 자동차'로 추락하게 된다.•

미국 소비자들의 격분과 공격적 반응을 일으킨 것은 제품 결함과 고

• 미국인의 44%가 신차 구매 시 "도요타 차는 절대 사지 않겠다"라고 응답했다(블룸버그, 2010년 3월 23일).

객불만에 대한 도요타의 안일한 대응, 자사의 이해득실만 따지고 실수를 덮는 데 급급했던 탐욕적 모습, 소비자의 자존감을 건드린 오만한 태도 등 연이은 실수였다. 물론 여기에는 일본 기업에 서서히 우위를 빼앗겨온 미국 자동차 업체들의 피해의식도 작용했을 것이다. 그러나 분명 도요타 사태는 높은 고객충성도와 명성을 자랑하던 글로벌 브랜드가 소비자의 공분과 공격의 대상으로 뒤바뀌는 'love becomes hate'의 과정을 여실히 보여준다.

넷플릭스: 혁신의 아이콘에서 언론의 조롱거리로

넷플릭스는 애플과 함께 미국의 대표적 혁신 브랜드로 꼽히던 온라인 영화대여 업체이다. 온라인 영화 스트리밍 서비스로 비디오 대여시장에 지각변동을 일으킨 넷플릭스의 CEO 리드 해스팅스(Reed Hastings)는 2010년 애플의 스티브 잡스, 포드의 앨런 멀럴리를 제치고 《포천》이 선정한 '올해의 기업인' 1위를 차지하기도 했다. 그런데 이처럼 승승장구하던 넷플릭스는 2011년 일련의 잘못된 의사결정 및 그 처리 과정으로 석 달 동안 고객 80만 명으로부터 버림받는 리스크에 빠졌다. 《포브스》, CNET, 《뉴욕타임스》 등 현지 주요 언론들은 이구동성으로 '넷플릭스에게 2011년은 고객의 분노와 보복을 불러일으킨 잃어버린 1년'이라는 진단을 내놓았다.

성공가도를 달리던 넷플릭스의 위기는 2011년 7월의 서비스 요금 인상 발표가 발단이 되었다. DVD 우편배달, 온라인 스트리밍 서비스를 제한 없이 이용하는 비용이 기존에는 월 9.99달러였는데 이 두 서비스를 분리하여, 각각의 서비스 비용은 월 7.99달러, 두 서비스를 함께 이용할 경우에는 월 15.98달러로 인상한 것이다. 고객에게 두 서비스 중 원하는 하나만 선택할 수 있도록 해준다는 것이 넷플릭스의 명분이었지만 온라인과 우편 서비스를 모두 이용하던 고객들이 대다수여서 결국에는 이용료가 60% 올랐을 뿐 넷플릭스만의 매력적인 혜택이던 '무한대여' 서비스는 사실상 폐지된 셈이었다.

서비스 이용료 인상을 발표한 즉시 넷플릭스 블로그는 물론 CEO 해스팅스의 페이스북과 트위터 등 관련 사이트에는 고객들의 불만 섞인 의견과 항의가 쇄도했다. 자신이 충성고객임을 고백한 한 소비자는 넷플릭스 페이스북에 이런 글을 올리기도 했다. "넷플릭스, 나는 여전히 당신을 사랑하고 싶지만 이번의 대폭적인 요금 인상은 우리 관계를 다시 생각하도록 하네요. 어떻게 당신이 우리에게 이런 짓을 할 수 있죠?"

그러나 대다수 사용자들의 불평에 대한 넷플릭스의 대응은 냉담했다. PR팀은 사이트를 통해 두 가지 서비스를 분리하고 요금 체계를 바꾼 것은 "스타벅스 라테를 한 잔 주문할 것인가, 두 잔 주문할 것인가 하는 선택권을 준 것"이라며 "여러분은 여전히 언제든지 원하는 영화나 TV 프로그램을 볼 수 있다"라고 응답했다. 이에 대해 IT 전문 미디어 CNET은 요금 변경에 대한 충분한 설명 없이 고객의 의견을 무시한 것은 마치 "와인에 침을 뱉는 듯한 기분 나쁜 대우"라며 강하게 비난했다. 대표적인 안티 넷플릭스 사이트인 Hackingnetflix.com의 설립자는 이번 사건이 일어나기 전에 이미 넷플릭스는 고객을 무시하는 행동을 수차례 보였다고 전하기도 했다.

이후 이어진 넷플릭스의 서투른 대응은 대중의 반감을 증폭시키기에 충분했다. 요금 인상 발표가 나고 2주 후 CEO 해스팅스는 2/4분기 실적 발표와 함께 주주들에게 보내는 편지에서 최근 사태에 대한 유감을 표하는 동시에 가격 인상으로 분기당 매출 10억 달러를 달성할 수 있을 것이라는 기대를 보여 언론의 뭇매를 맞기도 했다. 넷플릭스는 소비자와 언론의 비난에도 불구하고 원래 계획을 강행하겠다는 의지를 밝혔고, 그 결과 2011년 3/4분기 회원 수는 전년 동기 대비 100만 명이 감소하고 말았다.

여기에 당초 계획보다 한 달 서둘러 DVD 서비스 부문 분사를 발표한 것이 사태 악화의 결정적 계기가 되었다. 무엇보다도 '공식 기자회견을 통한 발표'라는 원래 계획과 달리 해스팅스와 새로운 DVD 부문 CEO가 사업 분리를 알리는 동영상을 제작해 유튜브에 올린 것이 큰 실수였다. 리허설 없이 녹화된 동영상은 정리되지 않은 내용과 두 CEO의 어색한 모습으로 인해 보는 사람의 혼란을 가중시키기만 했다. 유튜브 동영상 내용과 넥플릭스에서 분리된 DVD 서비스 사업의 새 브랜드 퀵스터(Qwikster)는 유명 오락 프로그램 〈새터데이 나이트 라이브(Saturday Night Live)〉에서 패러디해 세간의 조롱거리가 되었고, 결국 넷플릭스는 3주 만에 분사했던 사업 부문을 철수시켰다.

고객반발에 직면한 기업의 오만한 대응, 될 대로 되라는 식의 분사 발표와 줏대 없는 사업 철수는 '아마추어 브랜드', '변덕스러운 브랜드'라는 전문가들의 냉정한 평가로 돌아왔다. 넷플릭스는 가격 인상을 발표한 지 석 달 만에 80만 명의 회원이 탈퇴하고 주가가 77% 하락하는 위기에 빠졌다. 이전까지 7분기 연속 신규 가입자 100만 명 이상이라는 성과를 거두다가 순식간에 곤두박질친 것이다.

넷플릭스의 리스크는 내부 직원의 반감까지 더해지면서 증폭되었다. 해스팅스는 스트리밍 비디오가 미래의 홈엔터테인먼트시장을 주도할 것이라는 강한 신념을 가지고 DVD 서비스와 스트리밍 서비스 분리를 급속하게 추진했다. 직원들 대부분이 시장이 그러한 변화의 흐름 속에 있다는 데는 이견이 없었지만 사업을 분리하는 시점에 대해서는 아직 시기상조라는 견해가 많았다. 그러나 혁신 브랜드를 만들어낸 성과로 주목받아온 해스팅스는 내부 직원들의 조언을 무시한 채 독단적으로 DVD 사업 분사를 추진했고 그 과정에서 무리한 요금

넷플릭스의 미국 신규 가입자 수

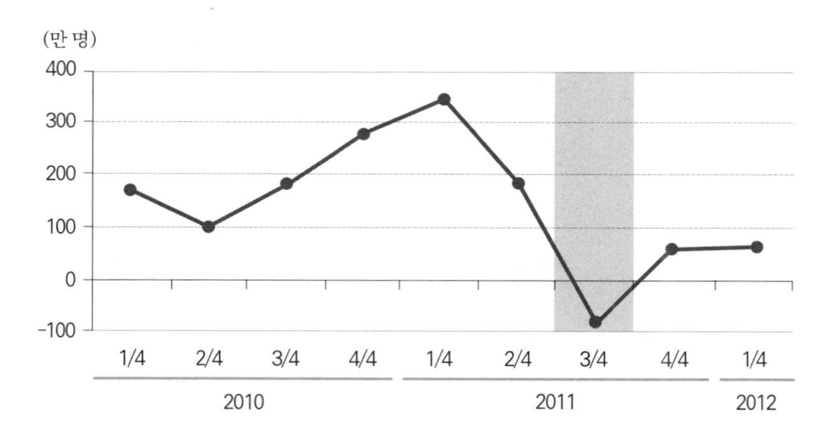

자료: 넷플릭스.

인상과 사업 분리 발표가 이루어진 것이다.

소통하지 않는 CEO와 갈등을 겪은 임직원의 불만이 높아져 1년 사이에 브랜드를 성장시킨 주역이던 임원 4명이 사퇴하기에 이르렀다. 게다가 분리되었던 사업 부문에 자리 잡았던 150여 명의 직원은 갈 곳을 잃어 반강제적으로 회사를 떠나야 했다. 이들 중 많은 사람이 넷플릭스 본사에서 오랜 기간 근무하며 고객 서비스의 기반을 다져준 직원들이었다. 그러자 남아 있던 직원들 사이에서도 우수한 직원들이 합당한 대우를 받지 못하고 버림받았다는 인식이 확산되면서 조직적 반감이 커졌다.

넷플릭스와 같이 고객회원제를 기반으로 성장한 브랜드는 탄탄한 고객관계가 성공의 열쇠이자 지속적 성장을 담보하는 자산이다. 그러나 넷플릭스의 서비스 편리성과 단순함에 열광하던 고객들은 달라진 요금체계에 따라 새로운 계정을 만드는 불편함까지 감수하며 많은 비용을 치르고 있다. CEO 해스팅스는 2011년 9월 블로그를 통해 고객에 대한 존중과 겸손함이 부족했다며 잘못을 인정하고 가격 인상 배경을 설명하는 사과문을 발표했지만 이미 수많은 고객을 잃고 '탐욕적인 해스팅스'라는 닉네임을 얻은 뒤였다. 2011년 7월 CNET이 실시한 조사에서 넷플릭스를 탈퇴한 고객의 33%는 되돌아갈 의사가 전혀 없음을 밝히기도 했다.

넷플릭스는 영화대여 서비스 시장에서 여전히 최고의 플랫폼을 보유한 선두업체의 자리를 지키고 있다. 최근에는 자체 제작한 콘텐츠로 화제를 모으기도 했다. 그러나 일부 전문가는 고객과 넷플릭스의

"핑크빛 애정 관계는 끝났다"고 평한다. 떠나간 고객들을 되찾을 수 있을지, 그리고 내부 직원들과 신뢰관계를 회복할 수 있을지에 따라 넷플릭스의 미래가 달라질 것이다.

03

기업의 응급 상황: 보복형 반감고객

조용한 이탈 대신 보복을 선택한 고객들

2007년 8월, 미국 버지니아 주 매나사(Manassas) 시에 있는 이동통신 및 케이블TV 서비스 업체 컴캐스트(Comcast) 지점이 발칵 뒤집혔다. 공군 간호사 출신의 75세 할머니 모나 쇼(Mona Shaw)가 망치를 들고 사무실로 들어서더니 컴퓨터 모니터, 키보드, 전화기를 내려치기 시작한 것이다. 결국 경찰에 체포된 모나 쇼는 벌금 345달러와 집행유예 3개월을 선고받았다. 모나 쇼는 왜 이런 행동을 했을까?

당시 컴캐스트는 전화·케이블·인터넷 서비스를 통합한 '트리플 플레이(Triple Play)'라는 신상품을 출시하면서 대대적인 고객몰이 중이었고 모나 쇼도 이 서비스를 신청했다. 그런데 직원이 방문하기로 한 날 오지 않았고, 이틀 후에야 와서는 작업을 절반 정도만 하고는 가버린 것이다. 급기야 이틀 후에는 전화 · 케이블 · 인터넷 연결이 모두 끊겨버렸다. 남편과 함께 근처 컴캐스트 고객센터를 찾아간 모나 쇼는 서비스 직원에게 매니저를 만나게 해달라고 요청한 후 2시간을 꼬박 기다렸는데, 뒤늦게 다시 나타난 직원이 매니저는 이미 퇴근했으니 다음에 오라고 했다. 고객센터로 갈 때까지만 해도 그녀는 크게 화가 났다기보다는 자초지종을 설명하고 상황을 바로잡아야겠다는 생각이었다. 그런데 긴 시간을 기다리다 보니 분노가 점점 치밀었고 결국 폭발한 것이다.

《워싱턴 포스트》 지와 NBC 등 주요 언론들은 모나 쇼의 폭력적 행동은 바람직하지 않은 방식이라고 말하면서도 그녀가 겪은 며칠간의 경험을 상세히 소개했다. 모나 쇼와 그녀의 남편이 지적(知的)이면서 평소 지역사회 봉사활동에도 적극 참여하는 모범적인 노부부라는 점을 강조하기까지 했다. 기사를 접한 사람들은 모나 쇼의 분노에 공감하고 호응과 지지를 보냈으며, '우리의 영웅' 혹은 '모나 더 해머 쇼(Mona "The Hammer" Shaw)'라고 부르기도 했다.

브랜드 보복은 소비자가 브랜드나 기업에 자신의 실망, 분노, 적대감 등 부정적 감정을 알리고 상황을 바꿔줄 것을 요구하는 다양한 행위를 포함한다. 상황 판단에 따라 형성된 반감을 적극 표출하는 데는 기업의 불공평하고 불공정한 행태로 입은 금전적 · 물리적 · 감정적 손실을 되갚겠다는(get even) 욕구가 동기로 작용한다.

그런 점에서 '브랜드 보복' 행위란 특정 기업이 어떤 식으로든 고객손실에 대한 비용을 부담하거나 처벌을 받도록 하려는 것이다. 이것은 또 다른 스트레스로 감정적 비용을 발생시킬 뿐 아니라 때로는 많은 시간과 노력을 요구하지만, 당한 만큼의 손실을 대상 기업에 되갚아주겠다는 욕구가 강한 경우에는 결국 실천에 옮겨지게 된다. 고객손실에 대해 사과하고 금전적으로 변상하거나 상품을 교환해주고 불만사항을 시정하는 것으로 고객의 보상 욕구를 충족시킬 수 있다면 긍정적 개선으로 마무리되는 것이지만, 불만을 무시하거나 부적절한 대응을 한다면 부정적 상황의 악순환과 장기화를 초래할 수 있다.

브랜드 보복의 행동유형

정면대응

브랜드에 대한 정면대응은 소비자가 현장 직원이나 상위 경영진, 브랜드 블로그, SNS 등을 통해 직접 항의하고 손실에 대한 금전적·심리적 보상을 요구하거나 분노를 표출하는 행동을 의미한다. 즉 개인 소비자가 브랜드를 직접 대면하여 문제를 해결하고자 하는 'face-to-face' 행동이라 할 수 있다. 부정적 감정의 강도가 높거나 공격 성향이 강한 소비자는 기업의 물리적 자원을 파손하거나 직원에게 해를 끼치는 등 자신의 반감을 공개적으로 드러내며 기업의 경영활동을 방해하려 하기도 한다.

소비자의 정면대응 보복은 언어적 · 비언어적 · 물리적(신체적) 표현으로 이루어진다. 먼저, 언어적 공격은 현장 직원이나 경영진에게 직접 말 또는 글로 자신의 불만이나 분노를 알리는 것이다. 특히 최근 들어서는 고함을 치거나 욕설하기, 고발 또는 소송을 제기하겠다며 협박하기 등 공격의 강도가 높아지는 추세이다. 2011년의 CRS(Customer Rage Study) 결과를 보면 불쾌한 경험을 한 고객 중 현장 직원을 상대로 상위 관리자에게 자신의 불만을 이야기하겠다고 협박하거나(52%), 목소리를 높이며 항의하는(24%) 식의 공격적 행동을 보이는 비중이 높았

문제를 겪은 소비자가 불쾌감을 표현하는 방식

표현방식	비중(%)
친구, 지인과 불만 내용 공유	88
문제를 일으킨 대상에게 불평	82
상위 관리자와 이야기하겠다고 위협	52
다시는 거래하지 않겠다고 결심	47
고함을 치거나 목소리 높이기	24
정부기관에 고발하겠다고 위협	16
욕설을 하거나 비속한 표현으로 말하기	8
법적 소송을 제기하겠다고 위협	8
방송매체에 알리겠다고 위협	7

자료: CCMC (Customer Care Measurement & Consulting). "2011 National Customer Rage Study".

으며, 욕설을 하거나 법적 소송을 제기하겠다고 협박하는 소비자의 비중도 10%에 달했다.

비언어적(non verbal) 표현 역시 언어만큼이나 소비자들이 자주 사용하는 직접적 공격 수단이다. 하버드경영대의 잘트먼(Zaltman) 교수가 소비자의 마음이 직접적 언어로 표현되는 것은 5%에 불과하다고 주장했듯이,[38] 마케팅 환경에서 비언어 커뮤니케이션의 중요성은 매우 크다. 부정적 상황에 처한 소비자의 비언어적 공격은 얼굴 표정이나 제스처, 보디랭귀지 등으로 자신의 불만·불쾌감·분노를 표현하는 것을 의미한다. 직원을 째려보거나 뚫어지게 쳐다보기, 카운터를 주먹으로 내려친다든지 문을 거칠게 닫는 행동, 통화 도중 급작스럽게 전화를 끊어버리는 것을 비언어적 공격행동의 예로 들 수 있다.

수차례에 걸쳐 중복적으로 실망과 불쾌감, 배신감을 느낀 소비자는 자신의 증폭된 감정을 보다 과격한 방식으로 표출함으로써 기업에 치명적 손실을 입히려 한다. 강도 높은 언어적·비언어적 보복은 브랜드와 소비자 관계 단절의 위험을 예고할 뿐 아니라 기업의 내부 직원에게 심리적 스트레스를 주는 심각한 상황을 초래한다. 또한 직원들로 하여금 직업·직장에 대한 자부심을 잃게 만들고 충성도를 떨어뜨려 기업 내부적 리스크를 유발하기도 한다. 실제로 업무 중 신체적 공격을 당한 경험이 있다고 대답한 직원의 절반 정도(44%)가 고객이 가해자였던 것으로 밝혀지기도 했다.[39]

소비자의 공격적인 보복행동은 직원이나 기업의 물리적 자산에 해를 끼칠 뿐 아니라 사회적 이슈로까지 빠르게 파급되어 브랜드 이미지를 훼손할 소지가 크다. 그러나 한편으로 고객의 직접적 정면대응은 어떤 방식으로든 겉으로 드러나는 만큼 기업이 빠르게 감지할 수 있다. 다시 말해 기업이 그에 신속하게 대응한다면 개별 고객의 반감과 갈등 문제를 해결하여 관계를 회복할 수 있다는 것이다.

제3기관에 고발

부정적 경험을 겪은 고객이 기업에 직접 항의하기보다 소비자단체·언론매체·법률적 전문기관 등 제3기관을 통해 브랜드의 악행을 고발하는 식의 보복도 있다. 대체로 전문기관의 지원이 필요하거나 자신이 겪은 부정적 경험을 많은 사람에게 공식적으로 알리고자 할 때 쓰는 방법이다. 자신의 경험을 많은 사람과 공유하고 브랜드를 공분의 대상으로 지적함으로써 심리적 보복 욕구를 충족하고 보상받고자 하는 것이다.

한국의 경우 1980년대 후반 이후 전국 소비자보호단체에 고발된 피해 건수가 연 20~30% 이상 증가해왔다. 한국소비자원에 접수된 불만 건수는 1987년 8,063건에서 2006년 30만 9,545건, 2011년 77만 8,000건으로 폭발적 증가세를 보였다. 이와 동시에 고발 대상과 서비스의 범위도 더욱 확대되었는데, 그 내용을 보면 우리 사회가 어떤 방향으로 변화해왔는지를 알 수 있다. 예를 들어 1990년대에는 자동차·가정용품 중심의 고발이 주를 이룬 반면 최근에는 생활의 필수품인 모바일 기기, 통신 서비스 관련 고발 건수가 눈에 띄게 증가하고 있는데, 이는 한국과 미국 등 세계시장의 전반적 추세이다. 이와 함께 온

한국의 소비자 불만 상담 상위 5대 품목의 변화

순위	1991년	2003년	2006년	2011년
1위	학습교재	신용카드	인터넷 서비스	휴대폰
2위	서적, 인쇄물, 음반	건강식품	이동전화 서비스	초고속 인터넷
3위	자동차	어학 교재	휴대폰	자동차 중개·매매
4위	영상·음향 기기	할인회원권	양복 세탁	이동전화 서비스
5위	주방용품	이동전화 서비스	자동차 중개	스마트폰

자료: 한국소비자원 (2011). 《2011 소비자 피해구제 연보 및 사례집》; 이승환 (2012). "스마트 시대, 소비자 '불만'을 '신뢰'로 바꾸는 비결". SERI 경제포커스. 제400호. 삼성경제연구소 재인용.

미국의 소비자 불만 상담 상위 5대 품목의 변화

순위	2003년	2011년
1위	자동차	케이블/위성 TV
2위	유통	전화/휴대폰
3위	전화/휴대폰	가전
4위	가전	유통
5위	케이블/위성 TV	자동차

자료: CCMC. "2011 National Customer Rage Study".

라인쇼핑, 소셜커머스, 디지털 콘텐츠 사용이 확산되면서 그와 관련한 소비자 고발 건수도 빠르게 증가하고 있다. 소비자는 자신이 가장 많은 시간을 들였거나 건강·안전과 관련되는 제품 및 서비스에서 입은 손실에 가장 민감하게 반응한다.

최근 들어서는 언제 어디서나 편리하게 사용할 수 있는 다양한 온라인 불만 사이트가 운영됨에 따라 소비자들이 자신이 겪은 부정적 경험을 실시간으로 제보할 수 있게 되었고, 따라서 대중적 반감도 더 빠르게 확산되는 추세이다. 미국의 경우 bbb.com, consumeraffairs.com 같은 전통적인 소비자단체 사이트뿐 아니라 complaints.com, ripoffreport.com 등 접수된 불만 내용을 소비자들이 구매 의사결정에 참고할 수 있도록 구체적으로 제공하는 전문 사이트가 등장했다. starbucked.com과 같이 특정 브랜드를 견제하는 사이트도 운영되고 있다. 국내에서도 '소비자고발센터', '소비자신문고(소비자가 만드는 신문)' 등 고발 전용 인터넷 사이트와 스마트폰 어플리케이션은 정면 대응이 어려운 소비자가 빠르고 쉽게 제3기관을 통해 브랜드를 고발할 수 있도록 해준다.

기업 윤리성에 대한 기대감이 높아지면서 소비자 권리를 침해하거나 비윤리적 행동을 보인 브랜드에 대한 조직적 차원의 법적 대응도 활발해졌다. 국내에서는 해킹으로 인한 대규모 개인정보 유출, 허위 과장 광고로 인한 피해, 업체 간 담합 등으로 집단소송에 휘말린 기업이 증가하는 추세이다. 현재 한국 정부에서 도입하고 있는 소비자집단분쟁조정제도의 경우 50인 이상의 소비자에게 같거나 비슷한 유형의 피해가 발생했을 경우 일괄적 분쟁조정이 가능하도록 하고 있다. 2011년 말 기준 101건의 조정 신청이 접수되었으며, 이 중 신청 기각을 제외한 76건의 조정 합의가 성립된 것으로 보고되고 있다.[40]

소비자가 기업에 직접 대항하지 않고 제3기관 채널을 활용하는 이유는 여러 측면에서 생각해볼 수 있다. 우선, 직접대응에서 만족스러운 보상을 받지 못했거나 기업의 반복적 실수로 인해 고객손실이 커진 경우 소비자단체나 고발 사이트를 통한 조직적 대응이 있을 수 있다. 또는 애초부터 개인 소비자가 조직에 대항하는 것은 비효율적인 일이라 판단하여 직접대응을 피하고 전문기관의 노하우를 구해 집단적 영향력을 형성하기 위한 선택일 수도 있다. 소비자 고발로 인한 공격은 개인 차원의 감정적 보복에 머물지 않고 공식적으로 검증된 정보를 기반으로 한 조직적 공격이라는 점에서 전문적이고 체계적인 대응이 요구된다. 이는 소비자 주권이 더욱더 강화되는 환경 속에서 향후 기업이 조직적 공격에 부딪힐 가능성이 지속적으로 증대될 것으로 보이므로 매우 중요한 사안이다.

온라인 폭로

스마트폰과 모바일PC의 보편화에 따라 블로그나 소셜 네트워크 서비스는 개인 차원에서 특정 브랜드를 공개적으로 공격하는 강력한 도구로 사용되고 있다. 예전에는 부정적 입소문(negative WOM)이 친구나 가족 등 개인적 관계를 통해 확산되었다면, 이제는 개인이 대중에게 폭로하는 방식으로 변화되었다. 또 과거에는 개인 미디어를 통한 문제 제기가 부정적 경험 내용을 텍스트로 전달하는 방식 위주였다면, 이제는 다양한 제품과 브랜드를 비교 분석하는 자료나 소비자가 직접 제작한 동영상 등 보다 광범위한 내용을 체계적이면서도 감성적으로 전달하는 콘텐츠로 진화하고 있다.

개인 미디어를 통한 브랜드 보복에는 대중의 공감과 영향력을 지렛대로 이용해 특정 브랜드에 대한 반감을 조직화하고자 하는 동기가 작용한다. 여기에는 고객만족을 최우선 과제로 지정하는 등 소비자를 '파트너'로 프레이밍(framing)하는 브랜드 커뮤니케이션이 오히려 고객폭로를 촉진하는 역작용을 하기도 한다. '파트너' 브랜드는 좋은 제품과 서비스 공급은 물론 고객을 존중하고 의견과 불만을 경청하며 합리적으로 대응할 의무가 있는 것으로 기대된다. 따라서 브랜드가 관계상의 의무와 규범을 어기는 행동을 보일 때 소비자는 자신의 의견 또는 고객으로서 자신의 가치가 무시당한다고 생각해 배신감을 느끼기 쉽다.

배신감을 느낀 소비자가 자신을 모욕한 브랜드에 자신의 가치를 증명해 보일 수 있는 사회적 도구가 바로 '대중적 공감대를 얻는 것'이다. 이는 연인에게 버림받은 사람이 자신의 가치를 인정하는 새로운 연인을 만나 옛 연인 앞에서 자랑하고 싶어하는 심리와 같다. 소비자는 자신의 가치를 확인시키기 위해 최대한 많은 사람으로부터 보복에 대한 공감과 동의를 얻어내려 할 것이다. 따라서 이때 브랜드가 고객에 대한 의무를 다하지 않은 '관계 규범 위반자'로 프레이밍되면 해당 브랜드에 대한 반감은 SNS 등에서 빠르게 대중적 지지를 얻게 된다. 자신의 불행에 연민을 느끼는 다수의 사람들에게 부정적 감정을 분출하는 것 자체가 보복의 한 수단이 되는 것이다.[41]

브랜드에 대한 반감을 폭로하는 소비자의 사회적 영향력이 클수록 그 여파는 더욱 커진다. 소셜 네트워크와 같은 뉴미디어 환경에서는 소수의 적극적 참여자가 대다수 사용자에게 영향력을 행사하는 '90:9:1의 법칙'이 적용된다. 즉 유튜브와 페이스북 등 소셜미디어 사용자 중 90%는 단순한 조회를 주로 하는 잠복 사용자, 9%는 타인의 콘텐츠를 재전송하는 수동 사용자, 그리고 나머지 1%가 직접 콘텐츠를 제작하고 주도적으로 이슈를 형성하는 능동 사용자이다.[42] 따라서 대중적 인지도와 신뢰도가 높은 1%의 파워 블로거나 파워 트위터리언이 제작한 브랜드 불만 및 반감 콘텐츠는 폭넓은 지지 기반을 바탕으로 빠른 속도로 확산되어 기업에 막대한 영향을 미치게 된다.

개인 소비자의 의사 및 감정 표출에 대한 집단적 동조는 사회와 문화의 특성에 따라 확산 속도와 범위가 달라질 수 있다. 예를 들어 집단주의가 강하고 사회적 규범을 중시하는 문화에서는 개인의 문제가 사회적 이슈로 확대되고 공분을 유발하는 속도가 개인주의적 문화가 강한 시장에 비해 훨씬 빠를 것이다. 이런 면에서 볼 때 스마트 소비환경이 발달하고 집단적 문화가 강한 한국의 소비시장은 기업이 개인 미디어나 소셜미디어를 통한 공격에 노출될 가능성이 매우 높다.

: 'United Breaks Guitars' :

2008년 3월 미국의 팝 가수 데이브 캐롤(Dave Carroll)은 유나이티드 항공을 이용하다가 수하물 처리 과정에서 3,500달러짜리 기타의 목이 부러지는 사고를 당했다. 캐롤은 항공사 직원에게 기타를 조심히 다뤄줄 것을 부탁했지만 담당자가 없다는 이유로 무시당했고 파손이 발견된 후에도 보상에 대한 어떠한 약속도 받을 수 없었다. 캐롤은 항공사 고객 서비스 직원들과 9개월 동안이나 입씨름을 했으나 항공사 측이 내린 결론은 기물 손상을 24시간 내에 신고하지 않았기 때문에 어떤 보상도 해줄 수 없다는 것이었다. 좌절과 분노를 느낀 캐롤은 2009년 중반 자신의 이런 경험을 담아 노래를 만들었고 뮤직비디오까지 제작해 'United Breaks

데이브 캐롤이 만든 동영상의 한 장면

자료: 〈http://www.nbcchicago.com/news/local/United-Breaks-Guitars-a-Smash-Hit-on-YouTube.html〉.

Guitars'라는 제목으로 유튜브에 올렸다. 이 동영상은 하루 만에 15만 건, 한 달 후 500만 건의 조회 수를 기록했고, 곡의 성공과 유나이티드 항공의 굴욕을 CNN이 보도하면서 전 세계의 이목을 끌었다. 결국 유나이티드 항공은 캐롤에게 파손된 기타에 대한 보상은 물론 이와 관련된 자사의 원칙을 재검토할 것을 약속했다.

무엇이 그들을 적극적 보복에 나서게 했나?

고객은 어떤 상황에서 상대 브랜드와 기업에 대한 보복을 결심하게 되는 것일까? 굳이 자신의 시간과 에너지를 들여 브랜드를 비난하고 잘못을 시인하도록 만들려는 이유는 무엇일까? 무엇이 소비자들로 하여금 조용한 관계 중단이 아닌 적극적 보복을 선택하게 하는 것일까? 부정적 상황에 대한 평가 요인의 관점에서 보자면 소비자는 브랜드가 부정적 상황 발생의 책임자라는 확신을 가질 때, 그리고 자신이 브랜드와의 관계에서 주도권을 지닌 영향력자라고 생각하는 상황일 때 회피보다 공격을 시도한다고 볼 수 있다. 즉 상대방의 잘못을 확신하고 상대방에게 파워를 행사할 수 있다고 인식할 때 보상을 요구하는 보복행동이 표출되는 것이다.•

• 소비자의 반감과 공격적 행동에 영향을 미치는 상황적 요인과 개인의 성향에 관한 연구는 여전히 진행 중이며 앞으로 더 다양한 측면(제품별, 세그먼트별, 문화별 등)에서 이루어질 필요가 있다.

책임이 브랜드에 있다는 확신

소비자가 자신 또는 사회가 좋지 않은 상황에 처했을 때 왜, 누구에 의해 그 문제가 발생했는지를 판단하는 인과적 귀인 과정에서 그 원인과 책임이 브랜드에 있다고 확신할 경우 브랜드에 대한 반감이 보복행동으로 이어질 가능성이 커진다. 즉 부정적 소비 경험의 원인을 자기 자신이 아니라 제품이나 서비스 제공자에게 넘길 때 상대에 대한 보복 욕구가 높아진다.

예를 들어 광고를 보고 기대감으로 구매한 제품이 그에 상응하는 품질을 제공하지 못했을 때 소비자는 심리적 갈등을 겪게 되는데, 부정적 결과의 원인이 브랜드의 비도덕적 과장 광고, 지키지 못할 약속에 있다고 추론하는 소비자는 자신의 선택을 단순히 후회하기보다는 기업을 비난하고 어떤 방식으로든 보상받으려 한다. 반대로 광고 정보를 있는 그대로 믿은 자신을 탓하는 등 문제의 책임이 자신에게 있다고 생각할 경우에는 분노보다는 후회의 감정을 갖기에 보복 욕구와 행동을 보일 가능성은 낮아진다. 또 천재지변으로 인한 사고처럼 기업이 문제 발생이나 후속 결과를 통제하는 것이 불가능한 경우 소비자가 지각하는 손실이나 불편함은 축소되거나 간과되는 정보편향이 작용하여 공격적 보복행동으로 이어질 가능성도 낮아진다.

한편 기업이 상황을 방치하거나 문제를 해결하려는 의도가 부족했다고 판단되는 순간 비난의 수위가 높아지고 공격의 강도도 거세진다. 마찬가지로 수차례 연속적인 기업 실수와 실패가 발생하는 '중복적 일탈' 과정에서도 상황을 조정할 수 있는 기회를 제대로 활용하지 못한 브랜드에 대한 비난이 커진다. 앞서 예로 든 도요타의 경우를 다시 생각해보자. 소비자, 언론, 정부가 브랜드를 비난의 대상으로 명확하게 지목한 상황에서도 자신의 잘못을 인정하며 리콜을 단행하지 않은 것이 더 큰 분노를 불렀던 것이다.

브랜드 관계에서 주도권을 행사하기 위해

기업 및 브랜드와의 관계에서 자신이 어느 정도 파워를 행사할 수 있다고 인지하는 소비자, 예를 들어 오랜 기간 매장을 방문해온 단골손님이나 마진율이 높은 상품을 주로 구매하는 VIP 고객은 제품 및 서비스 사용에 불편함이나 손실을 경험할 경우 공격적 보복행위를 할 확률이 높다. 이들은 자신이 기업에 금전적·시간적으로 충분히 기여했기 때문에 평균 이상의 기대감을 가졌을 뿐 아니라 상대 기업 측에 판매·수익·브랜드 이미지 등에서 영향력을 행사할 수 있다고 생각하는 경향을 보인다. 따라서 기대에 못 미치는 브랜드 활동에 대해서는 커다란 배신감을 느껴 감정을 적극적으로 표현할 가능성이 크다.

한편 고객의 공격과 항의는 기업 실수로 인한 직접적 손실뿐 아니라 전략적 의사결정에 대한 반발에서 비롯되기도 한다. 브랜드에 대한 관심과 제품 관여도가 높은 고객일수록 바람직하지 않다고 판단되는 전략에 대해서는 분명히 비난하고, 그런 상황을 변화시키고자 적극 개입한다. 특히 충성고객으로서 오랜 기간 브랜드에 대한 애착을 품

: 충성고객의 항의로 브랜드 로고 변경을 철회한 갭 :

2010년 10월 갭은 푸른색 바탕에 전통적 글씨체의 로고를 새로운 현대적 디자인으로 변경하기로 결정했다. 그러나 새 로고가 발표되자마자 고객들로부터 비난의 폭격이 쏟아졌다. 오랜 기간 갭을 입어왔다고 밝힌 고객들은 전화, 이메일, 페이스북을 통해 "이전 디자인이 훨씬 낫다", "MS 워드로 대충 만든 아마추어 작품 같다", "사상 최악의 졸작이다", "새 로고로 바꾸면 더는 갭을 사지 않겠다"는 비난과 항의를 거침없이 쏟아 부었다.

어떤 고객들은 자신들이 직접 디자인한 로고가 오히려 낫다며 콘테스트를 벌이기도 했다. 고객들의 공격적 반응에 당혹스러워진 갭은 페이스북을 통해 공식적으로 로고 디자인 크라우드 소싱을 시작했으나, 이런 모습은 자체적 전략 없이 고객들에게 매달리는 신세로 보일 수밖에 없었다. 며칠 후 갭은 "우리는 고객 커뮤니티를 통해 발전할 수 있는 좋은 기회를 놓친 것 같다"라며 실수를 인정하고 로고 변경과 관련된 모든 계획을 철회했다.[43]

갭의 실패한 로고 변경

갭은 오랫동안 사용해온 왼쪽의 로고를 대신해 오른쪽의 새 로고를 발표했으나 고객들의 강한 반대에 부딪혀 로고 변경을 철회했다.

어왔던 고객이라면 브랜드의 이미지나 정체성이 바뀌는 것을 싫어하고 공개적으로 반대 의사를 밝히는 경우가 많다. 20년간 사용해온 브랜드 로고 디자인을 변경한다는 계획을 알렸다가 예상치 못한 고객들의 거센 분노에 부딪혀 곤혹을 치른 패션 브랜드 갭(GAP)이 바로 그런 사례이다. 넷플릭스가 온라인사업 분리, 가격정책 변화를 발표하자 수많은 고객이 비난하고 탈퇴한 것도 새로운 브랜드 전략에 대한 반감의 표현이었다고 볼 수 있다.

한편 브랜드와의 관계에서 영향력이 미미한 소비자는 기업의 공개적 처벌을 요구하는 집단적 보복행동에 동참할 가능성이 높다. 특히 시장에서 독보적 주도권을 지닌 헤게모니 기업에 대해, 소비자는 개인적으로 자신이 입은 손실을 직접 표현하고 보상을 요구하기보다 조직적 · 집단적 동조를 구하는 전략을 선택할 소지가 크다. 즉 명성이 높은 브랜드는 탐욕적인 모습을 보이거나 악행을 저지를 경우, 또 제품 및 서비스 차원에서 기대 이하의 가치를 제공할 경우, 충성고객의 강한 정면보복 심리와 일반고객의 집단동조 심리를 자극하여 전방위적 공격을 당하는 위기에 처할 수 있다.

대응전략: 응급실에서 가장 중요한 것!

가장 이상적인 반감고객 관리는 다양한 분노 형성 요인을 미리 충분히 파악하여 사전에 예방하는 것이다. 그러나 개별 소비자와 브랜드의 관계에는 기업이 통제할 수 없는 수많은 개인적·환경적 변수가 작용하므로 완벽한 예방이란 불가능하다. 그나마 희망적인 것은 공격적 소비자는 개인적이든 집단적이든 자신의 감정과 보복 욕구를 공개적으로 표출하기 때문에 회피적 소비자에 비해 신속하게 그 내용을 파악하여 효과적으로 대응하기가 상대적으로 용이하다는 점이다. 또한 불만을 표현하고 보상을 요구하는 고객은 해당 브랜드와의 관계에 대한 관심도가 높은 편이므로 쌍방향 커뮤니케이션을 통한 문제 해결도 가능하다.

브랜드를 공격하는 소비자들은 브랜드에 대한 통제력을 발휘하려는 동기가 강하므로 기업이 실질적 손실을 입을 수 있고, 문제 해결이 지연될수록 손실범위와 심각성은 커지게 된다. 따라서 직접적이고 강력한 영향력을 갖는 브랜드 보복 고객의 등장을 기업은 '응급 상황'으로 인식해야 한다. 응급실에서 빠르고 정확한 진단과 치료로 부상범위의 확산을 막고 회복력을 높이는 것이 중요하듯 손해에 대한 보상을 요구하는 보복 고객에 대해서도 조기에 최적의 해결방안으로 대응해야만 효과적인 관계 정상화가 가능하다.

전략1 고객손실에 집중하고 공감하라

응급실에 실려온 환자가 분명한 고통을 겪고 있듯이 분노를 표현하고 불만을 제기하는 고객은 자신의 노력을 들이면서까지 언급할 만한 명확한 손실을 입은 것이고, 그 원인이 기업 측에 있다고 확신하고 있다. 병원 사정을 생각하기 전에 먼저 환자의 고통과 상처에 집중해야 하듯 공격적으로 불만을 표출하는 고객에 대해 기업은 그의 상황을 이해하고 공감하는 모습을 보여야 한다. 무반응이나 회피성 발언은 고객을 무시하는 탐욕적이고 이기적인 모습으로 비칠 수밖에 없기 때문이다.

사실 문제가 발생하면 대다수 기업은 문제의 원인과 배경, 책임 소재를 밝히는 '기업 내부 작업'에 치중하게 된다. 사건의 배경을 분석하고 누구의 책임이 큰지, 보상범위는 어디까지인지 등을 확인하는 절차는 장기적 개선을 위해 반드시 거쳐야 하는 과정이다. 그러나 이미 브랜드 잘못이라는 확신을 지닌 소비자가 보기에 이런 대응방식은 매우 방어적이고 자기중심적인 행동이 아닐 수 없다. 오라클이 실시한 2011년 고객체험 조사 보고서(2011 Customer Experience)에 의하면 소셜 네트워크에서 부정적 경험을 토로한 고객의 79%가 자신들의 불만이 무시당했다고 주장한 바 있다. 고객의 불만 제기에 대한 기업의 불성실한 모습은 고객분노를 급격하게 상승시켜 관계의 의미를 퇴색시키고 파트너로서 고객이 갖고 있던 신뢰를 무너뜨린다.

명성이 높고 규모가 큰 기업일수록 실수를 인정하는 데 익숙하지 않고 의사결정 속도도 느려 고객반감을 증폭시킬 가능성이 크다. 성공에 도취된 기업은 고객으로부터 접수된 부정적 정보를 숨기려 들거나 상부 보고를 억제하는 문화가 만연할 뿐 아니라 실수와 잘못이 감지되더라도 그 원인을 협력업체나 외부에 전가하는 등 명성 유지에만 급급한 모습을 보이는 경우가 많다. 2009년 도요타 사태도 협력업체로의 책임전가 같은 1등 브랜드답지 않은 자세가 고객을 무시한 탐욕적인 모습으로 비쳐져 많은 소비자의 분노를 증폭시켰던 것이다. 특히 '세계 최초 연 1,000만 대 생산'이라는 목표에만 경도되어 고객들이 제기하는 품질 불만은 회피하려 한 것이 상황을 악화하는 결과를 낳고 말았다. 혹독한 브랜드 부활 과정을 거친 후 아키오 사장은 당시를 이렇게 회고했다. "만들면 팔린다는 오만함이 시장에 대한 소홀함을 불러왔다."

2013년 초 유럽 소비자들을 충격과 분노에 휩싸이게 한 '말고기 버거', '말고기 파스타' 등 말고기 파동*에서도 유사한 교훈을 얻을 수 있다. 글로벌 선두 식품업체 네슬레는 "절대 사실이 아니다"라고 주장하며 고집스럽고 안일한 태도를 보이다가 제품에서 말고기 성분이 검출된 후에야 뒤늦게 잘못을 인정했다. 그러면서도 납품업체의 잘못이라며 또다시 변명으로 일관하는 모습을 보여 유럽은 물론 네슬레에 애착을 지녔던 소비자들에게 실망감을 안겼다. 거대기업이라는 자존심을 지키려다 결국 망신만 당하고, 이를 지켜보는 소비자 역시 씁쓸하게 만든 것이다.

반면 고객의 입장에 서서 그들이 입은 손실을 진심으로 이해하며 불편함과 불쾌감에 공감하는 브랜드는 단기적으로는 질타를 받더라도 장기적으로는 오히려 고객신뢰와 충성도를 높이는 학습기회를 잡게

---

* 문화적인 이유로 말고기를 식용으로 쓰지 않는 유럽시장에서 네슬레가 가공식품의 육류 재료에 말고기를 섞어 판매한 사건이 일어났다. 2013년 1월부터 아일랜드와 핀란드 등에서 말고기가 섞인 가공식품과 말고기가 섞여 들어간 쇠고기 버거가 발견되면서 사건이 시작되었으며, 영국에서도 말고기가 섞인 쇠고기 라자냐가 적발되었다. 이후 스웨덴, 프랑스, 루마니아 등 유럽 13개국으로 사태가 확산되었다.

: 고객분노에 공감하고 빠르게 대처한 페덱스 :

2011년 12월 페덱스 직원이 고객이 온라인으로 구매한 컴퓨터 모니터 박스를 담 너머 정원으로 내팽개치듯 던지는 동영상이 유튜브에 올라왔고, 이는 48시간 내에 방문 횟수 300만 건을 넘는 기록을 세웠다. 페덱스는 상황을 파악하자마자 주저 없이 동일한 제품을 고객에게 다시 배송했으며, 브랜드 블로그를 통해 부사장 매튜 썬톤(Matthew Thornton III)이 대고객 사과와 함께 향후 계획을 설명하는 '절대로, 분명히, 수긍할 수 없음(Absolutely, Positively, Unacceptable)'이라는 제목의 동영상을 게시했다.
동영상에서 부사장은 "나 또한 페덱스의 직원으로서 고객이 당한 나쁜 경험에 당황스럽고 화가 난다. 이 배달 사건은 우리가 직원을 교육하면서 기대하던 것과 정반대 상황이고 우리 스스로 매우 실망스럽다. 페덱스의 전 직원이 이 동영상을 보면서 앞으로 어떤 경우에도 다시는 이런 일이 발생하지 않도록 하겠다고 다짐했으며 이를 지속적으로 상기하기 위해 직원 교육 프로그램을 강화하기로 했다"고 밝혔다. 엄청난 스캔들로 번질 수 있는 상황에서 솔직하고 진지한 자세로 임한 페덱스에 대해 고객들은 만족스러운 반응을 보였고 내부 직원들도 "페덱스에서 일하는 것에 자부심을 느낀다"며 지지를 표했다.[44]

된다. 비록 문제의 책임 소재가 확실치 않은 상황일지라도 평소 '고객의 파트너'를 자처하던 브랜드라면 상대방이 처한 어려움에 관심을 갖고 공감하는 태도를 확실하게 보여줘야 한다. 기업 내부적으로도 부정적 사건을 숨기려 들기보다는 전사적으로 공유하여 다 같이 개선을 다짐할 때 조직 구성원들의 자부심이 높아지고, 이것이 훌륭한 고객 서비스로 연결되는 효과를 낳을 수 있을 것이다.

전략2 골든타임을 잡아라

응급의학에서 환자의 생명을 구할 수 있는 마지막 몇 분 혹은 몇 시간을 골든타임(golden time)이라 한다. 골든타임 내에 즉각적 치료와 처방이 주어지면 환자의 생존 확률만이 아니라 차후의 회복력을 최대한 높일 수 있다. 고객불만이 제기되는 순간 그들의 손실에 공감하고 당면 문제 대처에 실질적 도움을 주는 협력자가 된다면 부정적 상황을 극복하고 장기적 신뢰관계를 오히려 강화할 반전을 노릴 수 있다. 브랜드에 대한 부정적 평가가 확실시되어 강한 분노감이 증폭되기 전의 그 짧은 시간, 그것은 브랜드가 생명을 건질 수 있는 '브랜드 골든타임'이다.

특히 고객이 당면한 문제에 집중해 이성적으로 판단하는 시간, 즉 문제를 일으킨 대상에 대한 불쾌감이나 분노 같은 부정적 감정이 증폭되어 논리적 설득이 어려워지기 전의 시간이 골든타임이 될 수 있다. 예상치 못한 상황에서 소비자의 의사결정 과정은 자신의 계획, 행복이 어떤 영향을 받을 것인가 그리고 이 상황을 극복하기 위해 어떤 행동을 할 것인가를 결정하는 스트레스 대처 메커니즘을 따른다.[45] 믿었던 브랜드 제품의 결함이나 서비스 실수 같은 부정적 상황이 벌어지면 소비자는 상황이 자신의 기대와 일치하지 않은 데 대한 '놀라움', '당혹스러움'과 함께 자신의 원래 목적을 달성하기 위한 인지적 작업을 시작한다. 예를 들어 공항에서 항공 운항이 지연된다는 이야기를 들었을 때 고객은 '어떤 문제로 지연되는가', '문제는 어떻게 해결될 것인가', '새로운 운항 스케줄은 어떻게 되는가', '새로운 스케줄은 보장되는가' 등 일련의 상황을 함께 떠올리게 된다.

문제가 심각할수록 대처를 위한 인지적 사고의 범위가 확장되는데, 예를 들어 한두 시간이 아닌 대여섯 시간이 지연될 경우 목적지 일정을 다시 잡아야 할지, 공항에서 점심을 먹을지 아니면 잡지를 보며 시간을 때울지, 어쩌면 다른 운항 스케줄을 잡거나 호텔 예약을 수정해야 하는 건 아닐지 등등 보다 복잡한 선택과 판단의 과정이 이어지기 때문이다.[46] 소비자가 문제를 이해하고 대처하기 위한 행동을 결정하는 데 자신의 인지적 자원을 집중적으로 사용하는 동안, 즉 자신이 처한 문제를 파악하는 데 인지적 에너지를 쏟아 붓는 동안은 해당 브랜드가 감정적 비난과 공격으로부터 보호를 받게 된다. 다시 말해 이런 과정이 기업에는 일시적 완충제 역할을 할 수 있다.

이 골든타임을 항공사는 어떻게 활용해야 할까? 우선, 단지 벌어진 상황을 통보만 할 것이 아니라 지연 이유와 향후 스케줄과 관련된 사실을 최대한 구체적으로 알려주는 것이 고객이 문제에 대처하는 데 도움이 된다. 여기에서 좀 더 나아가 예상치 못한 일정 변경에 당황한 고객이 겪을 수 있는 여러 가지 갈등을 해결할 방법을 함께 찾아준다면, 부정적 상황을 역전시키는 쾌거를 이룰 수도 있다. 예를 들어 지연된 시간을 고객이 효율적으로 사용할 수 있도록 도서, 음악, 식당 등 다양한 혜택을 제시한다거나 호텔, 렌트카 예약 등 뒤틀어진 일정을 재조정하는 서비스를 제공하는 것은 문제 발생으로 인한 소비자의 2차, 3차의 불편함과 비용 발생을 최소화할 뿐 아니라 고객으로부터 '신뢰할 만한 브랜드'라는 평가를 받는 데도 도움이 될 것이다. 가전, 자동차 등 내구재에 문제가 발생한 경우에도 제품의 문제(예: 기능적 결함)를 해결하기 전에 문제로 인한 고객의 손실을 고려한 대처방안(무료 임대, 렌트카 제공 등)을 제시하는 것이 바람직하다.

발생한 문제에 대한 신속한 해결은 소비자의 공격을 방어해주고 아울러 브랜드가 지속적으로 성장할 수 있는 밑거름이 된다. 한 조사 결과에 의하면 소비자의 54%가 기업 측에 불만을 전달한 후 문제가 해결된다면 재구매 의사가 있다고 밝혔는데, 만약 문제가 더 빨리 해결된다면 그 비중이 82%로 높아졌다.[47] 물론 이 완충 효과는 오래가지 않는다. 온라인상으로 불만을 표출한 후 문제가 해결되지 않은 채 4주가 지나면 원한 감정이 고착화되어 기업이 사과를 하고 용서를 빌어도 효과가 없으므로 최소한 4주 전에 대응하는 것이 중요하다는 연구결과도 나와 있다.[48] 특히 브랜드 공격 행위는 소비자가 인지하기에 브랜드의 책임이 확실한 상황에서 발생하므로, 시간을 끌수록 반감을 증폭시켜 관계 단절은 물론이고 과격한 공격과 집단적 항의로까지 이어질 가능성이 크다.

: 브랜드 생명을 지켜낸 버진그룹 :

영국을 대표하는 기업인 버진(Virgin)그룹은 음반·음료·통신·유통·항공·철도·우주항공까지 다양한 분야로 사업을 확장해왔다. 사업 다각화에 따라 버진그룹은 일상적인 제품 고장부터 천재지변까지 수많은 문제 상황에 노출되어 있을 뿐 아니라 각 사업부가 '버진'이라는 브랜드를 공통으로 사용하기 때문에 부정적 평가가 전 그룹으로 확산되기도 쉬운 조건이다. 그래서 버진그룹은 각 사업이 독립적으로 운영되도록 하면서도 각 사업이 처한 크고 작은 문제를 신속하게 처리해 부정적 여파가 확산되지 않도록 잘 관리하고 있다.

버진그룹의 얼굴이자 괴짜 CEO로 잘 알려진 리처드 브랜슨(Richard Branson)은 응급 상황에서 신속하면서도 진정성 있는 태도를 보여 경영자들의 귀감이 되었다. 2007년 잉글랜드 지역에서 벌어진 버진철도의 탈선사고 당시 브랜슨은 현장으로 달려가 부상당한 사람들을 직접 구하고 진심으로 위로하는 모습을 보였다. 이는 비극을 불러올 정도의 부정적 상황을 오히려 신뢰관계를 다질 기회로 역전시킨 사례라 할 수 있다.

2011년 11월에는 버진 항공사가 미국 내 예약 시스템을 업그레이드하는 과정에서 불편을 겪은 많은 승객이 버진그룹 트위터와 페이스북에 비난 글을 올리는 상황이 벌어졌다. 이때 버진그룹은 그 부정적 코멘트를 삭제하거나 외면하기보다는 1만 2,000여 명의 고객이 언급한 구체적 문제에 대해 사과하고 대응책을 설명하는 이메일을 보냈다. 또한 홈페이지를 통해 예약 시스템 변경으로 인해 고객 콜센터나 웹페이지 이용에 불편을 끼친 점을 공식 사과하는 한편, 시스템을 변경하게 된 배경을 상세히 설명했다. 이뿐 아니라 고객들의 불만 내용을 분석한 주제별 FAQ를 제공하여 곤란을 겪는 고객들이 문제를 최대한 간편하게 해결할 수 있도록 가이드라인을 제시했다.[49]

전략3 핑퐁잉을 최소화하라

2011년 미국의 CRS 결과를 보면 부정적 경험을 지닌 소비자의 62%가 해당 브랜드에 자신의 불만사항을 해결하기 위해 3회 이상 접촉을 시도한 것으로 나타났으며 그중 11%만이 해당 기업으로부터 만족할 만한 보상을 받았다고 응답했다. 반대로 1회 접촉으로 문제를 해결한 소비자(19%) 중 만족한 비중은 50%에 가까워 첫 번째 불만 표현에 적절하게 대응하는 것이 훨씬 효과적임을 알 수 있다. 123쪽의 그림은 브랜드 접촉 수가 높아질수록, 즉 소비자 불만과 브랜드의 부적절한 대응이 오가는 '핑퐁잉(ping-ponging)'이 많아질수록 보상에 대한 불만 소비자의 만족도가 급격히 떨어지는 것을 보여준다.

핑퐁잉이 거듭될수록 고객은 물론 기업이 지불해야 하는 비용이 커지고 고객만족 및 고객관계 회복 가능성은 낮아진다. 또한 문제 자체보다 문제를 처리하는 과정에서 고객에게 더 큰 불쾌감을 주는 경우도 많다. 예를 들어 고장 난 제품을 교환하거나 수리하는 과정에서 같은 이야기를 여러 번 반복시키거나 약속을 어긴다면 고객의 시간

불만고객의 접촉 빈도와 만족 결과

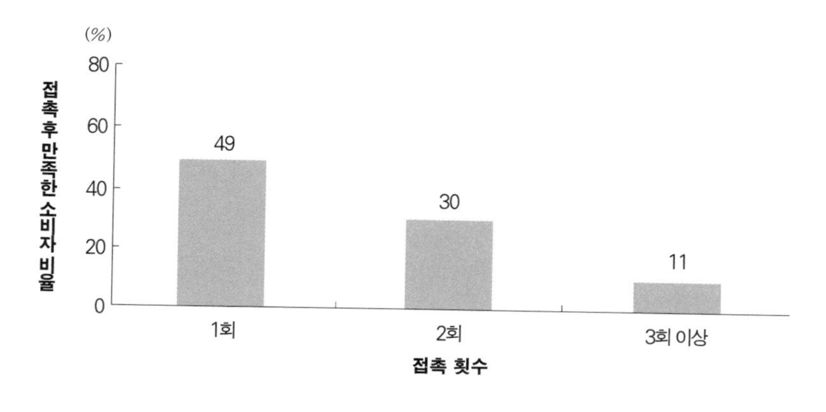

자료: CCMC (Customer Care Measurement & Consulting). "2011 National Customer Rage Study".

적·감정적 손실이 증폭되어 불만과 불신감이 커진다. 실제로 스페인 파블로데올라비데대학(Pablo de Olavide University)의 마케팅 교수 헤수스 캠브라(Jesus Cambra)가 2011년 3월 이동통신 서비스 업체에 불만을 표한 경험이 있는 성인 소비자 176명을 대상으로 설문조사를 실시했는데, 불만을 제시한 소비자 중 52%가 기업이 문제를 처리하는 과정에서 불만감이 더 커졌다고 응답했다.

한 사람의 개인 고객이 아닌, 다수의 고객이 불만을 제기하는 상황일 때도 핑퐁잉을 최소화하는 것이 중요하다. 이미 살펴보았듯이 대규모 리콜을 단행해야 할 처지에 놓였는데도 여전히 협력업체에 책임을 떠넘기던 도요타나 갑작스러운 가격 인상에 분노한 고객들에게 엉뚱하고 이기적으로 대응한 넷플릭스는 비효율적 커뮤니케이션으로 고객분노를 증폭시켰다. 반대로 위기 상황에서 고객들에게 새로운 걱정이나 불쾌감을 주지 않도록 현명하게 대처한 기업은 장기적인 신뢰관계를 담보받는 좋은 결과를 누린다. 고전적으로 회자되는 경영 위기 사례인 1982년의 타이레놀 독극물 사건만 봐도 그렇다. 제조 과정의 문제가 아니었음에도 사건이 나자마자 미국 전역에서 제품을 회수하는 등 기대 이상의 조치를 단행한 것이 고객과 확고한 신뢰관계를 맺고 있는 오늘날의 존슨앤존슨을 만드는 계기가 되었다.

고객 콜센터에서 사용하는 성과지표를 기업 전반의 불만고객 대응전략에 확장 적용하는 것도 핑퐁잉 관리에 효과적이다. 예를 들어 더는 고객이 접촉을 시도하지 않아도 되도록 단 한 번의 전화 통화로 문제를 해결해주는 FCR(First Call Resolution), 문제 해결까지 요구되는 전화 연결 횟수 TR(Transfer Rate)의 개념을 불만고객 접점에 도입하는 것도 방법이다. 대형 병원에서 환자의 차트를 모든 진료 부서 의료진이 공유하듯 오프라인 매장, 온라인사이트, 콜센터 등 다양한 경로로 접수된 고객불만을 통합 관리한다면 개인 고객이 문제 해결을 위해 노력해야 하는 과정과 비용을 축소하거나 절약할 수 있다. 각 접점 직원이 고객별 정보를 공유함으로써 불필요하고 소모적인 상황을 최소화하는 것이다.

시스템 구축과 함께 프런트라인 직원의 전문성을 높이고 권한을 위임해 문제 발생의 첫 단계에서 브랜드 비난이 일지 않도록 하는 것도 중요하다. 캐나다의 통신업체 벨 캐나다(Bell Canada)는 상담 직원이 고객이 문제를 제기하는 첫 순간 주요 이슈뿐 아니라 그와 관련된 구체적인 하위 문제들까지 예측해 해결할 수 있는 능력을 갖추도록 교육시킨다. 예를 들어 특정 서비스를 구매한 대다수 고객이 여러 차례 콜센터로 전화를 거는 이유가 복잡한 사용법 때문이라는 사실을 파악한 후, 직원들로 하여금 고객과의 첫 번째 통화에서 해당 질문에만 대응하지 말고 서비스의 다양한 핵심 기능 사용법을 전반적으로 알려주도록 했다. 그러자 이슈별 전화 건수가 16% 줄어들었으며 고객 이탈률도 6% 하락하는 성과가 나타났다.[50]

햄프턴 호텔(Hampton Inn)의 경우 전 직원에게 투숙객이 불만을 표현할 때 즉각적 환불을 해줄 수 있는 권한을 주었는데, 결과적으로 1달러를 환불하면 미래 매출이 7달러 오르는 효과를 보았다고 한다.[51] 또 페덱스는 고객만족 원칙을 준수하기 위해 기능별·직급별 권한위임을 구체화하고 있다. 예를 들어 콜센터 상담 직원은 사전허가 없이 250달러, 관리자는 1만 달러까지 전화상으로 고객에게 환불을 해줄 수 있도록 하는데, 이는 불만을 품고 보상을 요구하는 고객에게 대처하는 데 필요한 평균 비용을 분석해서 산정한 액수이다.

유사한 사례로 제트블루(JetBlue)는 2시간 이상 스케줄이 지연된 고객에게 100달러 상당의 바우처를 제공할 수 있도록 탑승구 직원들에게 권한위임을 했으며, 여기에 덧붙여 만약 5시간 이상 지연되면 티켓값을 전액 환불해줄 수 있게 했다. 이러한 조치는 문제가 발생한 상황에서 직원과 고객 양쪽 모두에게 만족할 만한 해결책을 제시했고 기업의 브랜드 명성이 훼손되는 것을 방지하는 효과를 가져왔다.

문제 발생 후 소비자가 불만을 표현하는 횟수가 많아질수록 관계를 회복할 만큼 만족스러운 해결책을 제안하기는 점점 어려워진다. 또

: 단 한 번의 고객접촉을 위해 투자하는 자포스 :

고객접점 직원의 전문성 강화를 위해 노력하는 대표적 기업으로 온라인 신발업체 자포스(Zappos)를 들 수 있다. 대부분 기업의 콜센터 상담원이 계약직인 데 반해 자포스의 콜센터 직원들은 모두 정규직이다. 그런데 자포스의 상담원이 되려면 최소 15명의 선배들과 인터뷰하는 까다로운 절차를 거쳐야 한다. 통과가 되더라도 현장에서 일을 시작하기 전 몇 주에 걸친 교육을 받게 되는데, 준비된 대본을 읽는 기계적 상담 방식을 익히는 것이 아니라 신입 상담원이 대본 없이 유연하게 고객을 응대할 수 있을 때까지 철저하게 준비를 시킨다. 그뿐만이 아니다. 자포스에서는 상담원의 하루 통화 수를 제한해 언제나 최고의 컨디션으로 자신의 역량을 발휘해 상담의 질을 높일 수 있도록 한다.

사실 온라인업체인 자포스의 전체 매출에서 전화 판매가 차지하는 비중은 채 5%도 안 된다. 그런데도 콜센터 직원의 채용·훈련·관리에 이런 투자를 하는 이유는 무엇일까? 바로 '어떤 고객이든 언젠가 한 번은 꼭 전화를 건다'라는 판단 때문이다. 그 한 순간을 위해 만반의 준비를 갖추는 것이다. 콜센터로 연락하는 고객은 분명히 불만족과 불쾌감, 어쩌면 강한 분노를 느낀 상황일 수 있기 때문에 자포스 식의 자유롭고 유연한 대화를 통해 불쾌감과 분노감을 사라지게 하고 더욱 돈독한 관계로 전환시키려는 노력인 것이다. 자포스가 불만고객을 만나는 접점에 들인 관심과 투자는 철저한 준비로 고객이 불필요한 시간과 노력을 낭비하지 않게 하려는 배려이자 미숙한 대응 및 핑퐁잉으로 인한 불쾌감과 분노의 증폭을 방지하여 불만고객의 마음을 유턴시키는 현명한 결정이라 할 수 있다.

핑퐁잉이 늘어나면 충분히 해결될 수 있는 문제임에도 불구하고 기업의 경영철학이나 윤리성 등 현실적 대처가 불가능한 비난으로 확대되는 소모적 상황이 연출되기도 한다. 소비자 불만과 브랜드의 부적절한 대응이 오가는 핑퐁잉은 소비자의 보상심리를 확대하는 반면 브랜드 처방효과를 약화시킨다는 것을 명심해야 한다.

전략4 반감고객도 세분화하라

부정적 상황에 맞닥뜨려 실망하는 내용이 동일하고 똑같이 화를 내더라도 고객 개개인에 따라 원하는 해결방식은 다를 수 있다. 그러므로 고객의 손실 보상 요구(demand)를 넘어서서 문제 해결에 대한 고객의 욕구(need)를 파악해야만 좀 더 효율적인 대응이 가능하다. 만약 고객 입장에서 볼 때 자신이 원하지 않는 방향으로 기업이 문제를 해결하려는 것으로 인지될 경우 더 강렬한 반감과 공격적 행동이 나올 수도 있다. 개별 소비자의 특성과 니즈를 고려한 맞춤형 상품을 제공하듯 보상을 요구하는 고객에 대해서도 획일적 대응이 아닌 맞춤화된 대응이 필요하다는 이야기이다.

맞춤화된 대응을 위해서는 우선 오랜 기간 관계를 유지해온 충성고객과 그렇지 않은 일반고객을 구분할 필요가 있다. 관련 연구 결과를 살펴보자. 프렌치 레스토랑의 서비스와 음식에 실망한 소비자에게 아무런 보상을 하지 않거나(보상 없음), 사장이 사과하고 음식 값(75달러)의 일부를 간접적 방식으로 보상하거나(50달러 상품권, 보통 수준의 보상), 음식 값 전체를 환불하고 와인(25달러)을 선물한 경우(높은 수준의 보상)를 비교했을 때, 평소 이 식당을 자주 방문하고 좋은 관계를 유지한 고객은 낮은 보상에도 반감과 공격적 행동 욕구가 줄어들었으나 그렇지 않았던 고객은 가장 높은 수준의 보상이 주어졌을 때에야 비로소 보복 욕구가 현격히 줄어들었다.[52]

요컨대 충성고객은 일반고객에 비해 더 큰 배신감과 보복 욕구를

보상 수준에 따른 충성고객과 일반고객의 보복 욕구 비교

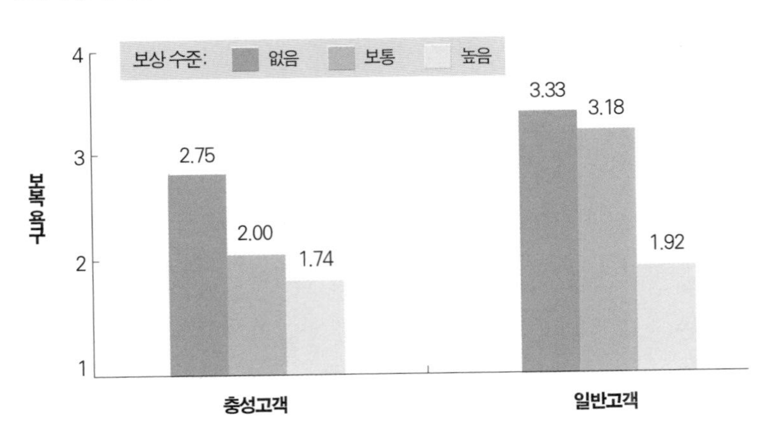

자료: Gregoire, Y., Tripp, T. M. and Legoux, R. (2009). "When customer love turns into lasting hate: The effects of relationship strength and time on customer revenge and avoidance". *Journal of Marketing*. 73(November), 18-32.

느끼기도 하지만, 한편으로는 기업의 사과나 관계 회복 노력을 비교적 쉽게 수용하며 기존 관계로 돌아오기도 쉽다. 이들은 잘못을 저질렀을 때 금전적 보상, 상품 교환 같은 계산적 방식보다 잘못을 인정하고 진심 어린 사과를 하는 기업을 더 잘 용서하는 경향을 보이는데,[53] 충성고객일수록 브랜드와의 관계를 거래적·교환적 관계가 아닌 사회적으로 상호작용하는 공동체적 관계로 인식하기 때문이다. 그러므로 기업 입장에서도 손실에 대한 금전적 보상보다는 고객의 실망이나 배신감을 이해하고 관계 회복을 위해 고민하는 태도가 더 중요하다.[54] 다시 말해 충성고객으로부터 용서받고 사랑을 잃지 않으려면 보상의 크기를 내세우지 말고 진정성 있게 노력하는 모습을 보여줘야 한다. '필요 이상'의 금전적 비용을 쓰기보다는 인간적인 모습으로 다가가는 것이 더 효과적일 수 있다는 것이다.

하지만 관계가 견고하지 않은 소비자들은 기업이나 브랜드와의 관계를 거래 관점에서 인식하기 때문에 경제적 보상의 규모가 클수록 만족도가 높아진다. 공개적 사과나 잘못 인정보다는 자신들이 입은 손실을 무마해줄 정도의 물리적 보상을 요구하며, 기대보다 보상 규모가 클수록 욕구의 충족도도 높은 것이다. 단, 이들 일반고객에게 그 정도의 큰 비용을 들이는 것이 과연 매출과 입소문 효과 등 장기적 수익 창출에 긍정적 효과를 주는지를 복합적으로 분석할 필요가 있다.

나아가 공격적으로 다가오는 소비자를 개인의 성격에 따라 분류하여 각 유형에 맞춰 효율적으로 대응할 수도 있다. 최근 고객 서비스 선진화에 노력하는 기업들은 MBTI(Myers-Briggs Type Indicator) 같은

: 브리티시 가스의 불만고객 성격에 따른 대응전략 :

2007년 영국의 브리티시 가스(British Gas)는 최악의 고객 서비스 기업이라는 악명에서 벗어나기 위한 대대적 혁신에 나섰다. 먼저 고객을 가장 화나게 하는 것이 무엇인지를 파악한 결과, 콜센터로 전화했을 때 자동응답시스템(ARS)이 돌아가는 긴 대기시간이 큰 문제임을 알게 되었다. 전화를 건 고객이 상담원에게 연결되는 데 걸리는 시간이 평균 3분이었다. 하지만 고객불안 수준(customer agitation levels) 분석을 통해 고객이 화를 내며 전화를 끊지 않게 하려면 적어도 '12초' 내로 연결되어야 했다.

나아가 시장을 세분화하듯이 맞춤식 대응방식을 채택했다.[55] 콜센터를 통해 불만을 제기하는 소비자를 목소리 톤과 선택한 단어 등을 바탕으로 신속하게 4가지 유형으로 구분하여 각 유형에 따라 상담 직원이 응답의 내용과 표현법 그리고 속도를 달리하는 방식이었다. 예를 들어 사무적이고 차가운 유형인 통제형(Controllers) 불만고객에게는 불필요한 설명이나 잡담은 최소화하고 고객이 얻고자 하는 결과에 집중하는 대화방식을 사용한다. 또 부정적 상황에 대한 우려가 많은 감정형(Feelers) 고객은 무엇보다 걱정을 줄여주는 게 중요하므로 이를테면 "따뜻한 차라도 한잔 마시고 계시면 처리한 뒤 전화 드리겠다"라는 말로 안심시키는 식이다.

이러한 맞춤 시스템을 도입한 지 3년 만에 브리티시 가스는 과거의 오명을 깨끗이 씻고 고객 서비스의 강자로 인정받게 된다. 이탈고객의 40%가 되돌아왔으며, 2013년 상반기에는 고객불만 건수가 전년 동기 대비 21% 감소하는 성과를 거두었다.

브리티시 가스를 비롯한 선진 기업들의 불만고객 유형별 특성과 대응전략

유형	특성과 대응전략
통제형 (Controllers)	Overview then Logic • 사소한 문제 해결보다 '전체적 시각에서 논리적으로' 잘 정리된 대응과 자신이 선택 가능한 해결책을 기대하는 경향 • 문제를 유발한 핵심 이슈로 재빨리 접근해 원하는 것이 정확히 무엇인지 질문하는 것이 효과적 • 제기된 문제에 대해 최대한 빨리 대답해주거나 즉각적 해결이 어렵더라도 최근의 진행 상황을 자주 업데이트하여 반감 형성을 억제
사고형 (Thinkers)	Facts then Logic • 문제 발생 배경 및 해결 진행 과정을 이해하고자 하는 경향 • 시간을 들여서라도 문제가 발생한 배경과 현재 상황, 앞으로 예상되는 일들을 설명할 필요 • 단계별 상황에 관한 정보를 제공하고 앞으로 계속 좋은 관계를 유지하는 것이 어떤 혜택을 주는지에 대해 논리적으로 설득
감정형 (Feelers)	Facts then Feelings • 부정적 상황에 대한 우려가 크고 모든 것이 잘 해결될 것이라는 확신을 얻고자 하는 성향 • 걱정을 최소화하고 안심시킬 수 있는 용어를 구사해 최대한 빠르게 문제 해결책을 제시하는 것이 효과적 • 사실에 기초한 설명을 하면서도 문제 해결을 담당한 여러 사람이 최선을 다하고 있음을 느낄 수 있도록 표현
오락형 (Entertainers)	Overview then Feelings • 근본적으로 이야기 나누는 것을 좋아하고 불평을 하더라도 정감 어린 농담을 섞는 편으로 때로는 대화가 곁길로 새기도 함 • 원래 이슈에서 벗어나지 않는 한도에서 주변적인 담소를 나누는 것이 효과적 • 문제 해결을 위한 큰 그림을 제시하면서 부분적인 내용에 대한 설명을 덧붙이고, 고객들이 어떻게 영향을 받는지에 대해 성의 있게 전달

심리학의 성격유형 분류 도구를 사용한 맞춤전략을 쓰기도 한다. 기업 간 경쟁이 치열해짐에 따라 고객이탈을 방지하기 위한 이러한 전략 고도화는 더욱 확산될 전망이다.

전략5 Love or Hate, 때로는 고객을 해고하라

최근 경영 전문가들은 '소비자는 왕'이라는 고정관념에서 벗어나 요구가 지나친 고객에 대해서는 기업이 관계를 정리할 필요도 있음을 주장한다. 특히 파워를 남용하는 일부 '큰손고객'에게 지나치게 의존하는 모습은 결코 바람직하지 않다는 것이다. 펜실베이니아대학 와튼스쿨의 리처드 셸(G. Richard Shell) 교수는 기업이 고객을 해고(fire)하는 것을 두려워하지 말고 지나치게 요구사항이 많은 고객에 대해서는 수익과 비용을 냉정히 판단해 관계 유지 여부를 결정하는 것이 바람직하다고 권유한다. 또 밥슨대학의 마케팅 교수 데이비드 헤네시(David Hennessey)는 개별 고객의 금전적 수익뿐 아니라 심리적 비용, 대응 소요 시간 등을 포괄하는 총체적 비용을 고려한 고객관계 재설정이 필요하다고 말한다.[56]

예를 들어 금융 서비스 기업이라면 일반적으로 큰 액수의 자금을 예치한 고객이 고가치 고객으로 인식되어 이들과 좋은 관계를 유지하느라 많은 비용과 시간을 치르기 마련이다. 그러나 이들을 위해 투자된 상품 개발 및 마케팅 비용, 임직원 인센티브, 복리후생 같은 경제적 비용에다 모욕감과 불면증 등 공격적 고객을 대응하는 직원의 심리적·신체적 손상, 과도한 고객응대 시간과 기회비용 등을 포괄해 가치를 재평가하면 아주 다른 결과가 나올 수 있다.

실제로 미국의 한 은행은 VIP고객으로 규정했던 100만 달러 이상 예금 고객의 1인당 가치를 재분석한 결과, 다른 고객을 소개하는 등 잠재적 수익 창출 가치를 감안하더라도 상당수가 미미한 정도의 수익을 창출하거나 오히려 초과비용을 발생시키는 고객인 것으로 나타났다.[57] 미국 유통업체 시어스(Sears)가 2013년 2/4분기에 1.94억 달러 적자를 기록한 것도 로열티 프로그램인 'Shop Your Way'를 강화하는 과정에서 멤버들에게 과도한 할인 혜택을 제공한 탓으로 분석되었다.[58] 또 국내 신용카드사 6개 중 4개사가 상위 0.05%의 VVIP(Very Very Important Person) 회원에 대한 고비용 혜택 프로그램으로 2012년에는 평균 23억 원 이상의 적자를 본 것으로 발표되었다.[59]

블랙 컨슈머에 대한 제재도 강화되는 추세이다. 대한상공회의소가 2011년 국내 기업 314개사를 대상으로 '블랙 컨슈머로 인한 기업피해 현황과 대응 과제'를 조사한 결과, 그중 83.4%가 "상식적으로 이해가 안 가거나 논리적으로도 지나친 고객들의 요구를 경험한 적이 있다"고 답했다.[60] 소비자가 필요 이상의 공격을 해올 경우 사건을 숨기거나 은밀히 처리하기보다는, 기업도 그런 고객에게는 일정한 보복을 가할 수 있다는 인식을 공개적으로 심어주는 것이 장기적으로는 효과적이다. 고객이 기업의 자산을 파손한다면 소송을 제기할 수도 있다. 예를 들어 현대백화점은 2013년 8월부터 욕설을 하거나 폭력을 행사하는 고객에 대해 판매원이나 상담원이 모욕죄 혹은 폭행죄를 적용해 신고하도록 하는 행동 매뉴얼을 사용했다. 비록 현재는 많은 수익을 주는 고객이라도 기업의 명성을 공개적으로 지나치게 훼손한다면 과감히 거부하는 디마케팅(demarketing) 전략도 방법이다.[61]

고객의 요구를 거절하거나 관계를 중단할 때는 일방적으로 통보하거나 방치하는 방법보다 가능하면 개인적인 대화를 나누며 전문성 있는 태도를 보이는 것이 중요하다. 자신이 원하는 방향으로 문제가 해결되지 않는다는 점을 인식하게 되면 고객은 더 당황하고 분노감도 상승할 수 있다. 이런 경우 기업 측은 최대한 이성적이고 명확하게 그러한 결정이 나온 배경을 설명해야 한다. 또한 고객이 여전히 유사한 상품을 필요로 한다면 대체 가능한 상품이나 관련 정보를 제안하는 것도 바람직하다. 지나치게 공격적인 고객에게는 '정중하지만 확고한 태도로 대응'하라는 것이 대다수 전문가의 조언이다.

명확한 브랜드 정체성을 보유하고 안정적 고객기반을 확보한 경우에는 자사 브랜드를 싫어하는 고객과 좋아하는 고객을 명확히 구분하는 전략을 시도할 수도 있다. 모든 소비자로부터 선호되는 무난한 브랜드를 지향하기보다 반감과 증오를 표현하는 일부 고객은 과감히 포기함으로써 충성고객과의 애착관계를 더욱 강화하는 것이다. 애정을 가진 고객과 증오를 지닌 고객이 대립하는 구도는 소비자들의 호기심을 유도할 뿐 아니라 긍정적 고객을 열성 팬으로 발전시키는 효과도 창출한다. 추구하는 정체성과 성향을 공유하는 일부 고객과 특별한 관계를 굳히는 전략은 브랜드 개성을 강화하고 확고한 충성고객 기반을 다질 기회가 된다. 반감고객을 현명하게 활용한 의도적인 '고객 양극화(customer polarization)' 전략인 것이다.

: 반감고객을 역이용한 미라클 휩과 마마이트 :

미국 최대 식품업체 크래프트(Kraft)의 샐러드 드레싱 브랜드 미라클 휩(Miracle Whip)은 특유의 마요네즈 느낌을 싫어하는 일부 소비자에게 불만과 혐오의 대상이었다. 이때 크래프트는 불만 소비자를 되돌리기 위해 제품의 특징을 바꾸기보다 그 독특한 맛을 좋아하는 충성고객들 편에 서는 정면대응 방식을 선택했다.

크래프트는 2011년 2월부터 'We're not for everyone. Are you Miracle Whip?' 이라는 캠페인을 시작하여 유명인을 포함해, 고객들이 말하는 미라클 휩에 대한 사랑 또는 혐오 이야기를 실은 유튜브 동영상을 제작했다. 동영상에서는 "우리 할머니가 미라클 휩으로 최고의 감자 샐러드를 만들어줬다"라는 이야기에 "뭐라고? 그걸 먹느니 죽어버리겠어!"라는 식의 팽팽한 설전이 오갔다. 또한 아직 미라클 휩을 경험하지 않은 이들에게는 사이트에서 쿠폰과 무료 샘플을 신청해 먹어본 뒤 'love'와 'hate' 중 한쪽을 편들게 하는 양극화 마케팅을 펼치기도 했다. 주변에서 악평만 듣고 혐오 편에 섰던 소비자들에게 '먹어보지도 않고 싫어하지 말라'라는 메시지를 전달한 것이다.

'Love or Hate' 투표 이벤트를 시작한 후 1년간 6만 명의 소비자가 '사랑한다'를 선택한 반면 '싫어한다'라고 응답한 소비자는 4,000명에 그친 것으로 나타났다. 크래프트의 브랜드 매니저 루펄 파텔(Rupal Patel)은 "우리 제품을 혐오하는 고객의 존재를 부인하기보다 충성고객과 대립시킴으로써 뚜렷한 브랜드 정체성을 알리는 계기가 되었다. 이번 기회를 통해 우리 제품을 혐오하

미라클 휩이 홈페이지를 통해 실시한 투표 이벤트

크래프트는 소비자들에게 "우리는 모두를 위한 제품이 아닙니다. 우리가 싫으면 오른편을 선택하세요. 우리가 좋으면 왼편을 선택해 사랑을 고백하세요"라고 말했다.
자료: 〈http://optimalbranddevelopment.com/blog/are-you-miracle-whip/〉.

는 고객도 있지만 든든한 지원군도 존재한다는 것을 알 수 있었다"라고 이야기했다.

대립형 양극화 마케팅의 원조는 영국 유니레버(Unilever)의 마마이트(Marmite)라 할 수 있다. 마마이트는 1902년 유니레버가 출시한 갈색의 토스트 스프레드로 우중충한 색에 독특한 향 때문에 먹기가 쉽지 않아 '도전적인 음식'으로 인식되었고, 그래서 극단적으로 싫어하는 소비자들이 많았다. 1996년 유니레버는 급격히 떨어지는 마마이트의 매출을 끌어올리기 위해 세계적인 광고회사 DDB를 찾았다. DDB는 사랑과 미움이 극명하게 갈리는 마마이트를 살리기 위해 제품을 혐오하는 고객을 역으로 이용하는 과감한 전략을 썼다.

'Love It or Hate It'이란 슬로건을 내건 유니레버의 광고는 당시 큰 관심을 받아 마마이트를 시장에서 재생시키는 데 큰 역할을 했다. 마마이트는 현재까지도 자사 홈페이지와 페이스북에서 같은 슬로건을 사용하며 소비자들에게 선호자인지 혐오자인지를 결정하도록 한 후 선호자와 혐오자 각각에 적합한 샌드위치 요리법을 소개하고 있다. 예를 들어 마마이트를 사랑하는 소비자에게는 샌드위치를 천국으로 만드는 방법을, 싫어하는 소비자에게는 마마이트로 샌드위치를 망치는 방법을 알려주고, 페이스북에선 양측 고객들이 직접 만든 다양한 마마이트 요리법과 음식 사진들을 자유롭게 제시해 보는 재미를 더해주고 있다.

04

보이지 않는 빙산의 위험: 유기형 반감고객

좀비 브랜드, 좀비 소비자

"한국 여행은 이번이 처음이자 마지막이에요." 한국을 떠나는 한 중국인 관광객의 이야기다. 2013년 한국을 방문한 중국인은 392만 명에 달하고 중국인 관광객, 곧 요우커(遊客)시장의 가치는 7조 원에 육박한다. 그런데 설문조사 결과 요우커의 37%가 한국인으로부터 무시를 당했다고 응답했고, 25%는 여행 후 한국에 대한 이미지가 나빠졌다고 답했다.

요우커들은 일부 한국인이 보인 중국인을 무시하는 듯한 말투와 경멸하는 듯한 눈빛에 마음 깊이 상처를 받고 있다. 중국 관영 인터넷 매체 '중국망(中國網)'에는 "한국인은 요우커를 무수한 쓰레기로 본다"라는 기사가 게

시되기도 했다. SNS에서는 "무시를 당하느니 한국엔 가지 않겠다"라는 이야기도 많아지고 있다.[62]

한국이라는 상품에 호감을 갖고 방문한 중국인 소비자들이 실제 상품 경험을 통해 심리적 상처를 받고 반감을 품게 된 것이다. 반감을 품고 조용히 떠나는 그들의 마음을 제대로 이해하여 상황을 개선하지 않으면 한국은 세계 관광시장의 주요 고객인 요우커로부터 서서히 버림받을 것이다.

1999년 미국의 시장조사 기관 TARP(Technical Assistant Research Program)는 놀라운 분석 결과를 발표했다. 기업에 감지된 1명의 불만 고객 뒤에는 침묵을 지키는 25명의 불행한 고객이 존재하고, 이들 26명은 평균 10명에게 자신의 경험을 이야기한다. 그리고 이야기를 들은 사람은 각자 평균 5명에게 그 내용을 전달한다. 결국 기업에 불만을 표출한 1명의 고객 뒤에는 무려 1,585명이 제품이나 브랜드에 대한 불쾌하고 불만족스러운 이야기를 공유하고 있는 셈이다. 이러한 현상을 두고 '고객불만 빙산(customer complaint iceberg)'이라 부르기도 한다. 이런 조사가 이루어진 때로부터 15년이 지난 지금은 어떨까? 소셜미디어의 영향력만 감안하더라도 물 밑의 빙산이 얼마나 거대할지는 가늠조차 어려울 정도이다.

사실 다양한 고객조사에서 이와 유사한 결과가 관찰되었다. 불쾌감을 경험했지만 자신이 겪은 문제나 기분을 기업 측에 알리지 않은 소비자는 70~80%에 달하며 그중 70~80%가 해당 브랜드를 회피하고 관계를 단절하는 것으로 알려진다. 실제로 와튼경영대학원이 소비

고객불만의 빙산

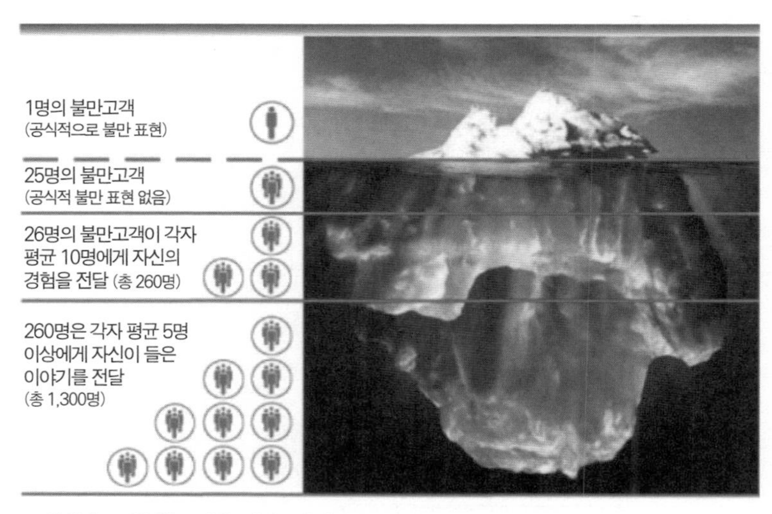

→ 공식적으로 불만을 표현한 1명의 고객 뒤에서 1,585명이 문제에 대한 이야기를 공유

자료: 〈http://www.adrianswinscoe.com/blog/not-many-complaints-but-still-losing-customers/〉.

자 1,186명을 대상으로 실시한 설문조사에서는 매장에서 불만을 경험한 고객 중 매장에 직접 항의하는 고객은 6%에 불과했다.

침묵하는 반감고객은 부정적 소비 상황을 개선하기 위해 싸우지(Fight) 않고 조용히 브랜드를 유기하고 떠나버리는(Flight) 고객들이다. 불만을 표출하는 소비자들이 브랜드로 인한 개인적 또는 사회적 손실을 어떻게든 보상받고자 하는 욕구를 지니고 있다면, 침묵하는 소비자들은 문제 해결을 위해 자신의 시간과 노력을 들일 동기가 부족하거나 브랜드와의 접촉 자체를 거부한다. 침묵하고 외면하는 소비자들은 빙하의 보이지 않는 부분, 즉 거대한 아랫부분에 존재하면서 서서히 기업의 명성과 브랜드 이미지를 허물어간다. 대중의 인기를 끌던 제품이나 브랜드라도 실망과 체념으로 하나둘 고객이 떠나면 과거의 명성만 남고 생명력을 잃어가는 '좀비(zombie) 브랜드'가 되고 만다. 그리고 이들에게는 어쩔 수 없이 관계를 유지하는 무관심하고 냉담한 '좀비 소비자'만 남게 된다.

브랜드 유기의 행동유형

조용한 이별

불만과 불쾌감을 표현하지 않는 소비자 중 재구매 의향을 지닌 소비자는 10%에도 못 미친다. 문제의 해결 여부와 상관없이 불만을 표현한 소비자 중 재구매 의사를 밝힌 비중에 비할 바가 안 된다. 이처럼 침묵고객의 대부분은 자신의 부정적 감정을 숨기고 브랜드와의 관계를 단절해버리기 때문에 사실상 기업 입장에선 관계를 회복할 만한 아무런 기회도 얻지 못하는 셈이다. 특히 선택 대안이 많을수록 소비자들은 굳이 자신의 불만을 표현할 필요 없이 불쾌한 브랜드를 회피해 다른 브랜드로 전환하기 쉽다.

새로운 제품의 구매를 시도하거나 브랜드와의 관계 초기에 좌절감을 느낀 소비자는 마음속에 선명한 부정적 경험의 흔적이 남아 해당 브랜드는 물론 제품 카테고리 자체에 대한 소비를 꺼리게 될 수 있다.

테크노 스트레스•에 시달리는 소비자가 탐색 및 구매 과정에서 당혹스러움이나 좌절감을 느끼고 이를 극복하지 못하면 더는 최신 기기나 서비스 사용을 시도하기가 어려워지는 것과 같다. 또는 사회적 관계에서 자신이 소유한 제품이나 브랜드에 대해 부정적 반응을 접하게 되면 소비욕구가 사라져버린다. 의류, 자동차, 모바일 기기 등 개인적으로 중요하게 여기거나 사회적 상징성이 높은 상품일수록 주변인으로부터의 부정적인 피드백, 자아 이미지와의 불일치로 인한 관계 단절 가능성이 높아진다.

표면적 관계 유지

불쾌하고 피하고 싶은 대상이지만 어쩔 수 없이 관계를 유지할 수밖에 없는 경우가 있다. 이는 심리적으로는 큰 거리감을 느끼면서도 관계는 계속 유지하는 불균형 상태이기도 하다. 브랜드 관계에서도 가시적으로 드러나는 행동적 충성도는 높지만 심리적 결속과 감정적 애착은 결여된 표면적(superficial) 충성고객이 있다. 마지못해 구매하고 소비 과정에서 불쾌감이나 좌절감을 느끼면서도 구매관계는 유지하는 이들이다.

일반적으로 충성도는 동일 브랜드 제품을 반복적으로 구매하는 행동적 반응으로 측정된다. 그러나 학자들은 소비자의 행동과 태도를

• 1984년 미국의 심리학자 크레이그 브로드가 최신 IT 기기에 적응하지 못해 불안해하거나 과도하게 의존하는 심리(자신만 시대에 뒤떨어지는 것 같은 불안감 등)를 이렇게 지칭하였다.

복합적으로 고려한 '진정한 충성도(true loyalty)'로 소비자 관계를 파악해야 한다고 지적한다.[63] 긍정적 태도를 취하지 않는 재구매는 관성적이거나 피상적인 관계에 지나지 않기 때문이다.

미국 마케팅컨설팅회사 마케팅 메트릭스(Marketing Metrics)의 설립자인 테리 바브라(Terry Vavra)는 재구매뿐 아니라 긍정적 입소문을 창출하는 등 제품 지원자(advocate) 역할을 해야만 진정한 브랜드 충성고객이라고 설명하기도 했다.[64] 브랜드 관계 연구의 대가인 푸르니에

소비자 관계 특성에 따른 브랜드 분류

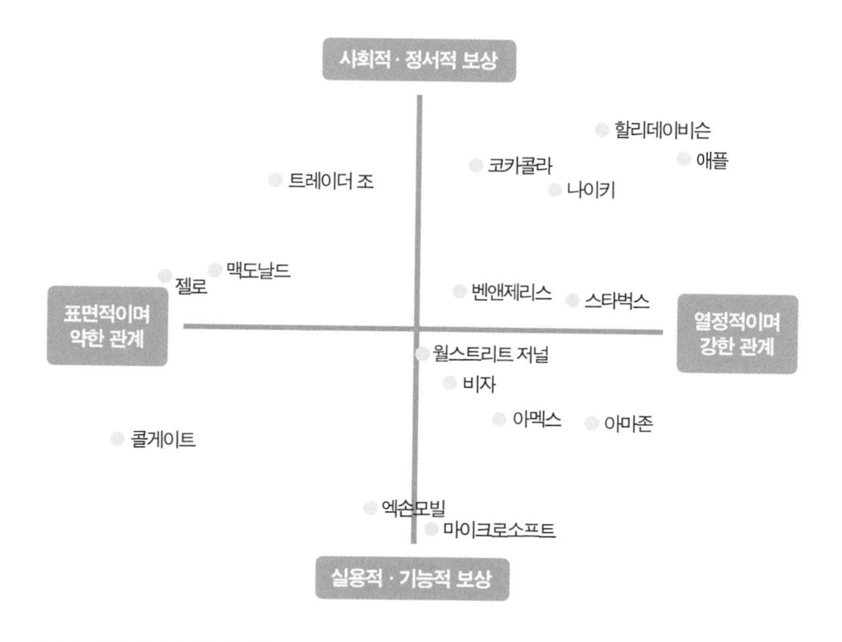

자료: Fournier, S. (2008. 11. 9). "Lessons learned about consumers' relationships with brand". Working Paper 2008-3, Boston University School of Management.

(Fournier) 교수는 소비자와 브랜드 사이의 관계를 그 강도와 성격에 따라 4개 유형으로 구분했는데, 이는 소비자 관계 강도가 낮으면서 뚜렷한 가치를 전달하지 못하는 브랜드는 표면적이고 취약한 관계라는 위험성을 갖는 것으로 해석할 수 있다.[65]

긍정적 태도가 뒷받침되지 않는 표면적 관계는 시장에 선택 가능한 대안이 많지 않은 상황일 때 발생하기 쉽다. 시장의 대부분을 장악하면서 주도권을 지닌 헤게모니 브랜드가 그런 사례이다. 소비자들은 다양한 측면에서 불만과 반감을 지니고 있지만 별다른 선택 대안이 없어 브랜드-고객 관계에서 힘의 불균형이 생겨나 마지못해 고객으로 남아 있을 수밖에 없다. 세계시장에서 독보적 영향력을 미치는 파워 브랜드일수록 구매자들 중 어쩔 수 없이 잔존하는 허위고객(pseudo customer)이 얼마만큼의 비중을 차지하는지 주시할 필요가 있다.

브랜드 뒷담화

기업 측에 자신의 불만이나 손실을 알리고 보상을 요구하지 않더라도 개인적 네트워크상에서 반감을 공유할 수 있다. 투쟁적 소비자들이 직접적·공개적 항의로 스트레스에 대처한다면 도피적 소비자들은 주변 사람들에게 자신의 이야기를 전달함으로써 스트레스를 해소한다. 2011년 CRS 조사 결과를 보면 SNS를 통해 주변인들에게 부정적 경험을 전달하는 소비자들이 근본적으로 원하는 것은 기업에 대한 공격이라기보다 자신이 겪은 당혹스러움에 대한 공감과 동의임을 알 수 있었다.

SNS를 통해 불만을 알리는 고객의 목적과 결과

SNS에 문제를 알린 목적	비율(%)
다른 사람들이 같은 문제를 겪지 않도록 하기 위해	39
불쾌감을 해소하기 위해	36
친구나 가족에게 최대한 빨리 알리기 위해	11
해당 업체의 제품/서비스 판매를 방해하기 위해	6
기타	8

SNS에 문제를 알린 결과	비율(%)
다른 사람들로부터 공감과 동의를 받음	68
무반응	5
기분이 나아짐	7
해당 업체 제품을 더 이상 구매하지 않겠다는 반응	5
내 의견에 동의할 수 없다는 반응	5

자료: CCMC (Customer Care Measurement & Consulting). "2011 National Customer Rage Study".

브랜드에 대한 부정적 감정의 형성과 표출방식은 소비자가 학습하고 생활해온 문화적 환경에 영향을 받는다. 개인의 자유와 권리, 독립적 요구를 중시하고 자신을 표현하는 데 익숙한 서구 사회의 자기중심적(idiocentric) 문화에 비해 집단의 화합, 원만한 대인관계와 체면을 중시하는 타인중심적(allocentric) 문화를 보이는 동양권의 소비자는 사람들 앞에서 자신의 감정, 특히 화를 내는 등 부정적 감정을 표현하는 것이 부적절하다고 여기므로 회피적 전략을 선택할 가능성이 크다.[66] 대신 가족이나 친구와의 관계에 의존하는 경향이 있는 동양권 소비자들은 자신의 경험을 공유하는 것으로 불쾌감을 해소하려는 심리가 강해 부정적 입소문을 빠르게 확산시킨다.

그들은 왜 불만을 표현하는 대신 브랜드를 외면하게 되었나?

소비자가 불만과 반감을 전달하지 않는 데는 다양한 원인이 존재한다. 조용한 이탈자들은 부정적 상황이나 불쾌한 감정을 경험하더라도 이를 상대 기업에 알리고자 하는 근본 동기가 부족하거나 감정 표현과 의견 전달에 어려움을 겪는 경우가 많다. 반감을 표현하자니 자신의 시간이나 신체적 노력을 들여야 한다거나 자신이 살아온 문화적 배경에 따라서는 공개적 감정과 의사 표현에 소극적인 성향일 수도 있다. 또 불만을 표출한다 해도 개선되지 않을 것이라는 회의와 절망감, 개인이 미칠 수 있는 영향력은 미미할 것이라는 무기력감도 작용한다. 그렇기 때문에 소비 상황에서 자존감과 정체성에 상처받은 고객은 자신의 미묘한 감정을 공개적으로 전달하기보다는 상황을 회피하고 상대를 외면하는 방식을 택하기 쉽다.

무기력감과 체념

소비자들이 불쾌감을 겪고도 침묵하는 것은 시간과 노력을 들여도

: 반감고객을 침묵하게 만드는 상황적 여건 :

부정적 감정을 표현하지 않는 소비자 중에는 불만을 전달하고자 하는 동기가 있는데도 상황적 여건이 그 표출을 막는 경우가 있다. 가장 일반적으로는 시간 부족을 들 수 있다. 바쁜 일상생활에 쫓기며 사는 보통의 사람들은 처리해야 할 많은 일로 피로감을 느끼기 때문에 심각하지 않은 부정적 소비 경험을 해결하느라 굳이 자기 시간을 쓰는 것을 꺼린다. 게다가 과거에 불만을 표현해봤으나 결국 시간만 허비한 셈이었을 경우 그 경험이 소비자로 하여금 더욱 침묵하게 만든다. 실제로 미국에서는 불만을 전달하는 과정에서 가장 심각한 문제가 '시간 손실'이라고 응답한 소비자가 2003년 50%에서 2011년 65%로 증가했다.[67]

불쾌감이나 분노를 표현할 적절한 대상이나 통로를 찾지 못하는 경우도 있다. 침묵하는 불만고객을 대상으로 한 조사에서는 약 20%가 불만을 이야기할 현장 직원을 찾지 못했거나 직원이 있다 해도 자신의 불평을 들으려는 태도가 아니어서 행동에 옮기지 못했다고 응답했다.[68] 오라클이 실시한 2011년 고객체험 조사 보고서[69]에서도 불만을 전달하는 과정에서 전화나 이메일을 통한 연결 자체에 실패한 소비자가 58%에 이르렀다. 즉 기업에 불만을 전달할 채널의 부재, 자신의 의견이나 감정이 제대로 전달되지 않으리라는 불신이 침묵을 선택하게 만드는 것이다.

문제가 해결되지 않을 것이라는 생각 때문이다. 다양한 소비 경험을 통해 불평과 항의가 손실을 보상받거나 감정을 회복하는 데 큰 도움이 되지 않는다는 것을 인식하게 된 소비자는 부정적 상황에서 자신의 감정을 표출하지 않는 체념적 반응(inactive response)을 보인다. 기업에 대한 통제력을 지녔다고 생각할수록 분노를 공격적으로 표현하는 행동을 보이는 반면, 통제력이 없다고 생각하는 소비자는 자신의 노력이 아무 소용이 없을 것이라고 예상하여 행동을 취하지 않게 되는 것이다.

특히 시장에서 독보적 위치를 차지하고 있는 기업을 대상으로 개인이 불만을 표현해봐야 전혀 영향력을 미치지 못할 것이라 판단해 직접적 대응을 포기하는 경우도 많다. 명성이 높은 기업의 악행에 더 큰 분노를 느끼지만 이에 대항해 공격적 행동을 취할 만큼 문제 해결에 대한 기대감은 높지 않아 동기부여가 되지 않기 때문이다. 그러므로 높은 브랜드 명성을 보유한 기업일수록 시장의 침묵이 과연 긍정적 수용의 신호인지 아니면 무기력과 체념의 결과인지 더 민감하게 파악할 필요가 있다.

브랜드 트라우마

제품이나 서비스의 결함, 불공정 거래로 인한 불편과 손실은 객관적·정형적 설명과 해결이 가능하지만, 자아존중감이 손상되거나 개인이 중시하는 가치관이 침해되는 상황에서 자신의 상태를 스스로 정확히 표현하기는 쉽지 않다. 이 경우 고객은 직접적인 항의나 불평보다는 수동적인 방식, 즉 상대를 회피하고 관계를 단절할 가능성이 크다. 어린 시절의 경험이 평생 트라우마로 작용하듯 고객의 마음에 상처를 남긴 부정적 소비 경험은 '브랜드 트라우마(brand trauma)'를 형성해 상처가 고착되고 그에 따라 심리적 거리를 좁히기가 어려워진다.

제품과 관련된 사고, 금전적 손실 같은 물리적 사건뿐 아니라 직원의 말 한마디, 몸짓 하나도 트라우마가 될 수 있다. 예를 들어 직원으로부터 무시당하는 느낌을 받을 때 자존감에 상처를 입게 되고 좌절감을 느껴 다시는 그 매장을 방문하지 않겠다고 다짐하지만, 이런 감정을 직접적으로 표현하지는 않는다. 게다가 부정적 감정을 유발한 원인을 상대 기업이 아닌, 브랜드나 제품을 선택한 자기 자신이라고 여기게 되면, 그 트라우마가 후회와 자기비난으로 연결되어 차후의 선택에서 반복된 실수가 발생할까 봐 두려워하면서 자신감을 잃을 수 있다.

실제로 미국의 시카고 퍼스트 은행은 고객이탈의 원인을 높은 대출 이자율로 파악하고 있었으나 보다 심층적으로 이탈고객을 조사해본 결과 은행 거래를 중단한 가장 큰 이유는 자신이 존중받고 있지 않다는 느낌 때문이라는 것을 알게 되었다. 이처럼 소비자는 이성적 영역보다 감성적 영역, 즉 자존감의 상처를 표현하기가 어렵고, 기업은 이를 객관적이고 일반적인 제품·서비스 차원의 문제로 착각함으로써 관계 회복이 더욱더 어려워지는 것이다.

특히 소비자가 새로운 제품이나 브랜드를 처음으로 시도했는데 구매나 제품 사용에서 성공적으로 수행해내지 못하면 거부감이나 두려움 같은 감정의 흔적이 고착화될 가능성이 크다. 스마트폰이나 SNS

등 첨단 기기 및 서비스 사용에 대한 중장년층의 정신적 부담, 화장품이나 미용 서비스 같은 전형적인 여성용 상품의 경험에서 남성 소비자가 느낄 수 있는 당혹스러움 등을 예로 들 수 있다. 익숙지 않은 소비환경에서의 부정적 경험은 실망과 함께 선택에 대한 후회, 자신감 상실로 이어져 새로운 시도를 꺼리는 소극적인 소비생활로 연결될 수 있다.

막연한 거부감, 'simply not me'

불만족스러움과 불쾌감을 느낀 소비자가 공개적으로 감정을 드러내지 않는 것은 누구를 비난해야 할지 그리고 어떤 내용으로 이야기할지가 명확하지 않기 때문이기도 하다. 브랜드 개성이나 정체성 같은 옳고 그름을 가리기 어려운 가치중립적 차원에서 고객이 만족하지 못한 경우가 그러한 예이다.

인지도가 높고 개성이 강한 브랜드일수록 구체적 이유 없이 막연한 반감을 갖는 소비자가 많다. 2010년 애플이 아이폰으로 전성기를 누리기 시작했을 때 안드로이드폰 사용자 2,000명을 대상으로 아이폰을 선택하지 않은 이유를 질문한 결과 '그냥 애플이 싫어서'라는 대답이 55.7%를 차지했는데, 여기에는 신비주의 등 애플만의 강한 개성과 애플을 종교처럼 따르는 열혈 팬에 대한 거부감도 함께 작용한 것으로 분석되었다.[70]

한때 대중이 선호하던 브랜드라도 환경 변화에 둔감하면 특별한 사건 없이 서서히 생명력을 잃게 된다. 코카콜라, P&G 등 100년 넘는 역사를 자랑하며 젊고 활동적인 이미지를 유지해온 브랜드가 있는 반면 전성기 때의 분위기에 젖어 노화된 이미지로 소비자들의 싫증을 불러일으키는 브랜드도 많다. 정통 트렌치코트의 대명사로 불리던 런던 포그(London Fog)의 경우 고유의 정체성에 갇혔던 탓에 트렌드세터로부터 외면받는 입장이 되기도 했다.

우리는 종종 특정 음식이나 TV 프로그램 혹은 패션 스타일을 싫어하는 사람들끼리 공감대를 형성하며 커뮤니티를 맺는 것을 볼 수 있다. 그들이 거부하는 대상이 구체적으로 어떤 잘못을 저질렀다거나 그들에게 실질적 손실을 입히는 것은 아니지만 정서상 자신들이 추구하는 이미지에 반하기 때문이다. 뚜렷한 브랜드 정체성은 열렬한 충성고객들이 서로 공감하고 소속감을 느끼게 하는 도구가 될 수 있다. 하지만 특정 브랜드를 혐오하고 거부하는 사람들끼리도 강한 소속감으로 맺어지게 만들 수 있다. '그냥 싫다(simply not me)'라는 취향의 차이가 회피와 반감을 부르는 것이다.

대응전략: 징후 없는 병에 대처하는 법!

브랜드를 유기(遺棄)하는 소비자는 자신의 불만과 감정을 직접 표현하지는 않기 때문에 상황을 파악하고 대응하기가 매우 어렵다. 그렇지만 이들을 그대로 두면 사람이 징후 없는 병에 걸려 서서히 생명을 잃어가듯 기업 및 브랜드의 가치가 인식하지 못하는 사이 점차 하락하게 된다. 하버드경영대의 시어도어 레빗(Theodore Levitt) 교수는 고객불평이 없는 기업이라고 해서 자만할 것이 아니라 고객과 브랜드 관계가 오히려 악화되고 있는 신호임을 알아채야 한다고 했다.[71] 불만과 불쾌감을 표현할 수 없거나, 그렇게 할 필요조차 느끼지 못하는 소비자들이 많아지면 기업은 서서히 고객을 잃거나 어쩔 수 없이 구매하지만 언제든지 떠날 준비가 되어 있는 불행한 좀비 고객들만 남게 된다.

서서히 발생하는 보이지 않는 고객이탈, 표면적 관계로의 약화를 방지하려면 브랜드의 자발적 자기관리 노력이 필수적이다. 고통을 호소하며 보상을 요구하는 고객이 응급환자라면, 침묵을 지키는 반감고객은 기업이 먼저 감지해 시간을 들여 '치유(healing)'해야 하는 대상이다. 이때 중요한 것은 신속함이 아니라 고객 내면에 잠재된 불만과 감정을 파악하기 위한 심층적 소통이다. 고객이 자기 입으로 직접 말하지 않은 실망과 체념의 근본 원인을 파악한다면 소리 없는 고객이탈이나 브랜드 유기를 예방할 수 있을 것이다.

전략1 침묵 속 반감을 센싱하라

기업의 주요 성과기준 중 하나인 고객만족도는 단순성과 효율성 측면에서는 뛰어난 도구이지만 제품이나 서비스 품질에 대한 소비자의 전반적 평가에 초점을 두어 다양한 감정적 반응을 파악하는 데는 한계가 있다.[72] 특히 부정적 평가·감정을 드러내지 않는 소비자들은 제품의 비핵심적 기능에 대한 실망, 직원과의 사소한 대화에서 자존감

손실 등을 경험하거나 브랜드를 선택한 자신을 탓할 가능성이 크므로 이러한 미묘한 감정을 감지(sensing)할 수 있는 고객감정 관리 개념과 측정방식을 적용할 필요가 있다.

우선 고객만족 조사의 의의를 제품·서비스 차원의 품질 평가에서 한 걸음 더 나아가 선택·구매·사용 등 전 과정에서의 감정적 반응 탐색으로 전환해야 한다. 제품과 서비스, 이미지 등에 대한 고객의 감정을 주기적으로 파악하고 추적한다면 브랜드 현황은 물론 향후 변화를 예측하는 데 유용할 것이다. 더욱이 단순화된 감정 평가 도구가 아닌 '무서운', '지겨운', '걱정스러운', '짜증나는' 같은 세분화된 감정 변수를 고려한 도구를 사용한다면 고객에게 부정적 경험으로 남은 감정적 흔적을 이해하는 데 도움이 된다. 예컨대 국가나 민족을 대표하던 브랜드에 대해 신뢰감은 여전하지만 싫증이 나면서도 걱정스러운 감정을 지니게 된 소비자들이 관찰된다면 더 늦기 전에 브랜드 신선도를 높여야 하는 것이다.

최근에는 빅데이터 분석을 통한 실시간 고객감정 파악도 가능해졌다. 소비자들이 자신의 의견과 감정을 일상적으로 표출하는 SNS 데이터를 이용한 고객정서 분석(Customer Sentiment Analysis)은 고객이 기업 측에 직접 표현하지 않아 숨어 있는 감정을 파악하는 데 효과적이다.[73] 브랜드 또는 제품 이름, 기업과 관련된 특정 용어를 바탕으로 콘텐츠를 분석하는 텍스트 분석(Text Analytics) 시장의 규모는 2011년 4억 9,900만 달러에서 2014년 9억 7,800만 달러로 급성장할 것으로 전망되기도 한다.[74] 다양해진 리스크 환경에 노출된 기업들은 고객의

: 빅데이터 분석으로 고객정서를 관리하는 네슬레의 DAT :

세계 최대 식품 기업이자 2,000여 개의 브랜드를 보유한 네슬레는 이른바 '킷캣 사건'을 겪은 후 CEO가 앞장서서 '실시간 고객 반감 센싱'을 이끌고 있다. 2010년 그린피스(Greenpeace)는 오랑우탄 서식지인 인도네시아 열대우림을 파괴하는 팜오일 제조업체와 거래하는 네슬레를 비난하기 위해 킷캣 초콜릿 광고를 패러디한 동영상을 유포했고, 동영상을 본 150만 명의 소비자들 사이에서 그 내용이 빠르게 확산되었다. 당황한 네슬레는 동영상과 적대적 메시지를 강제로 삭제하려 했고, 이로 인해 비난이 더욱 거세져 브랜드 명성은 심각한 타격을 받게 되었다. 이는 '50대 최악의 소셜미디어 실수(50 greatest social media screw-ups)'로 꼽히는 사건이기도 하다.

킷캣 사건으로 교훈을 얻은 네슬레는 소셜미디어 전략의 최우선 목표를 '고객 팬' 관리가 아닌 '브랜드 위기' 관리로 전환하여 브랜드에 대한 고객의 부정적 감정을 집중적으로 감지하는 시스템을 구축했다. 이렇게 해서 신설된 '디지털촉진팀(DAT : Digital Acceleration Team)'에서는 15명의 전문가들이 전 세계 650여 개의 브랜드 페이스북에 올라오는 콘텐츠를 실시간 모니터링하고 있다. 더욱이 네슬레의 마케팅 관리자가 되려면 이 센터에서 8개월간 빅데이터 도구를 활용한 온라인 소셜 커뮤니케이션 방식을 학습하는 필수 코스를 거쳐야 한다.

고객들의 메시지에서 부정적 단어가 여러 차례 발견된다면 '코드 레드(Code Red)'가 작동한다. 최근에는 물이 부족해지는 환경에

네슬레의 디지털촉진팀(DAT)

자료: 〈http://s1.reutersmedia.net/resources/r/?m=02&d=20121026&t=2&i=667516812&w=580&fh=&fw=&ll=&pl=&r=CDEE89P0PI300〉; 〈http://s1.reutersmedia.net/resources/r/?m=02&d=20121026&t=2&i=667515371&w=&fh=&fw=&ll=580&pl=378&r=CBRE89P0KYG00〉.

서 네슬레가 생수시장을 독점할 것이라는 비난 여론이 확산되면서 한 파키스탄 소비자가 자기 블로그에 "네슬레가 파키스탄에서 생산하는 생수는 정작 가난한 지역주민을 위한 것이 아니다"라는 글을 올리자, CEO 피터 브라벡(Peter Brabeck)이 2시간이 채 되기 전 "우리는 파키스탄 공장의 지역주민 1만 명 이상이 마실 수 있는 생수 공급 계획을 추진 중"이라고 응답하기도 했다.

부정적 감정을 감지하기 위해 더욱 적극적으로 과학적 분석 기술을 활용할 것으로 보인다.

전략2 고객 스토리텔링으로 트라우마를 치유하라

소비자가 자신의 니즈를 표현하는 데 한계가 있듯 불쾌한 경험으로 부정적 감정을 경험한 고객이 자신이 겪은 상황과 감정, 기분을 명확하게 표현하기는 어려운 일이다. 고객의 이탈 혹은 경쟁 브랜드로의 전환을 막으려면 우리 제품과 브랜드가 "그냥 싫다"라는 고객에 대해, 그들 스스로도 분명히 말하지 못하는 '그냥'의 의미를 찾아내야 한다. 치열한 고객확보 경쟁에 나서는 것보다 더 시급한 일은 현재 또는 기존 고객이 지닌 불편한 감정의 원인을 파악하는 것이다. 그래야만 문제의 근원을 해결하여 브랜드의 지속 가능성을 높일 수 있다.

특히 자존감에 상처를 입었거나 개인적으로 민감한 부분에서의 불편감 등의 이유로 관계를 단절한 고객의 경우 자신의 브랜드 경험을 충분히 전달하도록 하는 역(逆)스토리텔링이 필요하다. 즉 기업이 브랜드·제품과 관련된 이야기를 소비자에게 전달하는 전형적 형태의 스토리텔링에서 벗어나 고객이 경험한 당시 상황과 심리적 변화를 이야기하도록 해 반감을 갖게 된 원인을 심층적으로 파악하는 것이다. 고객 마음의 상처를 인지하지 못한 채 이루어지는 기업의 일방적 커뮤니케이션은 트라우마를 떠올리게 해 과거의 부정적 감정이 되살아나 관계를 악화시킬 수도 있다.

회피적 고객의 스토리텔링을 유도하려면 심리 상담 및 치료 기술과 관련 경험을 보유한 인력을 활용하는 것이 바람직하다. 개인 블로그를 통해 브랜드에 대한 실망이나 증오감을 표현한 고객, 갑자기 계약을 중단하거나 방문 횟수가 급격히 줄어든 고객 등 직접적 항의나 분명한 설명 없이 이탈한 고객을 대상으로 '중대사건 심층 인터뷰(critical incident interview)'를 실시할 수 있다. 중대사건이란 개인으로 하여금 생각과 사색을 하게 만들 정도의 특별한 경험을 의미하는데, 이는 극적인 사건뿐 아니라 일상적 상황 속의 특정 경험을 포함한다.[75] 소비경험에 있어서 부정적 중대사건으로는 지나치게 적극적인 매장 직원에게 느낀 구매 부담감, 새로 구입한 패션 아이템에 대한 주변의 부정적 반응으로 인한 자신감 상실 등을 예로 들 수 있다. 특별한 불평 없이 관계가 소원해진 고객을 대상으로 불쾌감을 겪은 구체적 상황 배경, 당시에 느낀 기분에 대해 듣게 되면 형식적인 설문이나 FGI(Focus Group Interview; 심층 면접조사) 등 일반적인 고객조사로는 결코 알 수 없는 감정과 행동의 원인을 찾아낼 수 있다.

나아가 민족학적 조사나 이미지 분석방식 등 고객니즈 발굴을 위한 고도화된 조사방법을 활용하면 브랜드와 관련된 다양한 부정적 감정의 배경을 이해할 수 있다. 세계적인 오토바이 브랜드 할리데이비슨(Harley-Davidson)의 경우 브랜드 커뮤니티 내에 민족지학(ethnography) 전문가가 직접 할리 라이프스타일을 경험하면서 멤버들의 생활을 관찰한 바 있으며 P&G, 코카콜라 등은 고객의 내면을 심층적으로 이해하기 위해 ZMET•를 활용하고 있다. 특히 이러한 시도는 부정적 경험을 자기 탓으로 돌려버리거나 공개적 감정표현을 자제하는 동양권 소비자에게 더욱 효과적일 수 있다.

• ZMET(Zaltman Metaphor Elicitation Method)는 미국 하버드대 잘트먼 교수가 개발한 마케팅 조사 도구로, 특정 제품, 브랜드, 상황 등과 관련해 소비자가 선택한 그림과 사진 등을 보면서 연상되는 이미지를 심층적으로 질문하고 대답하는 방식으로 진행된다.

: CIT로 고객 스토리를 청취한 피포드 :

브랜드에 대한 고객감정을 제대로 이해하려면 구매 · 소비 시점뿐 아니라 고객이 일상생활에서 브랜드를 어떻게 경험하는지 조명해보아야 한다. 보스턴대학의 수전 푸르니에(Susan Fournier) 교수는 미국 온라인 식품유통업체 피포드(Peapod) 고객의 숨은 내면을 파악하기 위해 중대사건 기법(Critical Incident Technique)을 도입했는데, 한 여성고객과의 수차례에 걸친 인터뷰를 통해 다음과 같은 이야기를 들을 수 있었다.

전문직에 종사하는 30대 초반의 이 싱글 여성은 장 보러 가는 것을 너무 싫어해 늘 냉장고가 텅 비어 있었다. 이런 그녀에게 인터넷으로 식품을 주문하는 방식은 너무나 매력적이었고, 그래서 그녀는 매주 한 번씩 피포드에서 장을 보는 충성고객이 되었다. 그런데 한편으로는 점점 사생활과 안전에 대한 걱정이 커져갔다. 낯선 사람들이 자신이 구매하는 물건을 본다는 사실과 간혹 배달하는 사람이 구매 품목에 대해 언급하는 것이 그녀를 불편하게 만들었다. 피포드가 보내는 20달러 쿠폰에 쓰인 "우리가 꽤 오랫동안 만나지 못했네요"라는 문장은 그녀의 두려움을 증폭시켰다.

그러던 어느 날 배달원이 화장실을 사용할 수 있겠느냐고 물었을 때 그녀는 더는 견딜 수 없었다. 그녀가 보기에 피포드는 서로의 관계에서 지켜야 할 무언의 약속을 어겼고, 그녀의 감정과 사생활을 존중하지 않았으며, 그녀의 불안감을 방치했다. 피포드의 사생활 침해, 고객안전에 대한 무신경함은 그녀로 하여금 이별을 선택하게 했다.

이 여성고객의 스토리는 피포드가 평소에 실시하는 일반적인 고객조사로는 결코 드러나지 않는 유의 것이었다. 기계적이고 정형화된 방식이 아닌 인간적이고 유연한 방식으로 접근한 덕분에 피포드는 고객의 감춰진 이야기를 듣고 유사한 문제를 경험했을지도 모를 잠재 반감고객들의 상황적 배경(context)을 이해할 수 있었다.[76]

전략3 사소한 불쾌 요인을 제거하라

'깨진 유리창 법칙(Broken Window Theory)'은 쉽게 간과되는 사소한 것들이 시간이 지나면서 점차 커다란 문제로 발전할 수 있음을 보여준다. 서서히 잊혀 껍데기만 남은 유기 브랜드가 되지 않으려면 눈에 띄지 않는 작은 반응까지도 잘 감지하고 대응해야 한다.

소비자를 감정적으로 불편하게 만드는 어떤 것은 기업이 보기에는 사소하거나 하찮아도 당사자에게는 치명적인 부분일 수 있다. 따라서 주요 이슈나 문제에 대해 평가받는 기존의 고객만족조사로는 짜증나거나 언짢은 마음으로 떠나는 소비자를 파악하는 데 한계가 있다. 또 대부분의 소비자들은 자신이 사소한 일에 민감한 사람으로 비치는 것을 좋아하지 않으며 하찮은 불평거리를 늘어놓고 싶어하지도 않기 때문에 불편한 심정을 마음속에만 간직할 수밖에 없다. 고객이 불편하거나 불쾌해하는 작은 부분을 사소한 일로 여겨 간과한다면 '뜨거워지는 물속의 개구리'처럼 서서히 죽어가는 처지가 될 수 있다.

: '작지만 중요한 불편함'을 찾아낸 P&G :

P&G는 일본시장에서 팸퍼스 기저귀를 경쟁 브랜드인 유니참(Unicharm)에 비해 훨씬 좋은 품질에 오히려 더 낮은 가격으로 판매했으나 연이은 실패를 경험했다. 다양한 과학적 실험으로 탄생한 팸퍼스의 가치를 전달했지만 일본 엄마들은 특별한 이유도 표출하지 않은 채 팸퍼스를 거부했다.

팸퍼스 마케팅팀은 좀 더 많은 시간을 일본 엄마들과 함께 보내면서 문제점을 찾아보기로 했고, 드디어 아주 사소한 부분에서 일본 엄마를 신경 쓰이게 만들던 요소를 발견했다. 팸퍼스 기저귀는 고무줄 부분의 조임이 경쟁사 제품보다 조금 더 단단했는데, 이것은 아기 피부를 약간 붉어지게 할 수는 있어도 아기의 엉덩이를 보다 안정적이고 포근하게 받쳐주는 역할을 했다. 그렇지만 심미적 부분에 민감한 일본 엄마들의 눈에는 일회용 기저귀가 아기 피부를 상하게 하는 것이 끔찍하고 충격적으로 느껴졌고, 그래서 한번 쓰면 다시는 쓰고 싶지 않은 상품이 되어버리는 것이었다.

이런 일은 P&G의 팸퍼스가 세계 어느 시장에서도 겪어보지 않은 일이었다. 일본 엄마들은 팸퍼스가 아기 피부에 해를 끼치지 않는다는 이야기를 아무리 들어도 안심하지 않았다. 아기 피부의 작은 자극을 참을 수 없었던 것이다. 이처럼 대부분의 사람들에게 주변적으로 여겨지는 부분에서 핵심고객이 불쾌감과 끔찍한 느낌을 받으면 브랜드는 알 수 없는 위기에 처한다. 이후 P&G는 '기술적 우수성'의 기준을 일본 엄마 식으로 재정의하여 제품을 개선했고 결과적으로는 시장점유율을 높이는 데 성공했다.[77]

나아가 사소하고 주변적으로 여겨지는 부분에서 제품·서비스 개선을 추구한다면 고객 애착과 충성도를 높이는 효과를 볼 수 있다. 매리어트 인터내셔널(Marriott International) 리츠칼튼 호텔의 경우 60여 개 지점의 고객관찰 정보를 수집하고 공유하는 '미스티크(Mystique)' 시스템을 이용한다. 리츠칼튼의 직원들은 코를 훌쩍이는 등 감기 증세를 보이는 고객에게 미리 감기약을 제공하거나 룸서비스 접시에 남긴 과일의 종류까지 관찰해 다음 서비스에서 불만 요소를 제거하는 식으로 이 시스템을 활용한다. 사소한 불쾌감에 대한 깊은 배려는 브랜드를 회피하도록 하는 부정적 감정을 방지할 뿐 아니라 경쟁 브랜드와의 차별화 포인트를 발굴해내는 묘안이 될 수 있다.

전략4 브랜드 신선도를 유지하라

'싫증'이나 '지루함'은 각성의 수준이 높지 않더라도 상대를 저버리는 데 큰 영향을 끼치는 부정적 감정이다. 대중의 사랑을 받던 브랜드가 소비자로부터 잊히고 버림받게 되는 이유도 친근하고 익숙한 대상이 어느 순간 정체되고 노화된 이미지로 바뀌어 서서히 매력을 잃어가는 데 있다. 친구나 부부 같은 인간관계에서도 자기 개성을 유지하면서 조금씩 변화하고 나아지는 모습을 보이는 것이 안정적 관계를 이어나가는 방식인 것처럼 브랜드도 고객으로부터 유기되지 않으려면 정체성의 신선함과 젊음을 유지할 수 있어야 한다.

오랜 전통을 지닌 브랜드도 과거 성공에 갇혀 관리를 소홀히 하면 팬들로부터 외면당한다. 150년 역사 동안 체크무늬 디자인으로 고객들에게 사랑받던 명품 버버리(Burberry)도 1990년대 들어서는 신비감이 전혀 없는 늙은 브랜드로 추락하는 위기를 맞았다. 빠르게 변화하는 패션 산업에서 '지루하고 싫증나는' 이미지로 전락한 버버리는 2001년 젊은 디자이너 크리스토퍼 베일리(Christopher Bailey)를 크리에이티브 디렉터로 영입해 전통 디자인에 새로운 소재와 디자인을 접목한 '버버리 프로섬' 라인을 출시하면서 비로소 전 세계 젊은 층이 선호하는 브랜드로 재기할 수 있었다. 최근에는 명품 브랜드로는 처음 소셜미디어 채널 '아트 오브 더 트렌치'를 열어, 소비자들이 트렌치코트를 입은 자신의 사진을 업로드하거나 온라인으로 상품을 구매할 수 있도록 하는 한편, 20세 엠마 왓슨을 모델로 기용하는 등 파격적 변신을 거듭하고 있다. 보수적 전통에 기반을 둔 버버리의 과감한 변화는 떠난 고객을 돌아오게 하고 미래 고객인 젊은 소비자에게도 어필한 성공적 전략으로 평가되고 있다.

1844년 설립된 팹스트 블루 리본(Pabst Blue Ribbon)도 비슷한 경험을 했다. '노동자들이 마시는 맛없는 맥주'로 인식되면서 1978년 이후 매출 하락세가 이어져 존폐의 위기에 처했던 이 회사는 2000년대로 접어들면서 도시의 젊은 층에 눈을 돌려 복고적이면서 거친 이미지를 활용한 마케팅으로 부활을 시도했다. 팹스트는 대중 마케팅에 회의적인 젊은 소비자의 성향을 고려해 시끌벅적한 대형 광고 대신 인디 뮤직쇼와 소규모 문화 행사를 지원하는 전략을 취해 2002년에는 20년 만에 매출 성장을 기록하며 재기에 성공했다.

하버드경영대학의 로히트 데시판데(Rohit Deshpande) 교수는 전 세

: 하이엔드 햄버거를 지향하는 웬디스의 부활 :

한때 '네모난 햄버거', '베이크드 포테이토' 등으로 인기를 끌었으나 맥도날드와 버거킹과의 경쟁에서 밀려 추억의 브랜드로 잊혀가던 웬디스(Wendy's)가 2011년 매출 85억 달러를 달성하며 버거킹을 제치는 성과를 거두었다. 1969년 설립 이후 최초로 업계 2위 자리를 차지한 것이었다. 웬디스의 이러한 성과는 최근 수년간 브랜드 부활과 리포지셔닝을 위해 집중적 노력을 투입한 덕분이다.

2011년 새로운 CEO 에밀 브롤릭(Emil Brolick)은 패스트푸드 업계에서 최고 품질로 인정받겠다는 의미의 'A five-star restaurant at a three-star price'를 목표로 하는 브랜드 리노베이션 작업을 가속화했다. 여기에는 파네라 브레드(Panera Bread)와 같은 캐주얼 레스토랑과 맥도날드로 대표되는 정통 패스트푸드의 이점을 복합하겠다는 전략적 의사결정이 뒷받침되었다. 우선 고기의 질을 강조한 버거, 천일염을 사용한 감자튀김 등 친건강 메뉴에 주력했고 노후화된 매장의 인테리어를 부드러운 조명, 다양한 테이블 배치, 푹신한 의자, 평면TV 설치 등 고객들이 편히 쉴 수 있는 분위기로 개선했다. 이에 맞춰 직원 유니폼도 새로 디자인했다.

2012년 말에는 20여 년 만에 수정된 로고를 발표했다. 패스트푸드를 상징하는 붉은색과 노란색 바탕, 박스 테두리와 구식 문체를 버리고 깔끔한 흰 바탕에 캐주얼 문체를 사용한 로고였다. 이때 소녀의 이미지, 붉은색 사용, 글씨의 기울기 방향 등 반드시 유지해야 할 원칙도 정했다. 예를 들어 로고 속 소녀는 설립자 데

웬디스의 로고 변화

웬디스는 기존 로고(왼쪽)에서 사각 틀과 바탕색을 없앤 새로운 로고(오른쪽)를 적용함으로써 기존의 패스트푸드를 뛰어넘는 '하이엔드 햄버거'로의 변신을 표명했다.

자료: 〈http://www.huffingtonpost.com/2012/10/11/wendys-pigtails-touch-up_n_1957565.html〉.

이브 토마스(Dave Thomas)의 딸을 모델로 한 것으로 당시 그녀가 했던 머리 모양과 의상이 브랜드 스토리의 소재가 되기 때문에 반드시 보존해야 하는 것이었다. 웬디스는 기업 내부적으로 로고 변경을 결정한 후 수개월에 걸쳐 수십 개 대안에 대한 고객 피드백을 수집한 뒤 최종 안을 결정했다. 그리고 로고 변경이 '하이엔드 햄버거 체인'을 향해 변화하는 상징적 과정이라는 점을 강조했다.[78]

계적으로 베이비부머시장이 급성장하고 있는 요즘이 시대에 뒤떨어졌다는 노후한 이미지로 위기를 맞은 브랜드들이 재기할 수 있는 적기라고 이야기한다.[79] 고유의 정통성에 역동적 이미지를 더할 수 있다면 추억을 공유하는 중장년 소비자들의 사랑을 되찾을 수 있을 뿐 아니라 전통에 가치를 두는 젊은 소비자들과도 안정적 관계를 구축할 수 있기 때문이다. 물론 JC페니가 애플 매장의 인테리어를 흉내 내거나 코카콜라가 흰색 캔을 사용하는 것처럼 충성고객들의 적극적 항의나 불매운동을 야기하는 오류는 피해야 할 것이다. 리포지셔닝에 성공한 사례를 바탕으로 꾸준히 유지해야 할 브랜드 정체성이 무엇인지, 반면에 지루함과 노화를 막기 위해 바꾸어야 할 부분은 무엇인지 구분하는 지혜를 습득해야 한다.

Part 3

안티 마케팅

__사회적 차원의 반감고객들

기업의 적극적 마케팅은 소비자에게 다양한 선택권과 풍부한 정보를 제공하는 동시에 과소비 조장, 환경 파괴 등 개인과 사회에 부정적 영향을 미치는 역기능을 유발하기도 한다. 치열한 마케팅 경쟁으로 지나치게 많은 정보와 상품이 제공됨에 따라 소비시장의 피로감이 가중되고 있으며, 마케팅 자극에 오히려 둔감해지거나 부정적으로 반응하는 소비층도 형성되었다. 이들에게는 기업의 적극적인 경영활동 자체가 스트레스를 유발하는 요인이다. 소비자 개인 차원의 반감이 브랜드와 고객 간 구체적 이해관계에서 비롯된 적대적 감정이라면, 사회적 반감은 치열한 마케팅 경쟁에 참여하는 대다수 기업에 대한 대중적 적대심이라 할 수 있다.

또 사회의식이 성숙해지고 인터넷과 소셜미디어 등 뉴미디어가 확산됨에 따라 소수 반사회 운동가들의 전유물이던 안티 마케팅 운동에 일반 소비자들의 참여가 활발해졌다. 구매력이 충분한데도 가치관, 신념 등을 이유로 소비를 축소하거나 마케팅을 거부하는 소비자도 증가하는 추세이다. 미국, 유럽 등 선진시장에서는 기업과 학계가 이러한 사회적 현상에 주목하여 전략적으로 대응하고 있는 데 반해,[1] 한국에서는 여전히 주변적 현상으로 인식되고 있는 실정이다. 근시안적인 양적 마케팅 경쟁에서 벗어나 시장과 사회의 변화 양상을 이해하고 바람직한 소비시장으로 발전하기 위한 노력이 필요한 시점이다.

01

공공의 적이 되어버린 마케팅

마케팅 피로사회, 쇼핑이 불쾌한 경험이 되다!

장기적 경제 침체기에 들어서면서 명품·디지털 열풍으로 들끓던 세계 소비시장이 진정되는 모습이다. 선진국을 중심으로 화려함보다 인생의 근본적 가치를 중시하는 슬로 라이프스타일(slow lifestyle)이 오피니언 리더층의 호응을 얻으며 주류문화로 진입하고 있으며 신흥시장에서도 과도한 소비를 지양하고 탈물질적 소비를 추구하는 소비자들이 증가하는 추세이다. 한편 과도하게 치열한 신상품·커뮤니케이션 경쟁은 소비자의 선택 폭을 넓히는 순기능보다 의사결정의 혼란과 피로감을 증폭시키는 역기능적 결과를 초래하고 있다. 급기야 기업의 막대한 마케팅 투자가 소비자의 행복도를 떨어뜨리고 소비의욕을 잃게 만드는 비효율적 활동으로 인식되기에 이르렀다.

최근 과도한 마케팅 경쟁, 낭비적 소비 등 소비의 부정적 측면을 비판하는 움직임이 많은 사람의 공감을 얻고 있다. 선진시장은 물론 신흥시장에서도 상품안전성이나 기업윤리성 등을 감시·고발하는 비영리단체가 증가하면서 특정 기업에 대한 집단적 대항과 불매행위도 빈번해지고 있다. 영국의 경우 2000~2009년 기간에 발생한 기업 대상 불매운동이 총 34건으로 1990년대 19건의 2배에 가까운 수준이다. 친환경 제품 구매와 윤리적 소비에 동참하는 소비자들이 증가하면서 일부 급진적 반사회 운동가의 전유물로 여겨지던 '반(反)소비' 움직임이 대중의 지지를 얻는 주류문화로 자리 잡고 있다.

과잉 생산·정보 시대로 접어들면서 새로운 자극에 둔감해지거나 부정적으로 반응하는 소비층이 형성되었고, 기업이 제공하는 정보는 물론 언론과 제3기관의 평가에 대한 불신감도 증폭되고 있다. IT 기술의 급격한 발전에 따른 정보 범람과 그로 인한 번거로움, 개인정보 유출 우려 등 디지털 피로 현상도 심화되었다. 최근 10년간 마케팅 및 광고 행위를 비판하는 저서가 눈에 띄게 많아진 점도 사회 전반에서 기업의 경영활동에 대한 불신이 커지고 있음을 알려준다.

- 2007년 벤자민 바버(Benjamin R. Barber)의 《소비: 시장은 어떻게 어린이들을 타락시키고 어른을 어린아이로 만들고 전 시민을 삼켜버리는가(Consumed: How Markets Corrupt Children, Infantilize Adults, and

Swallow Citizens Whole)》(W. W. Norton & Company).

- 2008년 루카스 콘리(Lucas Conley)의 《브랜딩 강박증: 우리가 알아야 할 브랜드 마케팅의 진실(Obsessive Branding Disorder: The Illusion of Business and the Business of Illusion)》(Public Affairs/도어즈에서 2011년 번역 출간).
- 2008년 마틴 린스트롬(Martin Lindstrom)의 《쇼핑학: 우리는 왜 쇼핑하는가(Buyology: Truth and Lies about Why We Buy)》(Crown Business, Reprint edition 2010/세종서적에서 2010년 번역 출간).
- 2009년 조엘 워드포겔(Joel Waldfogel)의 《스쿠루지 경제학: 홀리데이에 선물을 사지 말아야 하는 이유(Scroogenomics: Why You Shouldn't Buy Presents for the Holidays)》(Princeton University Press).
- 2010년 웬델 포터(Wendell Potter)의 《치명적인 이야기: 보험업체 내부인이 고발하는 기업 PR이 의료 시스템을 망치고 미국인을 기만하는 방법(Deadly Spin: An Insurance Company Insider Speaks Out on How Corporate PR Is Killing Health Care and Deceiving Americans)》(Bloomsbury Publishing PLC).
- 2011년 테리 오릴리(Terry O'Reilly)와 마이크 테넌트(Mike Tennant)의 《설득의 시대: 마케팅은 어떻게 우리 문화를 삼켜버렸나(The Age of Persuasion: How Marketing Ate Our Culture)》(Counterpoint LLC).

쇼핑을 즐거운 경험이 아닌, 오히려 불쾌한 경험으로 인식하는 소비자도 많아졌다. 다니엘 핑크(Daniel Pink)가 최근 저서에서 제시한 조사 결과를 보면 사람들이 '판매(sales)'라는 단어를 통해 떠올리는 형

용사 25개 중 20개가 부정적 의미를 담고 있는데, 여기에는 '밀어붙이는(pushy)', '혐오스러운(yuck)', '역겨운(ugh)' 등도 포함되어 있었다.[2] 소비자들에게 브랜드와의 만남이 편안하고 친근하기보다는 불쾌하고 부담스러운 경험으로 인식되고 있음을 알려준다.

또한 온라인서비스에 지나치게 의존하는 데 따른 부작용을 두고도 사회적 우려와 비판이 커지고 있다. 청소년뿐 아니라 중장년층에 이르기까지 가족, 친구들과의 일상적 대화시간이 줄고 집중도가 떨어지거나 디지털 치매 등의 증세를 보이는 사람들이 증가하고 있어서다. 피상적 관계의 확산과 의도하지 않은 노출로 인한 불쾌감도 증폭되었다. 스마트 소비환경이 오히려 소비자의 정서적 · 신체적 건강을 위협하고 있다는 이야기이다. 치열한 마케팅 경쟁을 벌이는 기업들이 풍요로운 삶과 다양한 선택권을 제공하는 동시에 환경 파괴, 과잉 정보로 인한 스트레스, 가정과 사회의 분열 등 악영향을 미치는 공공의 적이 되어버린 것이다.

탈물질주의적 소비문화의 확산

20세기 이후 물질주의적 가치관이 확산되면서 희소성 높은 고가 상품에 대한 열망, 감성적 소비욕구가 선진국을 비롯한 전 세계 소비시장을 움직이는 엔진 역할을 해왔다. 이제 소비는 안전하고 편리한 생활을 위한 상품 구매와 사용을 넘어 자신을 표현하는 상징적 도구이자 일상 탈출의 수단으로 인식된다. 기업의 마케팅 활동도 디자인, 이미지, 소비자 체험 등 감각적 즐거움을 강조하는 등 실용적(utilitarian) 욕구보다 쾌락적(hedonic) 욕구를 자극해 구매를 유도하는 데 집중되고 있다.

전 세계적으로 소비만능주의가 심화되는 가운데 최근 선진시장을 중심으로 물질적 소비에서 벗어나 정신적 만족을 추구하는 소비패턴이 확산되고 있다. 미국과 유럽에서는 1990년대 들어 쾌락적 · 물질적 소비에 대해 반성하고 정신적 가치와 단순한 생활을 지향하는 탈물질주의적 소비문화가 형성되었다. 탈물질주의적 가치관을 지닌 소비자들은 인생의 진정한 만족감은 비물질적인 부분에서 충족된다고 인식하면서 물질적 소비와 행복의 상관관계를 부정한다. 이들은 집단적 소비열풍을 유발하는 스놉, 밴드왜건* 사이클에서 이탈하여 가족이나 자아실현 등 본질적 가치에서 행복을 추구한다. 따라서 인간의 자립심, 지적 발전 같은 비물질적 생활에 투자하며 물질적 소비를 위한 금전적 · 시간적 투자는 최소화하려는 행동을 보인다.

물질적 · 쾌락적 소비를 지양하는 소비자들은 본질적 가치로의 회귀, 진정한 자아가치의 발견을 추구한다. 물질적 소유로는 자아정체성을 창조하고 표현하는 데 한계가 있으며, 유행과 대중적 소비를 따르는 것은 불행한 인생이라고 생각한다. 매슬로(Maslow)의 욕구 단계론을 바

---

* 스놉(Snob)은 대중과의 차별화를 위해 희소성 높은 고가 상품을 구매하는 소비현상을, 밴드왜건(Bandwagon)은 동조화를 위해 유행하는 상품을 구매하는 소비현상을 의미한다.

매슬로의 '욕구 단계론'으로 본 탈물질적 소비욕구

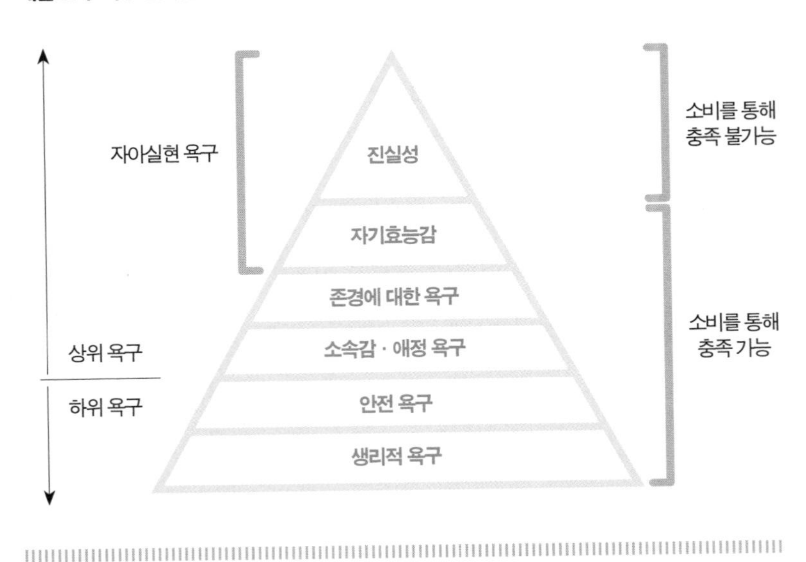

자료: Zavestoski, S. (2002). "The social–psychological bases of anticonsumption attitudes". Psychology & Marketing. 19(2), 149-165.

탕으로 보자면, 하위 단계인 생리적 욕구와 안전에 대한 욕구, 중간 단계인 소속감에 대한 욕구와 존경에 대한 욕구, 그리고 상위 자아실현 욕구 중 자기효능감에 대한 욕구는 물질적 소비를 통해 달성될 수 있으나 최상위 수준인 진실성에 대한 욕구는 충족되기가 어렵다는 것이다.

소비가 능률성과 자존감을 높이는 데는 도움이 될지라도 진정한 자아실현은 의미 있는 커뮤니티 활동, 친구나 가족과 시간 보내기 등 물질적 소비 이외의 생활로 성취된다고 생각하는 소비자들이 늘어나고 있다. 특히 사회생활에서 극도의 스트레스나 피로감을 경험한 소비자일수록 쾌락적 소비는 인생의 진정한 행복과 즐거움을 느끼는 데 오

: 오피니언 리더의 비과시적 라이프스타일 :

경제력과 사회적 영향력을 보유한 소비자들 사이에서 정신적 가치를 중시하고 검소한 생활을 추구하는 비과시적 소비문화가 형성되면서 이런 분위기가 대중 소비시장에도 번지고 있다. 1990년대에는 가족과 종교, 비물질적 생활을 지향하는 보보스(BOBOS),• 젊은 나이에 부를 축적했지만 평범한 삶을 이어가는 욘(YAWN)••이 등장했으며, 이들은 절제된 생활 속에서도 제3세계의 빈곤 문제 해결, 질병 퇴치 등 자선사업에는 시간과 돈을 아끼지 않는 모습을 보여 대중의 귀감이 되기도 했다.

2000년대 들어서는 미국 오바마 대통령 가족의 검소한 생활이 전 세계적으로 이슈가 되었는데, 영부인 미셸 오바마는 〈NBC 투데이 쇼〉 등 TV 인터뷰에 중저가 브랜드 H&M의 35달러짜리 원피스를 입고 나와 화제를 일으켰다. 페이스북의 마크 주커버그, 인튜이트(Intuit)의 아론 대처 등 실리콘밸리의 성공한 젊은 CEO들도 소박한 결혼식을 올리고 작은 집에서 오래된 차를 운전하는 등 전형적인 부유층 생활과는 다른 모습을 보여 일반인들에게 호응을 얻고 있다. 또 중국의 시진핑 주석이 국가 운영은 물론 자녀 교육에서도 근검절약을 강조하는 원칙을 내세운 것을 보면 앞으로는 신흥국 소비시장에도 점차 절제와 검소 문화가 확산될 것으로 예상된다.

• 부르주아(Bourgeois)의 물질적 실리와 보헤미안(Bohemian)의 정신적 풍요를 동시에 누리는 미국의 새로운 상류 계급을 가리키는 용어이다.

•• '젊고 부자이지만 평범하게 사는 사람(Young And Wealthy but Normal)'을 의미하는 용어로 마이크로소프트의 빌 게이츠, 야후의 제리 양, 페이스북의 마크 주커버그 등이 대표적 예이다.

히려 방해가 될 수 있다고 생각한다. 물질적이고 복잡한 소비환경에서 벗어나 정신적 가치를 통한 만족과 행복을 추구하기 위해 상품 구매를 최소화하는 극단적인 '마케팅 거부 소비자'도 등장했다.

게다가 세계경제의 저성장이 장기화되면서 선진시장을 중심으로 단순함과 절제의 가치를 중시하는 소비문화도 확산되고 있다. 일본의 경우 오랜 경제 침체기 속에서 충분한 수입에도 현시적 소비에 빠지기보다는 미래를 대비하려 하거나 소비 자체를 혐오하는 '혐(嫌)소비' 트렌드가 20~30대 젊은 층 사이에서 형성되고 있다. 한국에서도 소셜미디어를 통해 다양한 친환경·반소비 캠페인에 동조하는 젊은 소비자들이 증가하는 등 전 세대를 아우르며 단순하고 합리적인 소비생활을 추구하는 트렌드가 확산되고 있다. 선진국 혹은 오피니언 리더층에서 나타나는 이러한 비과시적(inconspicuous)·절제지향적 소비의식은 점차 시장 전반에 영향을 미치는 주요 트렌드로 부상하리라 전망된다.

과부하에 빠진 마케팅, 그 효율성은?

과잉 정보·상품, 과소비에 대해 피로와 우려를 느끼는 소비자들은 기업의 마케팅 노력에 비판적·냉소적으로 반응한다. 특히 다양한 소비 경험을 보유하고 주관적 성향이 강한 선진시장의 고소득자, 젊은 소비자들은 기업이 제시하는 정보와 제안을 그저 따르기보다는 자신의 경험과 가치관을 중심으로 구매를 결정하며, 이는 주변에도 영향을 미친다. 많은 기업이 주요 타깃으로 삼고 공격적인 마케팅을 전개하는 고소득, 젊은 층의 변화는 브랜드 마케팅 활동의 효율성이 낮아질 우려가 있음을 알려준다. 적정 수준을 넘어서는 상품·기능·정보가 소비자 의사결정의 피로도를 높이고 효과성은 떨어뜨리는 '마케팅 과부하(marketing overload)' 현상을 일으키는 것이다.

소비 경험이 풍부할수록 신상품 출시나 광고 등 기업 마케팅에 둔감해지는 현상은 행복감을 느낄수록 행복에 대한 기준이 크게 올라가 결국 행복감을 느끼지 못하는 '쾌락의 쳇바퀴(hedonic treadmill),' 또는 같은 수준의 만족감을 유지하기 위해 더 강한 자극을 기대하게 되는 '만족의 쳇바퀴(satisfaction treadmill)' 이론으로도 설명된다. 맛있는 음식을 계속 먹다 보면 어느 순간 더는 맛있는 음식을 찾기 어렵고, 특별대우를 자주 받을수록 고마움을 망각하듯 제품·서비스의 품질 수준과 광고의 감각적 자극 강도가 높아질수록 소비자를 만족시키는 새로운 방법을 찾기가 어려워지는 것이다.[3] 이에 따라 더 많은 마케팅 투자를 하더라도 그에 상응하는 효과를 얻기는 점점 더 어렵게 된다.

최근의 조사 결과를 보더라도 선진시장 소비자들은 브랜드 마케팅이나 광고 등 기업의 감성적 접근에 보수적으로 반응하는 것으로 나타난다. 예를 들어 브랜드 제품을 구매하기 위해 프리미엄을 지불하겠다고 응답한 비중이 중국, 인도가 각각 71%, 79%인 데 반해 미국, 유럽은 각각 27%, 17% 수준에 머물렀다.[4] 한국에서도 광고가 구매 욕구를 자극한다고 응답한 소비자가 2008년 이후 지속적으로 줄어들고 있으며, 이러한 현상은 특히 주 소비층인 30대에서 뚜렷이 나타나

설문조사 결과: "광고를 보고 제품을 사고 싶은 충동을 느낀 적이 있다"

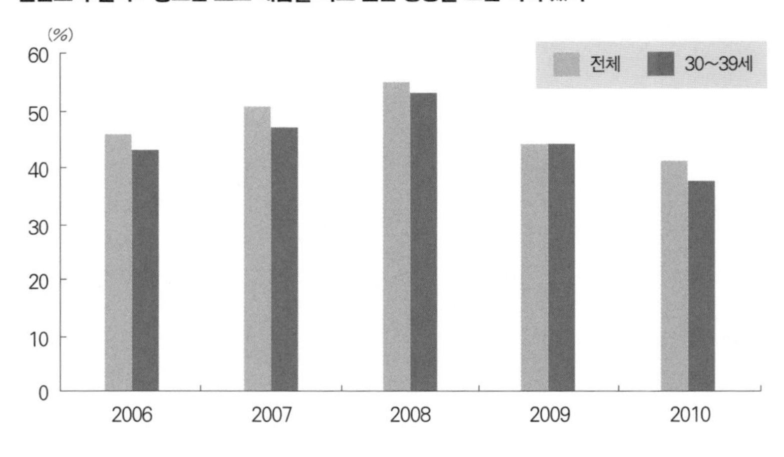

자료: 제일기획, "대한민국 라이프스타일 조사(2006~2010)".

고 있다.

과도하게 많은 대안이 오히려 선택 동기를 줄이거나 없애버리는 '선택의욕 상실(choice demotivation)' 현상도 심화되고 있다. 소비자 실험 결과, 슈퍼마켓에서 6가지 종류의 잼을 전시한 진열대를 방문한 고객은 30%가 실제로 구매한 반면, 24가지 종류의 잼을 전시한 진열대 방문 고객의 구매율은 3%에 불과했다.[5] 과다한 대안은 소비자의 혼란과 피로 수준을 높일 뿐 아니라 기업의 매출에도 부정적 영향을 끼칠 수 있는 것이다.

마케팅 활동에 대한 회의적 반응은 기업 내부에서도 확대되는 추세이다. 퍼네즈 마케팅 그룹(Fournaise Marketing Group)이 2011년 미국, 유럽, 아시아 등 전 세계 600개 기업의 CEO를 인터뷰한 결과

73%가 마케팅에 대한 신뢰가 낮고 기업 성장과의 연관성을 찾을 수 없다고 응답한 것으로 알려졌다. CEO의 77%는 마케팅 담당자들이 브랜드 가치 및 자산 등에 대해 계속 이야기하고 있지만 정작 수익, 매출, 기업 가치에 어떤 영향을 미치는지 설명하는 데는 한계가 있다고 생각하며, 심지어 67%는 마케팅이 창조적 측면만 강조하다 보니 필요 이상으로 예술적이고 화려한 광고만 양산해 비즈니스 원칙을 잃어가고 있다고 대답하기도 했다.

기업 마케팅에 냉담하고 회의적으로 반응하는 소비자는 물론 이런 생각을 하는 경영자들까지 증가하는 요즘 환경에서 무차별적 공격·확장 전략을 전개하는 것은 비효율적이고 소모적일 수밖에 없다. 장기적인 경제 저성장이 예측되고 절제된 생활, 정신적 만족을 추구하는 소비층이 확대되고 있으므로 기업은 소비시장에 대한 새로운 시각으로 마케팅 활동의 명분을 고려해야 할 것이다.

02

안티 마케팅의 역사와 전개

'소비'에 대한 의식은 오랜 역사 속에서 시대환경에 맞춰 변화해왔다. 산업화와 대중 소비시장의 발달은 '절약이 미덕'이라는 과거의 가치관을 퇴색시키고, 기능적 편리함과 자기표현적 상징성이 강조된 소비를 지향하는 문화를 형성했다. 20세기 이후 전 세계적으로 고급 상품, 감성적 자극에 대한 열망이 증폭되면서 수많은 기업이 앞다투어 신상품과 새로운 광고를 쏟아내며 대중문화에 영향력을 미치는 마케팅 주도 사회가 심화되었다. 이와 함께 과도한 마케팅 경쟁의 폐해를 우려하며 단순하고 절제된 생활을 추구하는 소비층이 형성되었고, 기업 마케팅을 거부하는 안티 마케팅(anti-marketing) 현상도 증폭되고 있다. 소비시장의 다양한 모습을 제대로 파악하고 대응하려면 이러한 반감을 형성한 반소비문화의 발달 과정에 대한 이해가 필요하다.

검약의 시대(20세기 이전)

종교적 · 도덕적으로 금욕과 절제가 의무화되던 18세기까지만 해도 '소비는 악(惡)'이라는 인식이 팽배했다. '소비(consume)'의 어원을 보더라도 '파괴하다(destroy)', '낭비하다(waste)', '고갈시키다(exhaust)' 등 부정적 의미가 내포되어 있다. 소비에 대한 당시의 인식이 어떠했는지 엿볼 수 있다. 반면 '검약(frugal)'의 어원은 '생산적인(fruitful)'으로, '유용한(useful)', '가치 있는(valuable)' 같은 긍정적 의미로 인식되었음을 알 수 있다.

현대와 같은 소비사회로 발전한 시기는 '절제'를 중시하던 사회에 '소비' 지향 문화가 등장한 19세기라고 할 수 있다. 산업자본주의가 발달하고 서구 선진시장을 중심으로 백화점이나 체인점 같은 혁신적 유통업태가 출현하는 등 환경이 급격하게 변하면서 오늘날과 유사한 형태의 소비 지향적 문화가 형성되었다. 상류층을 중심으로 소비의 즐거움이 부각되고 이들의 과시적 소비는 오늘날의 스놉이나 밴드왜건과 유사한 패턴을 보이며 심화되었다. 상류층의 과시적 소비를 설명한 베블런의 《유한계급론》이 출간된 것도 그즈음(1899년)이다.

20세기에 이루어진 소비 주도 사회로의 전환은 과거 검소한 생활을 추구하는 가치관을 빠르게 약화시켰다. 소득의 증대, 기술과 미디어의 발전은 소비 지향적 문화의 대중화와 세계화를 가속화해 소비시장은 양적 · 질적 발전을 동시에 거쳤다. 소비의 즐거움을 추구하는 사회 속에서 '소비'는 '욕망을 충족하다'라는 긍정적 의미로 발전한 반면, '검약'의 의미는 '절제'와 '아낌'이라는 기존의 긍정적 의미가 점차 퇴색하였다.

매스마케팅 부흥과 안티 세력 태동(1950~1960년대)

제2차 세계대전 후 경제적 부흥과 함께 새로운 거대시장으로 부상한 대규모 중산층을 대상으로 기업이 적극적 마케팅을 전개하면서 소비시장의 양적 확대는 가속화되었다. 산업 발달을 거치며 소득 수준이 높아져 가처분소득을 보유하게 된 신생 중산층은 기존의 상류층과 달리 상품에 대한 정보와 지식이 부족하고 독립적 소비관이 형성되지 않은 '비(非)엘리트 소비집단'이라는 특성을 지녔다. 중산층 소비자들은 도심 속 협소한 공간을 벗어나 교외의 넓은 주거공간으로 이주하면서 이전에는 경험하지 못한 새로운 생활방식을 설계해야 하는 상황에 직면하게 되었다.

이 시기 TV와 라디오 등 전통적 대중매체의 발달과 확산은 구매력을 보유했으나 소비 경험이 부족한 신중산층과 이들을 목표로 하는 기업의 니즈를 동시에 충족시키는 역할을 하게 된다. TV 보급률이 높아지면서 기업들은 대규모의 신소비층을 대상으로 '이상적인 라이프

스타일'을 제시하고 가전·가구·자동차 등 내구재는 물론 다양한 소비재를 제안하는 대량 마케팅을 전개한다. 기업들은 구매력을 지닌 중산층에게 '어떻게 살아야 하는가'를 알려주는 계몽 광고를 펼쳤으며, '왜 이 상품이 필요한가'를 강조하면서 당시의 혁신 상품인 가전제품과 생활용품을 알리는 데 힘썼다. 레오 버넷(Leo Burnett), 데이비드 오길비(David Ogilvy) 등 역사적인 광고 전문가가 등장하고 광고 산업이 발전하기 시작한 것도 이즈음이다.

기업 마케팅이 매스미디어를 통해 주류(mainstream) 문화를 형성하면서 이에 반발하는 학자나 소비자들이 주축이 된 비주류·반사회적 움직임(movement)도 나타났다. 이들은 상업적 대중문화에 저항해 평화·여성주의·환경·개인의 자율성 등을 강조하는 컬처 재밍(culture jamming) 운동을 실천했는데, 인간의 행복을 위해 필요한 수준 이상의 물질적 소비를 부추기는 기업의 '계획적 진부화(planned obsolescence)'•를 비난하기도 했다.

획일적 대중문화를 거부하고 기성사회에서 탈출하고자 하는 탈사회·탈소비 문화의 모습은 1960년대 미국 서부를 중심으로 형성된 대표적 반문화 현상인 히피(Hippie)에서 나타난다. 베트남전쟁 발발, LA 흑인 폭동 등 사회에 대한 분노와 절망감이 증폭되는 시기에 현대 대중문화와 소비자본주의에 반발하는 젊은 층에서 형성된 히피문화는

• 상품의 사용수명을 의도적으로 단축함으로써 대체 신상품 구매를 반복적으로 유도하는 기업전략을 의미한다.

사회적 통념·제도·가치관을 부정하고 인간성 회복, 자연으로의 귀의 등을 추구했다. 이들 히피족은 긴 머리에 맨발이거나 샌들을 신고 다녔으며 마리화나와 록음악을 즐기면서 사회에 대한 반항을 표출했다. 이 시기에 청년기를 보낸 애플 창업자 스티브 잡스와 바디샵 창업자 아니타 로딕을 보면 그들의 독창적 경영철학에도 히피적 성향이 담겼음을 알 수 있다.

안티 마케팅 활동의 심화(1970~1990년대)

중산층 증가로 인한 소비시장의 양적 확대는 소비자의 사회적·심리적 욕구를 자극하는 기업의 브랜드 마케팅을 활성화했다. 이와 함께 소비시장의 고급화·감성화 등 질적 발전도 진행되었다. 소비시장이 양적·질적으로 발달하면서 과잉소비, 충동소비를 우려하는 사회적 분위기가 형성되었으며 현혹적인 광고나 대량소비를 비판하는 사회 일부의 시각과 인식이 매스미디어를 통해 대중 소비층으로 전이되기 시작했다. 이때 미디어는 소비시장 팽창을 촉진하는 동시에 지나친 물질적 풍요를 추구한 데서 발생하는 사회적 부작용을 고발하는 양면적 역할을 했다.

1997년 미국의 공영 방송사 PBS는 과잉소비의 폐단을 알리는 프로그램 〈어플루엔자〉를 제작·방영하여 사회적 파장을 일으켰다. 여기서 '어플루엔자(Affluenza)'란 '풍요로운(Affluent)'과 '유행성 독감(Influenza)'

의 합성어로 풍요가 만든 소비시장의 전염병을 의미하는 말이다. 이 프로그램은 물질적 풍요 추구에서 비롯된 쇼핑중독, 개인 파산, 사회적 갈등 확산에 대한 경각심을 일깨우고자 했으며, 방송 후 이를 바탕으로 환경과학자 데이비드 왠(David Wann)과 듀크대학의 토마스 네일러(Thomas N. Naylor) 교수 등이 2001년 같은 제목의 저서를 발간하기도 했다. 또한 이 시기에는 브랜드의 허상을 고발하는 저서 《슈퍼브랜드의 불편한 진실(*No Logo*)》(2000) 등 기업의 상업적 마케팅을 비판하는 콘텐츠가 등장해 매스미디어를 통해 대중적으로 확산되었다.

이와 함께 기업의 세계화·거대화에 반대하는 사회적·문화적 움직임도 형성되었다. 특히 미국 대기업의 글로벌 진출과 전 세계적 미국화 현상(Americanization)이 가속화된 데 따른 반작용이 두드러지게 나타났다. 1990년대 후반 프랑스에서는 맥도날드의 세계화가 문화제국주의를 심화하고 자국의 고유한 문화를 파괴한다는 반감이 확산되면서 집단적 반발로 이어지기도 했다. 또한 저비용 대량생산을 추구하는 글로벌 기업 경영의 폐해가 알려지며 대중 소비자들 사이에서 비난과 공분을 불러일으켰는데, 1970년대에 드러난 글로벌 대기업의 아시아 생산국 노동 착취가 1990년대 들어 여러 매체에 집중적으로 다뤄지면서 대중의 비난을 받게 된 것이 그러한 예이다.

이 시기에는 광고의 상업성, 현대 문명의 폐단, 글로벌 대기업의 환경 파괴 등을 조직적·체계적으로 고발하고 비판하는 반사회 단체의 활동도 적극적이었다. 이러한 움직임은 반소비문화의 확산을 촉진하는 동력으로 작용했다. 마케팅에 저항하는 조직적인 움직임과 함께 선진시장에서는 정신적 만족을 중시하는 개인 소비자들이 등장했다. 미국과 유럽에서는 1990년대 들어 쾌락적 · 물질적 소비를 반성하고 정신적 가치와 단순한 생활을 지향하는 소비층이 형성되었다. 빠르게 변화하는 환경 속에서 정신적 여유, 단순한 생활을 추구하는 슬로비족(slobbie族), 사회적 성공을 좇아 바쁘게 살아가는 일상에서 벗어나 여유로운 생활을 즐기는 다운시프트족(downshift族)이 등장한 것도 이 시기이다. 한편 반물질적 가치관과 환경문제를 중시하는 고소득 전문직 소비자도 증가했는데, 고학력 · 고연봉 전문직으로 가족, 자아실현, 환경문제에 관심이 많은 보보스족을 예로 들 수 있다.

안티 마케팅의 대중화 · 글로벌화(2000년대 이후)

인터넷과 소셜미디어 문화가 주도하는 디지털 뉴미디어 시대로 접어들면서 안티 마케팅 및 반소비문화는 이제 대중문화의 일부분으로 자리 잡아가고 있다. 신상품 출시 주기가 짧아지고 마케팅 기법이 고도화됨에 따라 대량 마케팅이 과잉 마케팅으로 전환되었으며, 이는 소비자의 피로와 스트레스 수준을 증폭시키는 등 삶의 질을 저해하는 역효과를 낳았다. 또 융복합 및 다기능 상품이 쏟아짐에 따라 필요 이상의 복잡한 기능으로 인한 기술피로도가 상승하여, 2000년대 중반부터는 복잡한 기능을 제거한 저가형 디버전스(divergence) 상품이 주목을 받기도 했다.

유튜브, 트위터, 페이스북 등 뉴미디어 확산은 반소비운동의 취지를 알리고 동참을 유도하는 데 필요한 조직화 비용을 대폭 경감시켰다. 2004년에는 패스트푸드의 해악을 알린 영화 〈슈퍼 사이즈 미(Super Size Me)〉가 유튜브 등을 통해 세계적으로 주목받으면서 소비시장에 반향을 일으키기도 했다. 또한 뉴미디어의 주사용자인 젊은 층이 윤리적 소비와 착한 소비 캠페인에 동참하고 있는데, 최근 한국에서도 선진국에서 시작된 반소비운동에 대한 대중적 관심이 증대하는 추세이다.

과다 상품과 과잉 정보의 복잡한 소비환경에 지쳐 단순함과 여유로움을 추구하는 트렌드는 신흥 소비시장으로도 빠르게 확산되고 있다. 중국과 인도에서는 환경과 평등 문제에 대한 관심이 높아지면서 수천 개의 NGO가 빠른 속도로 생성되어 집단적 영향력을 발휘하기 시작했다. 2007년 중국인 소비자 조사 결과 응답자의 70%가 가장 치명적인 글로벌 위협으로 환경문제를 지적하는 등 사회 전반에서 의식 전환이 일어나고 있다.[6] 특히 신흥시장의 반소비운동가들은 급속한 경제 발달과 소비 지향적 문화의 확산에 대응해 정신적·사회적 가치를 중시하고 친환경적 라이프스타일을 추구하는 선진적 소비문화 형성을 위해 노력하고 있다.

2000년대 후반 금융위기로 인해 기업과 시장에 대한 소비자들의 불신은 더욱 확대되었고, 뉴미디어를 통해 반소비 단체의 활동을 지지하고 동참하는 젊은이들이 증가하고 있다. 2011년 애드버스터스(Adbusters)는 월가에서 일어난 대규모 시위행진을 주도했고 이는 트위터와 페이스북을 통해 대중적 공감대를 형성했다. 이렇듯 디지털

: 소득 2만 달러 달성, 안티 소비가 확산되고 있는 한국 :

한국은 1980년대 대중 소비시장이 형성되면서 절약과 검소가 중시되던 사회 분위기가 소비 지향적 문화로 변화했다. 1970년대 고도 성장기에는 사회 전반적으로 국가 주도의 발전에 순응한 근면·절약 문화가 팽배해 '검소는 미덕, 소비는 낭비이자 쾌락'이라는 시각이 주를 이루었다. 그러나 1980년대에 도시 중산층이 형성되면서 대중 소비문화와 소비시장이 급속히 팽창했다.

압축적 경제성장을 달성한 한국에서는 몰개성적 대중소비, 경쟁적 소비, 현재 중시 소비, 충동소비 등 소비시장의 폐단이 나타나기도 했다. 1989년에는 국민소득 5,000달러에, 1996년에는 국민소득 1만 달러에 진입했는데 그 당시 과소비 열풍이 일기도 해 일부 전문가로부터 사회문제로 지적받았다.[7]

외환위기 이후 소비시장이 급격히 고급화·대형화되면서 소비의 부정적 측면은 더욱 부각되었다. 고소득층이 주도하는 고급 소비는 사회 전반적으로 소비의식을 상향 평준화해 준거집단에서 소외되지 않으려는 집단적 과소비와 모방소비를 야기했다. 이는 한편으로 경제위기에 따른 극심한 스트레스를 겪은 소비자들의 소비욕망이 분출되는 과정이기도 했다. 동시에 해외 고가 브랜드가 대거 국내로 유입되고 명품시장 규모가 급격히 증대되는 과정에서 경쟁적 소비심리, 모방소비·과소비를 우려하고 반성하는 분위기가 조성되었다.

이어 2000년대 후반 국민소득 2만 달러 시대에 진입하면서 정신적 풍요와 윤리적 소비를 추구하는 선진국형 소비문화가 형성되었다. 이와 함께 물질적 소비보다는 기부나 봉사 등 정신적 만족감을 중시하고 단순한 생활, 합리적 소비를 추구하는 소비자도 점차 증가했다. 현재 환경·사회 문제를 유발하는 기업활동과 과소비 행태를 고발하고 감시하는 NGO활동이 더욱 활성화되고 있으며 소비시장 전반에 착한 소비, 윤리적 소비가 확산되고 있다.

기술 및 뉴미디어의 발전은 기업 마케팅을 고도화하고 소비시장을 활성화하는 동시에 과도한 마케팅과 과소비에 대한 저항과 거부를 증폭시키는 양면적 영향력을 발휘하고 있다.

글로벌 거대기업에 맞서는 애드버스터스

1989년 캐나다에서 설립된 후 전 세계적 영향력을 보유하고 있는 반소비 단체인 애드버스터스는 광고가 소비자의 이성적 판단을 흐리게 하고 불필요한 소비를 조장함을 알리기 위해 거대기업을 조롱하고 그들의 광고를 패러디한 잡지 《애드버스터스》를 발행하면서 사회적 이슈를 낳았다. 이 잡지는 1998년 출판디자인협회, 캐나다 내셔널 매거진으로부터 '올해의 잡지'로 선정될 정도로 대중적 인기를 끌었다.

2000년대 들어 애드버스터스는 광고의 상업성뿐 아니라 디지털 문명의 폐단, 기업의 비윤리성 등을 고발하는 반소비운동을 적극적으로 펼치고 있다. 최근에는 활동 영역을 더 넓혀 그린피스와 공동으로 지구온난화를 가속화하는 코카콜라의 냉각 시스템을 비판하는 온라인

애드버스터스가 추진 중인 대표적인 반소비운동

반소비운동의 명칭	주요 내용
아무것도 사지 않는 날 (Buy Nothing Day)	• 상품 생산에서 소비에 이르는 전 과정에서 발생하는 모든 환경오염과 자원고갈, 노동문제, 불공정거래 등 물질문명의 폐단을 고발하고 쇼핑에 중독된 현대인의 생활습관과 소비행태의 반성을 촉구 • 미국 최대의 쇼핑데이인 추수감사절 다음 날(11월 넷째 주 금요일), 아무것도 사지 않는 것을 실천 • 현재 65개국 참가(한국은 1999년부터 참가) • 캠페인 당일에는 쇼핑객들이 소비행위를 다시 한 번 생각할 수 있도록 집회와 거리공연, 퍼포먼스 등 다양한 행사를 개최
디지털 디톡스 위크 (Digital Detox Week)	• 2009년부터 컴퓨터, 게임기, 휴대폰 등의 전원코드를 빼고(unplugged), 트위터나 페이스북 등 소셜 네트워크 서비스를 사용하지 않으며 일주일을 지내자는 취지로 전개하는 연례 캠페인 • 1994년 과도한 대중 광고와 상업적 방송을 금지하기 위해 시작한 '스크린(TV) 프리 위크(Screen-free Week)'가 확장된 것 • 호텔과 리조트가 디지털 중독을 치료하기 위한 '디지털 디톡스(Digital Detox)' 여행 상품을 잇달아 출시하는 등 상품화에 적용
월가를 점령하라 (Occupy Wall Street: 2011)	• 2008년 리먼 브라더스 사태 이후 월가 금융회사의 부패 및 정경유착, 심화되는 빈부격차 문제를 지탄하기 위해 2011년 7월 13일부터 '월가를 점령하라(Occupy Wall Street)'를 구호로 내세운 반월가 시위를 주도 • 시위는 뉴욕 맨해튼에서 1,000여 명 규모로 시작되었으나 경찰의 강제진압 사실이 알려지자 공분을 일으켜 이후 로스앤젤레스, 워싱턴DC, 시애틀 등 주요 도시로 빠르게 확산 • 빈부격차로 인한 사회적 갈등이 심화되고 있던 유럽과 아시아 등 82개 국가의 951개 도시에서도 대중적 공감대가 형성되면서 유사한 시위가 촉발 • 반월가 시위는 11월 30일 경찰에 의해 해산될 때까지 73일간 지속

크리스마스카드를 제공하는 등 글로벌 사회단체와 공동 이벤트도 활발하게 전개하고 있다.

애드버스터스의 광고 패러디 사진

자료: 〈https://encrypted-tbn2.gstatic.com/images?q=tbn:ANd9GcRo36C8CxH6ftVXkrElDQoNAfiUdij-sYWTkXqpTdPHI9zhanZA〉; 〈http://1.bp.blogspot.com/_RwdH5DTKRas/TU7-hnzbJMI/AAAAAAAADts/hBw0yn8wrsg/s1600/joe+chemo+adbusters.jpg〉

절제와 단순한 생활을 추구하는 선진국 소비 트렌드

최근 들어 선진국을 중심으로 수십억 달러의 자산을 보유한 슈퍼 리치(super rich)의 검소한 생활이 화제를 낳고 있다. 전설적인 투자의 귀재 워런 버핏(Warren Buffett)과 세계 최고 부자로 선정되기도 한 멕시코의 아메리카 모빌 회장 카를로스 슬림 엘루(Carlos Slim Helu)는 각각 550억 달러, 670억 달러의 자산에도 불구하고 여전히 수십 년간 작은 주택에 거주하는 것으로 유명하다. 면세점 '듀티 프리 쇼퍼스(DFS)'를 창립한 척 피니(Chuck Feeney)는 집과 차를 소유하지 않고 15달러짜리 시계를 차고 다니며 전 재산을 기부해 '빈손의 억만장자'라는 별명을 얻었다. 전 세계 DIY가구시장을 제패한 IKEA의 잉바르 캄프라드(Ingvar Kamprad) 회장도 비행기를 탈 때면 이코노미 클래스를 선호하고 평상시에는 버스를 타고 다니며 직원들에게 이면지 사

용, 빈 사무실 소등을 당부하는 것으로 알려져 있다.[8]

검소함·단순함을 추구하는 미국·유럽 등 선진국 초부유층의 라이프스타일은 전 세계적 지지를 받으며 젊은 층의 소비관에까지 영향을 미치고 있다. 특히 글로벌 경제의 저성장이 장기화되고 환경 및 사회의식이 고조됨에 따라 충분한 구매력으로 소비 트렌드를 주도해온 선진국의 고소득층이나 젊은 층 사이에서도 검소하고 단순한 생활을 선호하는 비중이 늘고 있는 추세다. 미국의 경우 연소득 7만~10만 달러의 고소득층 사이에서 과도한 소비를 줄이고 고급 레스토랑보다 캐주얼 다이닝이나 패스트푸드를 선호하는 소비자가 증가하고 있다.[9] 또한 연 10만 달러 이상을 버는 30대 고소득 소비자들은 여전히 부모와 함께 살거나 일 중심의 검소한 생활을 추구하는 경향을 보이는 것으로 나타났다. 이들 인터넷 세대는 풍요로운 물질소비를 즐기던 이전 세대가 2000년 초 디지털 버블과 2008년 이후 경제위기를 겪는 고통을 관찰하면서 탈물질적이고 비과시적인 가치관과 행동양식을 지니게 된 것으로 분석된다.[10]

일본에서도 청빈·검소 생활이 유행하고 있다. 2012년 12월 《닛케이 비즈니스》의 조사에 의하면 연소득 1,500만 엔 이상의 고소득층도 스스로 자산가라고 인식하지 않고 자신을 드러내는 것을 꺼려 부유층의 상징물로 여겨지던 골프나 고급품에도 관심이 적은 것으로 나타난다. 이런 현상은 버블 붕괴 이후에 청소년기를 보낸 20~30대에서 더욱 뚜렷하다. 물질적 풍요 속에서 고가의 해외 브랜드 제품이나 과시적 상품을 주도적으로 소비한 단카이(團塊) 주니어와 달리 이들은 실

: 일본 3ken 소비 :

2000년대 후반 이후 일본에서는 절약을 지향하며 소비를 축소하는 젊은 소비자들이 증가하면서 '3ken'이라는 신조어가 등장했다. '3ken'이란 '소비혐오(嫌)', '현명한 소비(賢)', '견고한 소비(堅)'의 일본어 앞 글자를 조합한 용어로 소비활동 자체를 혐오하거나, 소비를 하더라도 각종 혜택을 활용해 최저 가격으로 구매하고, 충동적이지 않고 계획적으로 소비한다는 의미이다. 3ken 소비풍조는 오랜 경제 침체로 인해 소비를 축소할 수밖에 없는 분위기에 비물질적 가치를 추구하는 젊은 층의 소비관이 접목되어 점차 시장 전반으로 확산되는 추세이다.

특히 1979년 이후 출생한 20~30대 소비자들은 이제 중장년층이 된 버블 세대나 단카이 주니어 세대와 달리 어린 시절부터 한신대지진, 글로벌 금융위기 등 경제사회적 대사건을 겪으며 비관적이고 소극적인 성향이 생겨나 수입이 충분하더라도 절약하거나 계획적 소비를 하는 편이다. 광고보다는 인터넷이나 입소문을 통한 현실적 정보를 바탕으로 구매를 결정하고 극단적으로는 소비를 귀찮고 가치 없는 행동으로 인식하는 혐소비적 생활을 하는 소비자들도 등장하고 있다.

리적이고 간편하며 단순한 생활을 선호해 '코스파(cost performance) 세대', '심플족'이라 불리기도 한다.

이들은 구매력이 있어도 자동차보다는 자전거를, 화려하고 눈에 띄는 브랜드보다는 적정한 가격과 단순한 디자인을 지향해 유니클로나 무인양품 같은 브랜드를 선호한다. 또 물질을 소유하는 것에 대한 부담을 느껴 반드시 필요한 것만 구매하고 중고품도 꺼리지 않는 등 소비의 즐거움보다는 절약의 즐거움을 추구하는 성향이 강한 편이다. 소비시장을 주도하는 젊은 층과 고소득층의 변화된 소비패턴은 일본 소비시장에서 검약과 절제를 중시하는 풍조가 당분간 계속될 가능성이 크다는 점을 보여준다.

최근에는 한국에서도 고소득층의 소비심리가 약화되는 모습을 보이고 있다. 2008년 금융위기 발생 시 소득 상위 20% 가구의 소비지출이 가장 큰 폭으로 하락한 후 회복세가 가장 더디게 나타나고 있는 실정이다. 부동산 및 금융 시장이 침체되고 미래불확실성이 커지면서 자신이 원하는 대로 생활을 꾸리더라도 불필요한 소비는 최대한 줄이는 절제형 소비가 정착되고 있는 것이다.

여기에 저성장 기조가 장기화되면서 검약소비의 심리가 일반화되는 모습이 나타나고 있다. 가구당 월 소득이 소폭 상승하는 가운데에서도 소비지출 증감률은 지속적으로 하락하여 2013년 1/4분기에는 전년 동기 대비 1% 감소했는데, 특히 소득 상위 20%인 고소득층의 소비지출 감소폭이 큰 것으로 나타났다.[11] 실용적 · 탈물질적 검약소비의 확산은 우리 사회의 전반적 소비문화 역시 과시적이고 화려하기보다 검소하고 단순한 생활을 추구하는 방향으로 전환되고 있음을 보여준다.

03 폭군에 저항하는 게릴라: 유격형 반감고객

기업 주도의 대중 소비문화에 맞서다

2009년 6월 1일 새벽 4시, 평소처럼 일찍 일어나 이메일을 체크하던 팀버랜드(Timberland) CEO 제프 스워츠(Jeff Swartz)는 엄청나게 많은 메일이 와 있는 것을 보고는 깜짝 놀랐다. 그린피스를 지지하는 소비자들이 보낸 것이었다. 그들은 얼마 전 그린피스가 공개한 아마존 삼림을 훼손하는 기업들에 대한 보고서인 《아마존 학살(*Slaughtering the Amazon*)》을 보고 그린피스의 공격에 동조하기 위해 이메일을 작성한 것이었다.

보고서의 내용은 다음과 같다. 첫째, 브라질의 일부 축우 농가들이 불법적으로 개간한 아마존 열대우림에서 소를 키우고 있다. 둘째, 이 농장에서

키운 소의 가죽이 팀버랜드와 나이키, 클라크 등 가죽 신발을 대량 생산하는 글로벌 기업 제품에 사용될 가능성이 있다. 셋째, 따라서 팀버랜드는 '아마존을 파괴하는 기업'이라는 것이다. 이러한 내용은 온라인상에서 급속히 전파되었고, 보고서를 접한 소비자들은 "아마존을 훼손하고 지구온난화를 가속화하는 기업이 제조한 신발은 사지 않겠다"라며 보고서에 언급된 기업의 경영자들에게 이메일 폭격을 가한 것이다.

사실 팀버랜드가 사용하는 피혁 중 브라질에서 공급받는 양은 7%에 불과했고, 공급 과정이 불투명해 재료의 명확한 출처를 밝히기는 현실적으로 불가능한 일이었다. 그러나 이메일을 보낸 소비자가 6만 5,000명을 넘어서자, 팀버랜드는 방어적 태도를 버리고 피혁 공급 과정을 보다 투명하고 윤리적인 방식으로 선진화하는 데 적극 동참하게 된다. 나이키도 브라질 피혁 공급업체들로부터 훼손된 삼림 지역의 농가와 거래하지 않는다는 각서를 받는 등 개선을 시도했다. 제프 스워츠는 그린피스의 보고서에서 시작된 '게릴라 전술'이 글로벌 기업의 변화를 이끈 단초였다고 회고한다.

글로벌 대기업의 경제·사회·문화적 영향력이 커지고 소비의식이 성숙함에 따라 급진적 운동가들의 전유물이던 '반소비' 캠페인에 일반인들이 동참하는 '유격대' 소집이 빈번해지고 있다. 안티 마케팅 운동의 주공격 대상은 대량 생산, 대량 마케팅, 과도한 소비를 주도하는 글로벌 헤게모니 기업들이다. 이는 소비와 관련된 부정적 사회 이슈가 발생하면 선두 기업의 상징적 이미지와 명성이 오히려 문제에 대한 책임을 가중시키는 역작용을 일으키기 때문이다.

특히 트위터나 페이스북 같은 소셜미디어의 보편화로 인해 그린피스 등 글로벌 단체가 사회적 손실을 유발한 기업의 경영방식을 이슈화하고 있으며, 소비자들의 운동 참여를 유도하는 데 필요한 조직화 비용이 대폭 줄어 선진국은 물론 개발도상국에 이르기까지 젊은 층을 중심으로 윤리적 소비·착한 소비 캠페인이 활성화되고 있다. 마케팅 경쟁이 치열해지고 시장니즈가 고도화될수록 글로벌 단체의 유격(遊擊) 전략이 기업의 운신 폭을 제한하고 경영의 성패까지 좌우할 정도로 그 영향력은 점점 더 커질 것으로 예상된다. 기업 마케팅에 대한 반감이 증폭되는 환경에서 탐욕적이고 이기적인 폭군으로 비치지 않도록 철저한 예방책을 마련해야 할 것이다.

마케팅 유격의 행동유형

안티 단체의 조직적 활동

안티 마케팅 운동은 1970년대에 선진국을 중심으로 기업의 현혹적 마케팅, 과소비로 인한 경제적·사회적 낭비 등을 비판하기 위해 시작된 집단적 사회활동을 의미한다. 대량 생산과 소비, 환경오염, 물질적 불평등 등 소비의 부정적 측면을 비판하는 반소비운동은 소비의식 성숙과 함께 전 세계적으로 많은 사람의 공감을 얻으며 활성화되었다. 특히 소비시장 팽창과 사회 불평등을 유발하는 기업경영과 과소비 행태에 대한 비판과 반성 분위기가 조성되면서 반소비운동이 더욱 확산되고 있다.

지엽적 현상으로 여겨지던 반소비 움직임이 대중적 인지도와 참여도를 높일 수 있었던 데는 변화를 유도하기 위해 조직적 활동을 전개한 전문기관의 역할이 컸다. 대기업 경영의 폐단, 과소비로 인한 사회적 부작용 등을 전 세계적으로 전파하는 이벤트를 주도하는 애드버스터스, 과소비의 문제를 알리고 절제를 보다 효과적으로 실천하기 위한 팁을 제공하는 영국의 enough.org.uk가 바로 그러한 예이다. 이외에도 지구환경 보존의 일환으로 제품의 생산과 유통 과정을 주시하는 그린피스, 국제 인권보호 기관으로서 기업 근로자 인권 문제를 고발하는 엠네스티 등 사회와 환경의 지속 가능성 차원에서 기업활동을 견제하는 글로벌 기관이 다수 활동하고 있다.

개인 소비자의 이벤트 참여

안티 마케팅을 주도하는 단체들은 글로벌 기업에 대한 조직적 저항을 전개하는 한편, 일반 소비자가 일상 속에서 참여할 수 있는 다양한 캠페인을 진행하고 있다. 대부분의 캠페인은 개인 소비자들이 불필요한 소비를 최소화하는 생활, 빈곤 계층의 삶을 직접 체험함으로써 반성과 변화에 대한 필요성을 인식하는 데 목적을 둔다. 또는 사회적 해악을 끼치는 제품에 대해서는 구매나 소비 자체를 배제하는 무(無)소비 경험을 도서나 영화 등 대중문화를 통해 전달하는 사례도 증가하고 있다.

극단적 절제를 통해 사회를 바꾸고자 하는 일반인들의 커뮤니티도 형성되었다. '자유로운(free)'과 '채식주의자(vegan)'의 합성어인 '프리건(Freegan)'은 최소한의 자원만 소비함으로써 자신들의 이념인 반소비주의를 실천하는 사람들로 구성된다. 이들은 대학을 졸업한 중산층 출신이지만 보수가 낮더라도 자기 시간이 보장되는 직업을 선택하여 쓰레기 최소화, 친환경적 교통수단 사용, 임대비용 없는 주거방식, 친환경적인 삶 등을 주도적으로 실천하며 사회의 변화를 추구하고 있다. 2000년대 초에 시작된 프리건 운동은 현재 미국에서만 참여 인원이 2만 명 이상으로 추정되며, 영국 등 유럽까지 그 범위가 확장되었다.

특정 제품 분야에서 소비 축소를 지향하는 글로벌 차원의 운동도 진행되고 있다. '옷 6벌 이하 입기 운동(Six Items or Less)'의 경우 광고업 종사자 하이디 해크먼(Heidi Hackemen)이 사회생활을 위해 필수적이라 생각하던 의류의 소비를 줄이자는 취지에서 시작한 것으로 한 달 동안 속옷, 액세서리, 신발을 제외하고 6벌 이하로 옷을 입자는 '쇼핑

쓰레기통에 버려진 액자나 음식 등을 재활용하는 프리건들의 모습

자료: "Not Buying It" (2007. 6. 21). *New York Times*.

다이어트(shopping diet)' 목적의 캠페인이다. 실험에 참가한 대부분의 참여자들(Sixers)은 주변 사람들 대다수가 자신이 단 6벌만 입고 생활한다는 사실을 눈치 채지 못했다고 말한다. 이 캠페인은 의류 낭비를 줄이는 아이디어에 관심이 많은 도시 젊은 층을 중심으로 홈페이지나 트위터를 통해 번져나가고 있다.

그들은 왜 마케팅 유격에 동참하게 되었나?

마케팅 유격은 빈곤, 불평등, 자연환경 훼손 등 대량 생산·소비로 인한 폐단을 비판하고 바로잡고자 하는 계몽적 동기에서 비롯된다. 급진적 반소비 단체는 대량 생산·소비를 주도하는 소수 지배권력에 정면으로 저항하는 입장을 보이는 동시에 일반 소비자들을 대상으로 하는 교육과 계몽 활동을 진행한다. 마케팅 유격에 소집된 소비자들은 활동범위와 영향력 차이는 있지만 대량 소비로 인한 사회·환경 피해를 줄이기 위해 기업경영, 소비행태의 본질적 변화를 추구한다는 점에서 공통된 욕구를 지닌다.

과잉 생산 및 마케팅 폐해에 대한 우려와 불안감

급진적 반소비 단체는 거대 글로벌 기업이 사회적·환경적 고려 없이 생산을 극대화하여 최대한 많은 양의 제품을 시장에 쏟아내고 있으며, 절제 없이 소비하는 소비자들은 쓰레기를 생산해내는 또 다른

: 과소비를 부르는 스피드 경영 :

점점 빨라지는 신상품의 등장 시기는 소비자의 제품 교체 주기도 지속적으로 앞당기고 있다. 이는 소비시장을 활성화하는 한편 필요 이상의 잦은 교체로 인한 과소비 패턴을 촉진하기도 한다. 특히 디지털 선진국이라 할 수 있는 한국의 경우 관련 제품의 교체 주기가 여타 국가에 비해 매우 짧은 것으로 나타나고 있다.

2010년 조사된 국내 소비자의 휴대폰 교체 주기는 26.9개월로 미국(21.7개월), 영국(22.4개월)에 이어 3위 수준이며, 일본 46.3개월, 이탈리아 51.5개월, 핀란드 74.5개월, 브라질 80.8개월 등과 비교하면 큰 차이를 보인다.* 또한 최근 스마트폰, 4G LTE 등 기술 진화 속도가 빨라지면서 신제품을 구매한 지 6개월만 지나도 구형으로 느끼는 소비자가 많아지고 있다. 빈번한 구매와 제품 가격의 상승은 일반 소비자에게 과도한 소비를 유발하는데, 실제로 스마트폰이 본격적으로 출시된 2009년부터 2012년 상반기까지 42개월 동안 단말기 구입 비용이 연간 12조 원에 이르는 것으로 분석된 바 있다.

또한 의류시장에서는 빠른 속도의 신제품 출시를 경쟁의 원천으로 활용하고 있는 패스트 패션(Fast fashion)이 붐을 이루고 있다. 매월 2~3회에 걸쳐 신상품을 선보이는 전략은 소비자의 매장 방문 빈도를 높이고 지금 사지 않으면 다음에는 살 수 없다는 긴장감을 유발하

---

* 시장조사업체 '레콘 애널리틱스(Recon Analytics)'가 2010년을 기준으로 최근 4년간 주요국(14개국)의 단말기 교체 주기를 비교 조사한 결과이다.

기도 한다.[12] 이러한 전략은 물론 소비시장 전반에서 이른바 합리적 구매가 가능하도록 하는 반면, 일부 소비층, 특히 젊은 층의 과도하게 빈번한 매장 방문과 충동소비를 유발하는 작용을 하기도 한다.

환경파괴자의 역할을 한다고 주장한다. 여기에는 상업적 광고와 감성적 이미지를 강조하며 불필요한 소비를 부추기는 기업과 마케팅에 현혹된 소비자가 사회·환경에 미치는 악영향에 대한 우려와 불안감이 작용한다.

소비주의에 저항하는 운동에 참여한 개인 소비자들도 생태계 파괴, 환경오염을 고려하지 않고 낭비적으로 소비하는 대중시장의 모습에 불안감과 공포감을 느껴 일시적으로나마 안티 마케팅 캠페인에 참여한 사례가 많다.[13] 사회와 환경을 위협하는 기업의 경영활동과 소비문화의 부정적 측면에 대한 우려가 안티 마케팅 움직임에 동참하게 만드는 근본적 동기가 되는 것이다. 특히 최근에는 짧아진 교체 주기로 과소비를 조장하는 디지털 기기, 반복적 충동구매를 유발하는 패스트 패션 업계에 대한 우려와 비난이 커지는 추세이다.

사회악에 대항하는 영웅적 정체성

안티 마케팅 운동의 참여자들은 스스로를 지배적 소비문화에 반대하는 입장으로 정의한다.[14] 이들은 소비만능주의와 낭비사회의 문제점을 대중에 알리고 사회를 선도해야 한다는 신념과 의무감을 지녔을 뿐 아니라 행동적 실천을 통해 만족감을 느끼는 이타적이면서도 자기 표현적 성향을 지닌다. 이런 점에서 반소비적 행동은 개인의 소비행위로서 대중에 영향을 미쳐 궁극적으로는 사회를 변화시키고자 하는 정치적 소비(political consumption)의 성격을 지닌다. 즉 급진적 반소비운동가들은 거대기업과 대중 소비문화의 권력에 저항하는 정치적 투쟁자라 할 수 있다.

기업경영과 정책 및 사회 변화를 위한 투쟁에는 희생이 따른다. 마케팅 유격대는 일상적으로도 정의, 평등, 윤리 등의 기준을 엄격히 따르는 소비를 실천해야 하는데, 이를 위해서는 시간적 · 금전적 투자와 생활의 불편함 같은 비용이 발생할 수 있다. 이런 측면에서 호주 시드니대학의 쉐리에(Cherrier) 교수는 반소비적 소비자들은 주변 사람들, 나아가 전 사회에 올바른 소비방식을 전파하기 위해 어느 정도 희생을 치르면서도 모범을 보이는 영웅적 정체성(heroic identity)을 보유한다고 설명했다.[15]

이벤트 참여의 즐거움

주목할 점은 반소비운동이 세계 젊은이들이 동참하는 이벤트이자 페스티벌 성격이 강해지고 있다는 점이다. 특히 최근에는 글로벌 기업이 주도하는 소비자 계몽 캠페인이 네티즌들의 관심을 받으면서 사회적 이슈로 떠오르기도 했다. 스마트 기기에 익숙하고 자신을 표현하는 데 적극적인 젊은 소비자들에게 글로벌 반소비운동은 일상 탈출

: 세계적 스타가 동참을 호소 :

소득 양극화와 과소비로 인한 기후·환경 문제 등 사회적 이슈에 관심을 가지고 적극적으로 활동하는 유명 인사가 많아지면서 관련 이벤트에 일반인들의 동참을 호소하는 스타 마케팅도 활발하다. 최근에는 저소득 국가 빈민층의 삶을 체험함으로써 선진 소비시장의 과도한 소비를 반성하도록 하는 기아 체험 캠페인인 'Live below the line(빈곤선 아래에서 살아보기)'에 직접 참여한 유명 배우들에 관한 이야기가 온라인을 통해 확산되면서 대중 소비자들의 관심이 집중되기도 했다.

미국, 영국, 뉴질랜드 등에서 활동하는 비영리기관인 글로벌 빈곤 프로젝트(Global Poverty Project)가 주최하는 'Live below the line'은 전 세계 14억 명의 극빈 생활자와 기아 문제를 알리겠다는 목적으로 일반 소비자가 극빈층 기준인 하루 1.5달러 미만의 돈으로 5일간의 생활을 체험해보도록 하는 캠페인이다. 2013년에는 미국의 영화감독 겸 배우인 벤 애플렉과 가수 조시 그로반, 영국의 영화배우 톰 히들스턴이 참여했고, 캠페인 주관기관은 대중의 참여를 독려하는 동영상을 제작, 유포했다. 유명인들의 체험 스토리, 식단 등도 동영상으로 공개되면서 프로젝트에 대한 관심이 증폭되고 동참을 희망하는 소비자들이 증가하는 효과를 거둘 수 있었다.[16]

의 일환으로 인식되기도 한다. 기존의 반소비운동이 극단적 · 진보적 성격이 강했다면 최근에는 가벼운 마음으로 즐겁게 동참하는 대중적이고 부담 없는 이벤트로 변화한 것이다.

이는 사회적 변화 추구라는 이념적 동기뿐 아니라 소셜미디어 등을 통한 참여의 즐거움, 일상 탈출과 개성 표현 등 감성적 동기가 함께 작용했기 때문이라 볼 수 있다. 특히 최근 들어서는 국내외 유명인들이 다양한 이벤트에 참여하면서 대중적 관심과 참여도를 높이고 있으며 반소비운동의 감성적 가치가 더욱 상승하는 추세이다.

대응전략: 폭군에서 맏형으로!

기업 마케팅에 대한 반성과 변화를 촉구하는 움직임이 소비시장의 주요 트렌드로 부상하고 있다. 비난과 공격의 대상으로 지목받는 글로벌 대기업들이 시장을 장악하는 폭군의 이미지를 벗고 소비문화를 긍정적 방향으로 이끌어가는 '맏형'으로 포지셔닝해야 할 때이다. 시장을 선도하는 진정한 맏형 브랜드는 상품의 긍정적 가치만 강조하지 말고 잘못된 경영방식과 과도한 소비가 사회에 미칠 수 있는 부정적 영향까지 고려하여 이를 개선하는 활동을 주도적으로 추진하는 모습을 보여야 한다. 갈등을 유발하는 상품이나 경영방식을 단기간 내에 직접적으로 바꾸는 데는 한계가 있더라도 지속적 노력을 통해 시장 변화의 방향을 제시하는 롤 모델로 변신해야 할 것이다.

전략1 'big=greedy' 공식을 깨라

기업의 사회적 역할은 브랜드 이미지 관리 차원에 그치지 않고 성장을 위한 필수조건이 되었다. 탐스슈즈, Groupe SOS* 등 사회적 가치 추구를 목표로 하는 기업이 글로벌 소비자들의 호응을 얻으며 일반 기업의 경쟁상대로 부상하는 것을 보더라도 기업 역할에 대한 시장의 인식이 크게 달라졌음을 알 수 있다. 특히 업계를 대표하는 헤게모니 브랜드는 다양한 감시 조직과 대중의 공격에 효과적으로 대응하고 리스크를 예방하기 위해 'big=greedy'라는 소비자 인식을 깰 수 있도록 근본적 변화를 추구해야 한다.

최근에는 이익만을 좇기보다 선의(善意)를 바탕으로 사회적 가치를 추구하는 '깨어 있는 자본주의(Conscious Capitalism)'**의 실질적 필요성이 강조되고 있다. 깨어 있는 자본주의를 실천하는 기업일수록 소비자와 직원의 만족도를 높이고 장기 수익 증진에도 훨씬 성공적이었다는 연구 결과가 발표된 것이다.

예를 들어 담배회사 필립 모리스(Phillip Morris)는 이익 확대를 위해 관련 분야로 사업을 확장해왔으나 15년 전에 비해 수익성이 떨어져 목표 달성에 실패한 반면, 사회적 가치를 중시하는 친환경 식품유통업체인 홀푸드(Whole Foods)는 긍정적 이미지는 물론 수익 면에서도 성공

---

* 마약중독자, 전과자, 노숙자 같은 사회 낙오자 중 사회 복귀 의지가 절실한 사람을 선발, 활용하여 보건 및 사회 서비스를 제공하는 유럽의 대표적 사회적 기업이다. 1984년 프랑스에서 설립되어 2011년 현재 7,000명의 직원을 두고 연매출 6,130억 원을 달성했다.

** 주주 중심의 단기 이윤을 추구하는 '주주자본주의'와 달리 기업의 이해당사자인 주주, 고객, 직원, 협력업체 등 모두의 이익을 추구하는 경영을 의미한다.

을 거두고 있다. 모든 이해관계자의 이익을 추구하며 깨어 있는 자본주의를 실천한 기업 28개사 중 18개사의 1995~2011년 기간 주가 상승률이 'S&P 500' 지수보다 10.5배 높은 것으로 밝혀지기도 했다.[17]

건강, 사회, 환경에 해악을 미칠 수 있는 제품 또는 산업 분야의 기업들도 해당 제품이나 소비자 생활의 바람직한 미래상을 제시한다면 공동선을 추구하는 맏형 브랜드로 포지셔닝할 수 있다. 술, 담배, 도박 같은 소비자의 정신적 · 육체적 건강에 해를 끼치는 죄악 산업(sin industry)조차 바람직한 소비문화를 제안하는 독창적 스토리텔링을 통해 공격이 아닌 신뢰의 대상이 될 수 있는 것이다. 세계 흑맥주시장 판매 1위이자 아일랜드를 대표하는 기업인 기네스(Guinness)는 '저소득층이 즐겁게 마실 수 있는 술'을 만들기 위해 시작되었다는 창업 스토리와 일관된 사회적 활동을 통해 공격 대상이 되기 쉬운 주류시장에서도 '선한 기업'의 이미지를 쌓을 수 있었다.

IT 분야의 글로벌 선두 기업들도 무조건적 양적 성장이 아닌 건전한 소비문화를 지지하는 질적 성장을 추구하고 있다. 예를 들어 페이스북은 2013년 7월부터 여성 비하, 성폭력, 인종 차별 등의 내용을 삭제 · 차단하기 위해 세계 각지의 직원들이 수만 건의 페이지를 일일이 검토하기 시작했으며, 윤리적 검열을 위한 자동 시스템을 구축했다. 여기에는 여성 · 인권 단체뿐 아니라 닛산자동차, 유니레버 등 SNS를 통한 폭력적이고 집단 차별적인 정보의 무차별적 확산을 우려하는 광고주들의 압력도 작용했다.[18] '개인 미디어를 통한 표현의 자유'를 추구하는 페이스북이지만, 업계의 선두 기업으로서 사회와 인류 발전에

: 삼성전자의 캠페인 'How to Live Smart' :

2010년부터 삼성전자는 삭막해지기 쉬운 디지털 시대에 인간적이고 따뜻한 사회문화를 유지하고자 하는 취지의 'How to Live Smart' 캠페인을 전개하고 있다. 캠페인 초기에는 스마트 기기 사용의 빠른 확산으로 아날로그 소통이 사라지는 소비문화를 우려하여 '스마트폰으로 정말 스마트하게 사는 방법'을 시리즈 광고로 제안하였다. 예를 들어 한 남성이 스마트폰으로 인기 가수의 동영상을 보는 데 정신이 팔려 실제로 그 가수가 버스 옆자리에 있었던 것을 뒤늦게 알고 후회하는 스토리('버스는 떠났다' 편)처럼 지나친 스마트폰 사용으로 실제 생활에서 더욱 중요한 가치를 놓칠 수도 있다는 내용으로 구성되었다.

이러한 시도는 스마트폰시장을 선도하는 기업이 오히려 기기 사용을 자제하라는 역설적 메시지를 전달함으로써 많은 소비자의 공감을 유도하고 '건전한 소비문화를 추구하는 기업'이라는 이미지를 쌓는 효과를 창출했다. 'How to Live Smart' 캠페인은 이

'How to Live Smart' 캠페인의 〈버스는 떠났다〉 편

후 스마트TV, PC, 카메라, 냉장고, 세탁기, 로봇청소기 등 다양한 제품으로 확대되어, 소비자가 더 행복하고 스마트하게 자사 제품을 사용하는 방법을 제안하고 있다.

유해한 콘텐츠는 엄격히 차단해야 한다고 판단한 것이다.

이러한 결정은 다른 업체에도 영향을 미칠 것으로 보인다. 즉 신기술 개발 및 신제품 경쟁에 편중하기보다 애드버스터스 등 반소비 단체가 추진하는 '디지털 디톡스' 캠페인에 동참하는 모습을 보이는 것이 바람직하다. 맏형 브랜드라면 단순히 과거 아날로그 시대를 그리워하는 감성적 노스탤지어 전략을 넘어서서 이상적 소비문화를 제시할 수 있어야 한다. 국내외 스마트폰시장을 주도하고 있는 삼성전자의 경우 2010년부터 과도한 디지털 기기 사용으로 인한 부정적 효과를 축소하기 위한 방안으로 'How to Live Smart' 캠페인을 실시하고 있다.

명성이 높은 브랜드일수록 사회단체나 소비자들의 공격을 피하려면 소극적으로만 대응해서는 안 된다. 한 걸음 더 나아가 기업 스스로 바람직한 소비문화 구축을 궁극적 목표로 설정하고 그것에 도전하는 과정에서 수익을 창출하는 모습을 보여야 한다. 이때 소비자 행복 추구와 사회적 가치 실현 노력이 그저 시장과 사회의 원성 때문에 마지못해 벌이는 캠페인으로 인식되지 않도록 해야 한다. 그것이 진정한 맏형 기업으로서 지녀야 할 필수 덕목임을 정확히 인지해야 할 것이다.

: 주류문화를 선도한 빅 브라더 '기네스' :

1759년 유럽 저소득층 사이에서는 암담한 현실에서 도피하기 위해 독주를 마시는 문화가 확산되면서 이로 인한 사회문제가 심각했다. 이때 독실한 기독교인 아서 기네스(Arthur Guinness)는 '가볍게 즐거울 정도로만 취할 수 있는 맥주'를 만들기로 결심했고, 이렇게 탄생된 것이 오늘날 '흑맥주의 대명사'로 일컬어지는 기네스 맥주이다.

창립 초기부터 기네스는 '가벼운 맥주' 개발에서 나아가 지역주민들의 삶의 질 향상을 위한 다양한 활동을 주도했다. 1840년 대기근이 발생하자 매일 7,000여 명이 넘는 더블린 지역주민의 주거환경을 개선하는 작업을 진행했고, 더블린을 대표하는 성당인 '성패트릭 성당(St. Patrick's Cathedral)' 재건에 필요한 비용을 전액 부담하기도 했다.

기네스의 사회공헌활동은 현재까지 이어지고 있다. 2009년에는 설립 250주년을 맞아 600만 유로에 달하는 기네스재단의 기금을 내놓았고, 2013년 4월부터는 1,000만 달러를 들여 아시아 지역의 여성 지위 향상을 돕는 'Plan W' 사업을 추진 중이다. 250년이 넘는 역사 속에서도 창업자의 철학을 유지해온 기네스는 비난의 대상이 되기 쉬운 주류산업에서도 사회적 가치 창출을 통해 모범이 될 수 있음을 보여준다.[19]

전략2 브랜드 존재가치를 극대화하라

반소비운동가와 운동 참여자, 나아가 일반 소비자들에게 기업의 사회적 역할을 가장 효과적으로 보여줄 방법은 기업이 사회 발전을 위해 반드시 필요한 존재라는 확신을 주는 것이다. 이는 기업 고유의 DNA 또는 핵심역량을 발휘한 독창적 사회활동으로 가능하다. 핵심역량 활용은 다른 브랜드는 도저히 모방할 수 없는 공익적 가치로 사회 발전에 기여하는 '차별화된 브랜드' 이미지를 각인시키는 효과를 창출할 수 있다.

실제로 2000년대 들어 사회공헌활동이 붐을 이루면서 수많은 기업이 다양한 활동을 펼치고 있지만 무차별적이거나 브랜드 고유의 스토리가 전달되지 않아 단발적 이벤트로 끝나는 경우가 많다. 마이클 포터(Michael Porter)가 주장하는 공유가치 창출(Creating Shared Value)의 기본 원칙 중 하나도 각 기업이 차별화된 경쟁력을 발휘할 수 있는 분야에서 사회적 이슈를 다루어야 한다는 것이다. 고유 역량에 기반을 둔 사회활동은 사회적 가치를 제공할 뿐 아니라 중장기적 사업기회를 발굴하는 효과를 창출할 수 있어서다.

기업 고유의 경쟁력으로 공익적 상품을 출시하거나 사회활동을 전개하는 것은 선도 기업에 주어진 사회적 책임과 의무를 성실히 수행하는 모습을 보여줌으로써 브랜드 정체성을 강화하는 데 효과적이다. 2000년부터 유방암 예방 및 환자 후원 캠페인인 '핑크 리본(Pink Ribbon)' 캠페인을 주도하고 있는 아모레퍼시픽의 경우 핵심 타깃인 '여성'을 이슈로 한 사회적 활동으로 대중적 인지도를 얻게 되었다. 여기에 2008년

: 전문성을 활용한 브랜드 재능 기부 :

2008년 디자인 컨설팅 업체 IDEO의 엔지니어와 디자이너들은 자전거 제조사 스페셜라이즈드(Specialized)와 구글 등이 주최한 디자인 공모에서 자전거 정수기 '아쿠아덕트(aquaduct)'를 제안해 화제를 모았다. 더러운 물을 뒤쪽의 저장 탱크에 넣고 페달을 밟으면 페달과 연동된 카본 필터의 펌프 작용으로 정수된 물이 자전거 앞쪽의 탱크에 저장되는 아이디어를 구현한 것이었다.

아쿠아덕트는 아이들이 오염된 물이라도 길어 나르려고 매일 5킬로미터를 걷는 저개발 국가의 열악한 상황에서 물 운반·정수·저장 문제를 한꺼번에 해결해주는 혁신적 디자인 상품이라는 평가와 함께 국제발명품대회 'Innovate or Die'에서 대상을 수상하기도 했다. 이와 함께 IDEO는 단순히 디자인만 잘하는 회사가 아닌 창

IDEO가 개발한 자전거 정수기 아쿠아덕트

자료: 〈http://www.ideo.com/work/aquaduct/〉.

의적 디자인을 통해 사회적 가치를 전달하는 브랜드라는 이미지를 구축할 수 있었다.

독일의 청소장비 전문 회사 카처(Karcher)는 세계 최초로 고압세척기를 개발한 혁신 기업으로서 190여 개 국가에서 제품을 판매하고 있다. 카처는 고유의 경쟁력인 세척 기술을 활용한 '세계문화유산 클리닝 캠페인'이라는 이색적 사회공헌활동을 전개하는 것으로 유명하다. 1980년부터 브라질의 랜드마크인 '예수상'을 스팀청소 방식으로 10년마다 무료 세척하고 있으며 이집트에서는 '멤논의 거상'을 3,300년 만에 처음으로 목욕시키고 돌에 낀 이끼를 제거해 부식을 방지하는 데 기여했다.

한국에서도 2011년 남산의 고층 타워와 계단 등을 세척하는 '남산 클리닝'에 이어 2012년 충주댐 외벽의 묵은 때를 고압세척기로 벗겨낸 뒤 호랑이와 소나무를 그리는 '충주댐 아트 클리닝' 작업을 펼치는 등 세계 각국의 문화유산과 랜드마크의 가치를 보존하는 데 기여하고 있다. 이와 함께 카처는 청소장비 브랜드로서 사회공헌활동을 통해 대중 소비자들에게 자사의 전문성과 정체성을 전달하는 효과를 거둘 수 있었다.

부터는 외모 변화로 힘들어하는 유방암 환자에게 화장법과 피부관리 노하우를 전달하는 '아모레퍼시픽 메이크업 유어 라이프' 캠페인을 실천함으로써 사회적 가치를 창출하는 한편 여성, 건강, 아름다움을 추구한다는 자사의 브랜드 정체성 강화에서도 성과를 거둘 수 있었다.

전략3 'against'가 아닌 'with'로 접근하라

과도한 마케팅 경쟁으로 인한 사회·환경 문제의 해결방안을 찾으려면 경쟁과 대립 관계에 있는 다양한 이해관계자가 서로 협력을 도모해야 한다. 무엇보다 기업들은 사회적 가치의 창출효과를 극대화하기 위해 경쟁이 아닌 장기적 협력으로 문제 해결 범위와 영향력을 확대해야 한다. 특히 경영 및 시장 트렌드를 주도하는 글로벌 기업들의 연합전략은 단일 기업의 독자적 활동으로는 불가능한 시너지 효과를 창출할 수 있다.

예를 들어 AIDS 퇴치를 위한 기업 간 협력 프로그램인 레드 프로젝트(Red Project)에는 애플, 스타벅스, 갭, 아멕스 카드 등 다양한 분야의 글로벌 기업들이 참여해 현재까지 1,400만 명을 지원했다. P&G의 경우 2005년부터 미국 호텔연합협회와 함께 mission S.O.F.T.(Start Out Fresh Together)라는 사회공헌활동을 추진해왔다. 호텔에서 어느 정도 사용하면 처분되는 침구류를 타이드(Tide), 다우니(Downy) 등 P&G 제품으로 세탁한 후 사회보호시설의 홈리스들에게 전달하는 캠페인으로, 호텔협회의 전국 네트워크와 P&G의 제품력이 어우러진 협력이 사회적 가치의 범위와 수준을 극대화할 수 있었던 사례이다.

특히 조직적인 게릴라 공격을 당하는 상황에서는 경계를 넘나드는 협력으로 대응하는 것이 효과적이다. 브라질 가죽 공급업체의 아마존 삼림 훼손 문제로 집단적 공격을 받았던 팀버랜드는 신발시장의 경쟁업체인 나이키, 아디다스, 클라크와 연합작전을 펼쳐 피혁 가공업체들이 아마존 삼림을 불법 개간한 지역에서 사육한 가축의 가죽을 사

: 글로벌 기업의 레드 프로젝트 :

레드(RED) 프로젝트는 록밴드 U2의 리더 보노(Bono)와 정치인 바비 슈라이버(Bobby Shriver)가 AIDS, 결핵, 말라리아를 퇴치할 목적으로 설립한 글로벌 펀드(Global Fund to Fight AIDS, Tuberculosis and Malaria) 재단의 기금을 조성하기 위해 세계 유명 인사 및 기업의 협조를 도모하는 캠페인이다. 프로젝트에 참여한 글로벌 기업(Red Family)은 혈액으로 전염되는 AIDS를 상징하는 붉은색을 적용한 '레드 프로덕트(Red Product)'를 개발, 판매하여 수익의 최대 50%를 글로벌 펀드 재단으로 기부한다. 현재까지 아멕스 카드, SAP, 코카콜라 등 파워 브랜드는 물론 부가부(Bugaboo, 유아용품업체), 모피(Mophi, 휴대폰 액세서리 업체) 등 여러 분야의 우수 기업이 '레드 패밀리'로 참여했다. 신뢰할 수 있는 다양한 기업의 상품에 강렬한 붉은색을 일관되게 적용한 것

레드 프로젝트에 참여한 글로벌 기업들(좌)과
스타벅스-애플 레드 기프트 카드(우)

자료: 〈http://www.red.org/en/〉.

이 많은 소비자의 관심을 끌고 프로젝트의 의미를 입소문으로 퍼뜨리는 데 주효한 작용을 한 것으로 분석된다.
최근에는 프로젝트 참여 기업 간 콜라보레이션도 활발하다. 스타벅스는 2011년 6월 1일부터 10일간 소셜 네트워크 서비스 업체 포스퀘어(Foursquare)를 통해 매장 방문 고객 1명당 1달러를 기금으로 축적하는 캠페인을 벌였다. 두 기업은 10일간 25만 달러 기금을 조성하기로 한 목표를 8일 만에 달성하는 기록을 세우기도 했다. 2012년에는 스타벅스-애플 레드 기프트 카드를 출시해 소비자가 스타벅스나 아이튠즈 매장에서 구매한 금액의 5%를 기금으로 축적하는 공동 캠페인을 진행했다. 이렇듯 각 기업이 자사의 레드 프로덕트를 따로 판매하는 기존의 독립적 활동에서 한 발 더 나아간 공동 참여를 통해 기업의 선행에 동참하고자 하는 고객 기반을 자연스럽게 확장할 수 있었으며 기금의 규모도 증대하는 효과를 거두었다.

용할 경우 일시적으로 거래를 중단하는 모라토리엄 조치를 적용한다는 방침을 세웠다. 이러한 노력으로 축우업계, 피혁업계, 식품유통업계 등 브라질 내의 다양한 산업환경과 사회적 기준이 개선되었고, 주요 언론들은 물론 공격자인 그린피스까지 팀버랜드와 나이키 등 변화를 주도한 기업들을 높이 평가했다.

또한 문제 해결을 위해 NGO나 반소비 단체 등 적대적 기관과도 공생적 관계를 맺을 수 있어야 한다. 코카콜라는 냉각제로 사용되는 불소화가스가 오존층 파괴의 주범이라는 이유로 환경 단체의 비난을 받자 유니레버, 그린피스, UN 환경단체와 함께 자연냉각제 사업을 공동으로 추진한 바 있다. 동물 실험으로 공격받는 P&G는 야생동물 구호 단체와 함께 기름 유출 사고로 인해 오염된 동물을 구조하는 사회공헌활동을 지난 30여 년간 실시해왔다. 이처럼 문제시되는 경영방식 이슈를 회피하거나 관련 기관의 공격에 방어적으로 대응하기보다 전방위적 협력관계를 통해 장기적 개선 의지를 표출하는 것이 중요하다.

전략4 사회적 가치 창출의 주도권을 고객에게 넘겨라

개인에게 봉사와 이타적 활동을 통한 자아실현은 물질적 소비로는 불가능한 상위 욕구의 충족기회이자 자신의 정체성을 확인하고 표현할 수 있는 경험이 된다. 그러므로 사회 · 환경 이슈에 관심이 높은 소비자들이 참여의 즐거움을 만끽할 수 있는 활동을 추진한다면 기업은 잠재적 브랜드 아군을 확보하는 효과를 얻을 수 있다. 다시 말해 소비자가 참여하고 협력하는 사회적 활동은 기업의 브랜드 정체성 전달과 소비자의 자아실현 욕구 충족이라는 두 마리 토끼를 잡을 기회이다. 또한 이 기회를 통해 브랜드와 소비자 사이에 정서적 유대감도 증대될 것이다.

탐스슈즈의 '신발 없이 보내는 하루(A Day Without Shoes)'는 세계 각지의 학생과 직장인이 즐겁게 참여하는 글로벌 연례행사가 되어 기업의 경영철학과 브랜드 정체성을 각인시키는 효과를 내고 있다. 독자적 활동이 아니더라도 '지구촌 전등 끄기(Earth Hour)' 같은 상징적인 글로벌 이벤트에 참여하는 등 사회문제 해결에 적극 동참하는 모습을 보이는 것도 좋은 방법이다.

개인과 기업의 정체성 일치는 외부 고객뿐 아니라 내부 직원과의 관계에서도 매우 중요하다. 미국의 비영리기관 넷 임팩트(Net Impact)가 조사한 바에 따르면 개인의 행복을 좌우하는 중요한 요인은 금전적 안정, 결혼에 이어 '자신의 업무가 사회에 미치는 영향'인 것으로 나타났다.[20] 특히 주목할 점은 잠재 직원이자 핵심고객층인 대학생의 72%가 직장의 사회적 역할을 자신의 행복에 매우 중요한 영향을 미치는 요인이라고 대답한 것이다. 그뿐 아니라 이들 신세대의 58%는 자신의 가치관과 부합하는 직장에서 일하기 위해, 45%는 사회와 환경 발전에 기여하는 직장에서 일하기 위해 수입의 15%를 포기할 수 있다

넷 임팩트의 설문조사: "나의 행복에 영향을 미치는 중요한 요인은?"

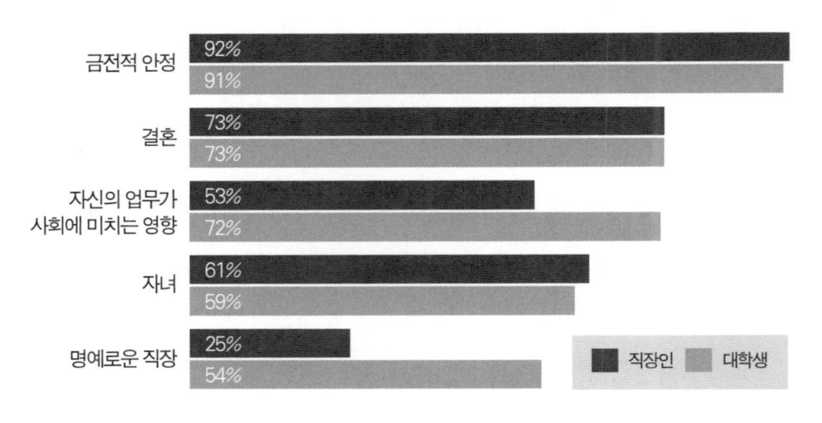

자료: "Corporate Social Responsibility: A lever for employee attraction & engagement" (2009. 7. 6). *Forbes*.

고까지 응답했다. 신세대의 가치관을 잘 드러내주는 대목이다.

기업들 역시 직원들의 참여로 이루어지는 사회적 활동을 더욱 활성화하는 추세이다. IBM은 창립 100주년을 맞아 전·현직 직원은 물론 관계사 직원들까지 자신의 시간과 전문성을 기부하는 '셀러브레이션 오브 서비스(Celebration of Service)' 행사를 개최하기도 했다. 삼성그룹의 경우 2001년부터 베트남, 르완다, 몽골 등 지역의 빈곤 퇴치와 아동교육을 위한 신입사원 기부활동인 '프라이드 밴드(Pride Band)' 기금을 운영하고 있다.

대외적 행사뿐 아니라 일상적 업무생활에서 자신의 가치관에 따라 사회·환경 문제에 기여할 수 있도록 하는 것도 자아만족과 직장 소속감을 높이는 데 효과적이다. 미국의 반도체 개발 회사 AMD(Advanced Micro Device)에서는 친환경 의식이 높은 직원들로 구성된 '그린 팀(Green Team)'이 카페테리아 음식쓰레기 줄이기, 에너지 낭비 줄이기 등 일상 속 환경운동 실천을 주도하고 있는데, 참여 직원의 96%가 "직장에서의 의미 있는 활동이 조직 소속감을 높였다"라고 말한다.

기업이 사회공헌활동의 이슈와 방식을 개발하는 과정에서 클라우드 소싱 방식으로 임직원과 소비자의 참여를 독려하는 것도 공감대를 얻고 호의적 분위기를 형성하는 데 효과적이다. 상품 개발이나 광고 등 경제적 가치 창출의 과정에서 소비자와 직원의 아이디어와 공감을 얻기 위해 노력하듯이 사회적 가치 창출의 가치사슬에서도 내외부 고객의 참여와 협력을 추구한다면 관계 강화는 물론 독창적이고 파급력 있는 활동을 전개할 수 있을 것이다.

: 슈퍼볼 광고를 대체한 펩시 '리프레시 프로젝트' :

2010년 2월 펩시는 개인이 스스로 사회공헌적 아이디어를 개진해 직접 프로그램을 주도하도록 지원하는 '리프레시 프로젝트(Refresh Project)'를 시작했다. 전용 웹페이지에 소비자들이 문화·예술·건강·환경·빈곤 등 다양한 사회적 이슈와 관련해 더 나은 세상을 만들 수 있는 계획을 올리면 일반인 투표로 가장 좋은 아이디어를 선정하여 최소 5,000달러에서 최대 2만 5,000달러까지 지원하는 식의 프로젝트이다.

리프레시 프로젝트는 영리를 추구하는 기업이 일반인의 아이디어를 사업화한 최초의 사회공헌활동이었을 뿐 아니라 2,000만 달러가 넘는 지원 비용을 글로벌 기업들의 마케팅 각축장인 슈퍼볼 시즌 TV 광고비로 대체했다는 점에서도 큰 이슈가 되었다. 슈퍼볼 시즌의 최대 광고주 펩시가 자사 광고를 시행하지 않은 것은 23년 만에 처음 있는 일이기도 했다. 프로젝트가 시작된 후 1년 동안 1,200만 건의 아이디어가 등록되었고, 지원자들이 SNS를 통해 지지를 요청함에 따라 웹사이트 방문자는 8,000만 명에 육박했다.

펩시의 대담한 결정은 업계는 물론 학계 전문가들 사이에서도 다양한 평가를 받았는데, 사회적 이슈를 만들고 소비자들의 이목을 집중시키는 홍보효과는 컸지만 실제 이윤 창출과는 연결되지 않았다는 평가가 중론이었다. 예를 들어 다트머스대학의 브랜드 전문가 케빈 켈러(Kevin Keller) 교수는 '교과서에 나올 만한 대단한 실험'으로, 컬럼비아대학의 올리비어 투비아(Olivier Toubia) 교수는 '음료수를 더 팔 목적이었다면 성공적이지 않았지만, 선행이 목적이었다면 다양한 공헌 프로그램을 지원해준 성공적인 프로그램'이라고 평했다.[21]

그렇다면 당사자 펩시는 어떻게 평가할까. 펩시는 소비자와의 브랜드 관계 몰입, 사회적 효과, 브랜드 자산을 기준으로 평가했을 때 매우 성공적인 프로젝트였다고 발표했다. CEO 인드라 누이(Indra Nooyi)는 리프레시 프로젝트가 펩시의 도전적이고 혁신적인 브랜드 정체성을 보여주는 상징적 의미를 지닌 것이라 언급하기도 했다. 2년간 진행된 펩시 리프레시 프로젝트에 대한 해석과 평가는 다양하지만, 엄청난 광고 전쟁이 치러지는 슈퍼볼 시즌에 글로벌 기업으로서 시도하기 어려운 대담한 실험이었다는 점에서 의미를 찾을 수 있는 사례이다.

04

성가신 유혹으로부터의 도피: 탈출형 반감고객

마케팅 불감증과 소비 스트레스를 대하는 자세

2013년 5,700달러에 육박하는 '명품' 변기 새티스(Satis)가 출시되었다. 일본 리실(Lixil) 사가 제조한 이 변기는 전자동 수세식, 비데, 조명, 음악과 향수 기능은 물론 스마트폰 앱을 이용해 변기 뚜껑을 여닫거나 다양한 기능을 원격 조정할 수 있는 최첨단 제품으로 관심을 모았다.

그러나 얼마 후 제품을 사용한 소비자들 사이에서 불만이 터져 나왔다. 앱을 다운로드한 사람이면 누구든지 간단한 조작으로 남의 변기까지 마음대로 조정할 수 있었던 것이다. 마음만 먹으면 반복적으로 변기 뚜껑을 여닫거나 물을 내릴 수 있었고, 비데나 건조 기능도 마음껏 사용해 전기와 물을 냥비하는 등 사용자에게 불편감과 괴로움을 주는 데 악용되기 쉬웠다. 최근 들어 최첨단·최고급 제품이 소비자의 마음을 얻는 데 실패하는 사례가 빈번하다. 생각지 못했던 혁신적 기능으로 관심과 구매를 이끌어내는 데는 성공하지만, 정작 가장 핵심적이고 근본적인 필요성은 무시한 탓이다. 명품 변기 '새티스' 역시 다기능, 전자동, 원격조정이라는 혁신성에 치중하느라 소비자들이 가장 중시하는 안전과 사생활 보호, 심리적 편안함 같은 기본 니즈는 무시한 사례라 할 수 있다. 새로움과 놀라움을 선사했을지는 모르지만 결과적으로 불안감과 불쾌감을 안겨준 꼴이 되고 말았다.

기업의 지나치게 적극적이고 공격적인 마케팅은 소비에 대한 관심과 흥미를 떨어뜨리는 마케팅 부작용 현상을 초래하기도 한다. 범람하는 상품 및 마케팅 정보에 부정적으로 반응하는 소비층이 확대되고 있으며, 기업이나 사회가 제공하는 정보를 신뢰하기보다 자신의 지식과 경험을 바탕으로 판단하는 소비자들도 증가하고 있다. 상품의 다양화와 고기능화를 추구하는 치열한 마케팅 경쟁이 오히려 소비자 피로, 불쾌감, 무기력감 등 소비 스트레스를 증폭시키는 것이다.

'유격형' 소비자들이 집단 또는 개인 차원에서 기업 주도의 대중 소비문화 확산에 맞서 계몽적 변화를 추구한다면, 마케팅 '탈출형' 소비자들은 소비환경으로부터 받는 극심한 피로와 혼란, 스트레스 때문에 기업의 마케팅 자극을 최대한 회피하려는 이들이다. 소비시장을 주도하는 권력 주체에 적극 대항하지는 않지만, 소비욕구를 잃어 마케팅 활동에 무관심하거나 매우 둔감하게 반응하는 이른바 '불감형 소비자'라고 할 수 있다. 최근에는 기업 마케팅을 거부하며 차단하려는 극단적 회피 소비자까지 등장하는 등 마케팅 전략의 기본 방향과 방식을 재고해야 할 필요성이 커지고 있다.

마케팅 탈출의 행동유형

커뮤니케이션 차단과 은둔

불필요한 정보나 관계를 적극 차단하여 소비생활의 피로감을 최소화하려는 소비자들이 늘고 있다. 특히 지식수준이 높고 시간에 쫓기며 사는 소비자일수록 지나치게 많은 상품과 너무도 복잡한 기능에서 구매와 선택에 들이는 시간적·인지적 노력을 회의적으로 생각할 가능성이 높다. 따라서 기존에 쓰던 브랜드를 습관적으로 재구매하거나 단 몇 가지의 특정 속성으로만 상품을 비교·선택하는 등 구매 의사결정을 단순화하고 거기에 쏟는 노력을 최소화하려 한다.

마케팅 정보와 소셜미디어에 대한 과도한 노출은 단지 피로감을 증대시킬 뿐 아니라 일상생활의 효율성을 떨어뜨리고 개인의 사생활을 침해하기 때문에 현실적 해결책이 필요한 시점에 이르렀다. 라디카티 그룹(Radicati Group)의 조사에 따르면 수신 이메일의 83%는 스팸메일이었다. 그리고 SNS 사용자 조사에서는 응답자의 40%가 개인정보 유출에 대한 염려, 지나친 정보와 메시지 전달로 인한 번거로움 등으로 스트레스를 겪고 있었다. IT·모바일 서비스 확산 속도가 빠른 한국의 경우 디지털 피로도는 더욱 심각한 것으로 보인다.

최근에는 단순히 번거롭고 피곤할 뿐 아니라 사생활 노출에 따른 불쾌감, 의도치 않은 관계로 인한 회의감과 위협감 등 보다 심각한 문제를 겪는 소비자들이 증가하고 있다. 국내 소셜 네트워크 서비스 사용자 중 사생활 노출을 우려하는 소비자가 85%에 이르렀으며, 51.8%는 친하지 않은 사람에게 자신의 사생활과 글이 노출될까 걱정된다고 응답했다. 또한 친하지 않은 사람의 친구 신청과 원하지 않는 상대에게 내가 친구로 추천되는 것에 우려를 나타낸 응답자도 각각 39.1%, 36.9%에 이르러 디지털 공간에서의 피상적 관계로 인한 불쾌감과 회의감이 증폭되고 있음이 파악된다.

이름, 이메일 주소, 온라인 아이디로 개인정보를 쉽게 검색할 수 있게 되자 사생활 공개는 물론 무차별적 '신상 털기' 같은 사회문제가 발생하면서 네트워크 활동을 중단하고 은둔하는 소비자도 빠르게 늘어나는 추세이다. 이들은 단순히 서비스 사용을 중지하는 것이 아니라 회원탈퇴를 통해 철저한 차단을 원한다. 페이스북의 경우 국내 가입자 수가 2012년 12월 1,000만 명을 기록한 후 빠르게 감소하여 2013년 4월에는 815만 명으로 축소되었다.[22]

영국에서도 18~29세 소셜미디어 사용자 중 25%가 트위터, 페이스북, 유튜브 등 대표적인 SNS 사용을 중단할 의사를 밝혔으며,[23] 여기에는 디지털 사생활 침해에 대한 우려와 표면적 우정(superficiality of friendships)에 대한 회의감이 크게 작용한 것으로 나타났다. 또한 시중 상품을 파격 할인가로 제공하는 소셜커머스 300~400개가 난립하면서 혼란과 불신을 가중시키자 소셜커머스 탈퇴를 도와주는 서비스(Unsubscribedeals.com)가 인기를 끄는 등 피로와 혼란, 불신감으로 지친 소비자들의 탈출 의향이 매우 높은 수준에 이른 것을 알 수 있다.

한편 과다 상품으로 인한 소비자 혼란 증대라는 고충을 해결해주는 새로운 서비스도 등장했다. 정보와 상품의 홍수 속에서 선택의 어려움을 겪는 소비자를 대상으로 하는 소셜 큐레이션(social curation)• 이 그러한 예이다. '소셜 큐레이션'이란 수많은 정보 속에서 개인의 니즈를 충족시키는 검증된 콘텐츠를 골라내고 공유하는 서비스를 의미한다. 즉 생산자와 수용자 사이에서 신뢰할 수 있는 정보와 상품만을 필터링해주는 서비스로, 2011년부터 운영 중인 Snip.it, Fab.com, Paper.il 등이 대표적이다. 한국에서도 정보와 상품을 선택·편집하여 소비자에게 잡지구독 방식으로 전달하는 서브스크립션 커머스(subscription commerce)••가 인기를 끌고 있는데, 한 달에 한 번 다양한 브랜드의 화장품과 생필품 등을 골라 소비자들에게 제공하는 식으로 운영된다.

단순·검약 생활 추구

검소하고 간소한 생활을 추구하는 자발적 단순주의자(voluntary simplifiers)의 라이프스타일은 물질과 속도 경쟁을 추구하는 디지털

• 큐레이션은 인간이 수집·구성하는 대상에 질적 판단을 추가해 가치를 높이는 활동, 즉 이미 존재하는 막대한 정보를 분류해 유용한 정보만을 골라내 수집하고 그것을 다른 사람에게도 배포하는 행위를 의미한다.

•• 신문·잡지를 정기구독하듯 일정 금액의 회비를 내면 화장품 등 물품을 매월 배달해주는 서비스이다.

트렌드의 역류 현상으로서 나타나기 시작했다. 물질적 소비를 통한 만족보다 단순한 생활과 정신적 만족을 추구하는 역(逆)디지털 소비 트렌드라 할 수 있다. 느림과 여유로운 삶을 추구하는 '슬로 트렌드'는 1990년대 후반 '슬로비(Slower But Better Working)'족의 등장이 효시라 할 수 있다. 특히 미국이나 유럽 등 서구 선진시장을 중심으로 느리고 여유로운 생활을 추구하는 다운시프트(downshift) 현상이 심화되고 있다. 데이터모니터(Datamonitor) 조사에 따르면 2002년에 이미 영국 전체 노동인구의 10% 수준인 약 300만 명이 다운시프트족으로 집계되었다.

주변적 현상으로 시작된 자발적 단순주의는 최근 들어 다양한 시장·계층으로 확산되고 있다. 앞서 언급했듯이 2000년대 중반부터 고급화·감성화를 지향하는 기업의 적극적 공세 속에서 경제적·사회적 영향력을 갖춘 고소득층을 중심으로 합리적이고 절제된 소비를 추구하는 소비패턴이 형성되기 시작했다. 특히 이들은 기업이 제공하는 정보에 의존하기보다 다양한 소비 경험과 뚜렷한 가치관을 바탕으로 직접 상품가치를 판단한다. 글로벌 경제 침체가 장기화되고 탈물질적 트렌드가 확산되면서 이런 패턴은 신흥국시장을 거쳐 전 세계적 추세로 확대되고 있다.

자발적 단순주의자들은 반소비 단체의 활동만큼 급진적이고 집단적이지는 않지만 자신의 가치관에 따른 검소하고 절제된 일상생활 속에서 즐거움과 만족감을 느낀다. 특히 경제적으로 안정적인 30~40대 고학력·전문직 중에 단순하고 비물질적 생활을 중시하는 소비자가

: '단순한 생활'에 대한 4가지 오해[24] :

'자발적 단순주의(Voluntary simplicity)'의 개념을 최초로 정립한 듀안 엘진(Duane Elgin)은 최근 많은 사람이 가지고 있는 '단순한 생활(simple life)'에 대한 오해 4가지를 다음과 같이 설명했다.

1) 단순한 생활은 빈곤한 생활이다.

빈곤이 비자발적 · 비관적 절망과 무기력함으로 설명된다면 단순함은 자발적이고 창조적인 활동, 가능성과 기회를 의미한다. 빈곤이 물질적 풍요를 좇는다면, 단순함은 부족함과 과함, 물질과 정신의 밸런스를 맞춰가는 것이다.

2) 단순한 생활은 농촌 생활이다.

현대사회에서 단순한 생활이란 반드시 귀농하거나 시골의 통나무집에서 생활하는 것이 아닌 빠르게 변화하는 대도시나 도시 근교에서 살더라도 넘치지 않는 삶을 실천하는 것이다.

3) 단순한 생활은 아름다움을 상실하는 것이다.

단순함이란 미적 가치를 거부하는 것이 아니라 오히려 예술의 목적이 된다. 파블로 피카소는 '예술은 불필요한 것을 제거하는 것', 레오나르도 다빈치는 '단순함은 극도의 세련됨', 쇼팽은 '단순성은 예술의 궁극적 목표'라고 말했다.

4) 단순한 생활은 경제적 침체를 부른다.

많은 사람이 단순하게 살면 소비심리가 위축되어 경제에 부정적 영향을 끼칠 것이라 우려하지만 자연과 환경을 고려하는 단순한 생활은 장기적으로 경제 시스템을 강화하고 지속 가능하도록 한다.

증가하고 있는데, 이들은 사치품을 구입하는 데 돈과 시간을 쓰기보다는 정신적 여유로움을 즐긴다. 글로벌 기업과 대중문화가 만들어내는 상업적 자극에 정면으로 대립하기보다 일상에서 스스로 절제하는 삶을 추구하면서 자연스럽게 사회 전반에 자신들의 영향력을 발휘하고 있는 것이다.

마켓 아웃사이더

기업 마케팅 활동에 냉담하게 반응하며 대중적 유행이나 주류 소비문화의 흐름에서 벗어나 자신만의 고유한 방식으로 소비하는 아웃사이더형 소비층도 형성되고 있다. 이들은 대중 소비시장으로부터 떨어져 나와 주관적이고 독단적으로 제품을 선택하고 사용하는 소비자들이다. 집단적 소비를 혐오하는 강한 개인주의적 성향을 띠며, 타인의 시선이나 기대를 의식하지 않으면서 자신이 중시하는 가치관에 따라 소비한다. 대중적 상업광고를 귀찮고 성가신 스트레스 요인으로만 여기는 것이 아니라 자신의 창의성과 개성 발휘를 방해하는 잡음으로 생각한다.

예를 들어 아웃사이더들에게 재활용품 소비는 윤리적 가치를 실천하는 것인 동시에 자기 개성을 드러내는 역할을 한다. 단순히 이면지를 재사용하거나 분리수거하는 데 그치지 않고 그것을 편지지로 사용함으로써 자기 표현의 상징적 도구로 삼는 것이다. 오래된 제품에 애착을 보이거나 필요한 물건을 스스로 생산하는 소비자도 많아지고 있는데, 필요한 제품을 자체 생산하고 불필요한 물건을 필요한 사람에게 공짜로 제공하는 프리코노믹(Freeconomic) 커뮤니티를 예로 들 수 있다. 이들은 구매력은 충분하지만 자신들만의 소비방식을 통해 대중 소비시장과 거리를 두고 싶어한다. 소비의 상징성을 중시하지만, 기업이 제안하는 대중적 소비방식을 거부하고 자신만의 소비관을 고집한다는 점에서 기존의 상징적 물질소비와 상이하다.

선진시장에서는 대표적인 마케팅 아웃사이더이면서도 대중시장에 영향력을 행사하는 힙스터(hipster)[•]가 주요 소비층으로 부상하고 있다. 이들은 대중적 유행을 따르지 않는 패션과 여가생활을 즐기는 소비자들로 체크무늬 셔츠, 피어싱과 문신, 뿔테 안경, 스쿠터 등 취향에 따라 다양한 방식으로 자신을 표현하며 인디 음악과 영화를 선호한다. 특정한 스타일로 정의되기보다는 유행에 무심한 듯한 스타일, 공부벌레(nerd) 스타일 등 각양각색의 모습을 보인다. 국내에서도 인디문화를 선호하는 젊은이가 많아지면서 이들을 겨냥해 기업들이 인디밴드나 인디아티스트를 후원하는 니치 마케팅을 펼치기 시작했다.

• 힙스터는 아편을 뜻하는 속어 hop에서 진화한 hip 혹은 hep이라는 말에서 유래했다. 1940년대의 재즈광들을 지칭하는 슬랭이었으나 1990년대 이후에는 특이한 문화적 코드를 공유하는 젊은이들을 힙스터라 부른다.

: 힙스터들의 맥주, 팹스트 블루 리본 :

1884년 위스콘신에서 탄생한 맥주 팹스트 블루 리본(PBR)은 캔 하나가 1달러보다 싼 가격에 팔려(1990년대 기준) '물보다 싼 맥주'라는 별명을 얻기도 했다. 2000년대 이후 버드와이저, 밀러 등 대기업 맥주 브랜드를 거부하고 선정적이거나 가식적이지 않으면서 중서부의 투박한 느낌을 주는 팹스트를 선택하는 도시의 젊은 소비층이 형성되면서 PBR은 '블루칼라의 맥주'에서 '힙스터의 맥주'로 변신했다.

미국 경제가 침체되는 와중에도 PBR은 높은 성장세를 보여왔다. 2009년 버드와이저, 코로나 등 선두업체의 판매가 각각 7%, 8% 하락하고 맥주시장 전체 판매가 1.1% 증가하는 데 그친 반면 PBR의 매출은 25.4% 증가했고 2010년 17.6%, 2011년 13.8%의 성장률을 기록했다. 더욱이 최근 수년간 버드와이저와 밀러의

팹스트 블루 리본(PBR)

자료: 〈http://www.pabstblueribbon.com/beer.php〉.

> 가격이 꾸준히 하락한 반면 2013년 현재 PBR의 맥주 가격은 전년 대비 10% 이상 인상된 것으로 알려져 불황 속 선전이 단지 저렴한 가격에서 비롯되었다기보다 대형 브랜드가 주도하는 주류(mainstream)문화를 따르기 싫어하는 힙스터들의 맥주로서 명성을 얻은 것이 주효하게 작용했다는 평가를 받고 있다.[25]

세대를 아울러 유행보다 개성을 중시하는 소비자들이 늘어남에 따라 대중을 대상으로 한 평균적이고 획일적인 상품 및 마케팅은 점점 더 한계를 드러낼 것으로 보인다.

힙스터의 진화

자료: 〈http://millennialmarketing.com/2010/01/who-is-the-gen-y-hipster/〉.

무엇이 마케팅 탈출을 부채질하나?

기술 발전의 가속화, 기업 마케팅의 고도화는 소비자 편의를 높이고 선택의 폭을 넓히는 한편 소비자 스트레스와 우려를 키우는 역기능적 현상을 유발하고 있다. 과잉 상품 및 정보로 인한 혼란과 피로감이 증폭되고 대중적 유행을 좇기보다 자신의 가치관에 따라 정신적 만족을 추구하는 경향이 확산됨에 따라 기업의 마케팅 경쟁에서 벗어나고자 하는 탈출형 소비자들이 증가할 것으로 보인다.

소비자 혼란과 피로감

지나치게 치열한 마케팅 경쟁으로 인한 정보와 제품의 범람은 소비자 혼란(consumer confusion)을 증폭시킨다. 인간이 단기간에 처리할 수 있는 정보의 양은 제한적이므로 지나치게 많은 정보가 주어지면 오히려 의사결정에 역기능을 한다.[26] 감당 가능한 용량을 넘어설 정도의 정보량과 구별조차 쉽지 않은 수많은 제품으로 인해 소비자는 인지적 어려움, 정보이해의 부족 같은 혼란과 스트레스를 겪게 된다. 미국 스워스모어대학의 슈워츠(Schwartz) 교수는 선택 대안이 일정 수준 이상으로 많아지면 소비자의 만족도는 오히려 낮아진다는 원리에 기초해 "선택은 자유를 마비시킨다"라고 주장하기도 했다. 어떤 것을 선택했더라도 그 후 자신이 선택하지 않은 대안에 대한 매력을 생각하게 되면 만족감이 떨어질 수 있기 때문이다.

소비자 혼란은 다차원적 개념으로서 혼란의 원천을 기준으로 과잉

소비자 기능피로의 함수

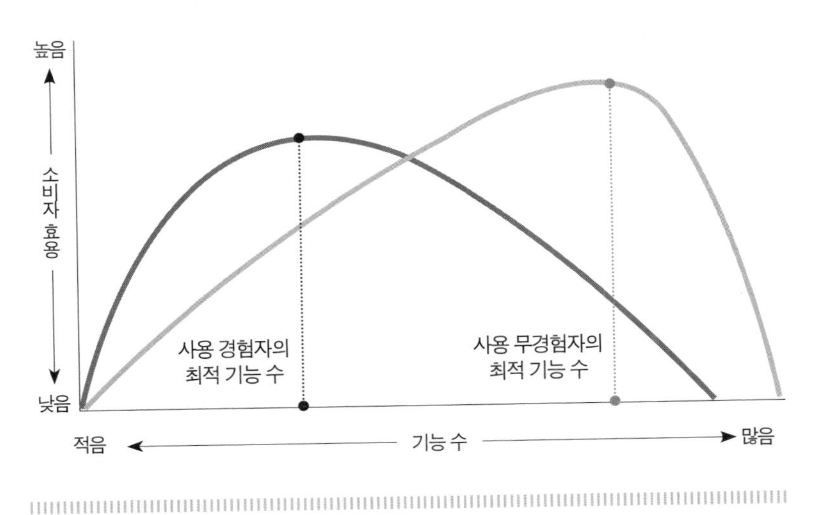

자료: Rust, R. T., Thompson, D. V. and Hamilton, R. W. (2006). "Defeating feature fatigue". *Harvard Business Review*. 84(2), 37-47.

혼란, 유사혼란, 모호혼란의 세 차원으로 분류할 수 있다.[27] 첫 번째는 효과적으로 처리 가능한 수준 이상의 많은 대안과 정보로 인한 과잉혼란(overload confusion)이다. 소비자가 처리해야 하는 정보의 수는 고려대상군(consideration set)의 상품 수와 상품별 정보 차원의 곱으로 정의된다.[28] 선택 대안의 수가 많아지고 각 제품이 복잡한 기능과 혜택을 보유할수록 과다 정보에 직면한 소비자는 한정된 시간으로 인해 주어진 정보에 대한 충분한 이해가 어려워지고, 따라서 명확한 의사결정이 불가능한 상황이 된다. 과다 상품 및 정보가 과잉혼란, 나아가 소비자 피로로 인한 비합리적 의사결정으로 이어지는 것이다.

두 번째의 소비자 혼란은 유사혼란(similarity confusion)이다. 이는 유사한 제품 및 서비스로 인한 소비자의 이해 부족을 의미한다. 이 경우 무엇보다도 제품의 외관적·시각적 유사성이 혼란을 유발하는 요인으로 작용하는데, 디자인·색상·로고·매장 인테리어·직원의 복장 등 다양한 분야에서 유사혼란이 발생할 수 있다. 선두 기업의 제품과 전략을 따라하는 미투이즘(me-tooism)이 만연한 시장일수록 소비자 혼란, 잘못된 평가와 선택의 가능성이 커진다. 유사혼란으로 인한 부정적 소비 경험은 개인적 좌절이나 불만 등 부정적 감정은 물론 기업에 대한 불신, 향후 선택에 대한 망설임, 구매 연기나 포기를 유발하기도 한다.

더욱이 오늘날의 대다수 기업은 소비시장을 마이크로 단위까지 매우 정교하게 구분해 상품을 개발하는 초세분화(hyper segmentation) 전략을 추진하고 있다. 미국 하버드대학 비즈니스스쿨의 문영미 교수는 다이어트 코크, 레몬 코크, 유아용 시리얼, 당뇨병 환자용 시리얼 등을 증식적 확장(augmentation by multiplication)을 통해 출시된 제품의 예로 들면서 이는 결국 제품 포트폴리오의 무의미한 확장, 나아가 소비자 혼란으로 연결될 수 있다고 주장했다.[29] 저칼로리 프리미엄 흑맥주와 프리미엄 라이트 흑맥주가 진열된 매장에서 소비자는 행복하기보다 불필요한 선택적 고민으로 불쾌감을 느낄 수 있다는 것이다. 실제로 대량 상품 및 마케팅으로 인한 피로감과 스트레스는 소비자의 욕구를 저하할 뿐 아니라 기업에도 불이익을 가져다주는 것으로 분석되었다.

마지막으로 모호혼란(ambiguity confusion)은 애매모호한 정보나 광고 혹은 잘못된 상품정보로 인한 이해 부족을 의미한다.[30] 이는 소비자가 자신이 알고 있던 정보와 상이하거나 상반된 정보와 직면했을 때 발생하며, 상품 선택과 구매 과정에서 현재의 가정과 믿음을 검토·수정해야 하는 비용을 치르게 되고 의사결정 이후에도 결과에 대한 불만을 가질 확률이 높아진다. 기업의 극심한 마케팅 경쟁으로 상품 간 유사성, 정보의 오도(誤導) 가능성이 높아지면서 소비자들이 모호혼란을 겪을 확률이 점차 커지고 있다.

혼란을 겪은 소비자는 정보처리 과정의 스트레스로 인한 손실만이 아니라 잘못된 구매로 인한 경제적·심리적·사회적 손실을 부담하게 된다. 소비자 혼란에 따른 불만과 불평, 상품 구매의 연기나 포기, 기업에 대한 불신과 소비에 대한 염증 등 기업에 직간접적으로 미치는 영향을 제대로 이해하여 소비자와 기업 모두의 비용을 줄일 수 있는 개선과 보완이 요구된다.

마케팅에 중독되거나 둔감해지거나

마케팅 경쟁은 소비자의 혼란과 스트레스의 원천일 뿐 아니라 소비자로 하여금 새로운 자극에 둔감해져 만족감을 느끼기 어렵게 만든다. 혼란과 피로감에 시달리는 소비자가 마케팅 자극에 한층 예민해져 그것으로부터 도피하고자 한다면, 자극에 지속적으로 노출되는 소비자는 새로운 자극에 그만큼 둔감해진다. 쏟아지는 신제품과 감성적 마케팅 자극에 중독된 소비자는 한층 강력한 자극과 혜택이 주어져야만 새로움과 만족감을 느끼게 된다. 앞서 여러 번 강조했듯이 지나치게 치열한 마케팅 경쟁이 오히려 만족감과 즐거움의 상실을 부르는 '쳇바퀴의 덫'으로 작용하는 것이다.

많은 기업이 새로운 기능과 서비스를 추가적으로 탑재하며 신제품 출시 속도 경쟁을 벌임에 따라 소비자의 이러한 둔감증이 심화되고 있다. P&G의 면도기 브랜드인 질레트의 경우 1930년 '블루 블레이드'를 선보인 지 40년 후 업그레이드 버전으로 두 날 면도기를 출시했고, 18년 후에는 센서 면도기, 5년 후에는 센서 엑셀 면도기, 4년 후에는 3중 날 면도기를 출시하다가 이제는 몇 개월 만에 더 많은 날이 장착된 제품을 소개하기도 했다. 또한 휴대폰에 카메라와 MP3 기능이 순차적으로 탑재된 것과 유사하게 세제에는 얼룩 제거와 정전기 방지 등의 기능이 추가되고, 전자제품에는 품질보증 같은 새로운 서비스가 더해지는 추가적 확장(augmentation by addition)이 진행되고 있다.[31]

최근에는 스마트폰시장에서 기업 간 신제품 출시 경쟁이 치열하다. 세계 스마트폰시장을 주도하는 삼성전자와 애플은 한 해에 2~3개 신제품을 선보이고 있으며, 이들을 뒤쫓는 노키아와 팬택은 1년에 4개 이상의 신제품을 출시하는 전략을 펼치고 있다. 이에 따라 반도체 칩의 기술개발 속도에 적용된 '무어의 법칙'•과 유사하게 스마트폰의 기술개발 속도를 설명하는 '안드로이드 법칙'••이 등장하기도 했다.

그러나 기업 간에 벌어지는 치열한 기능 및 서비스 경쟁은 혁신 상품에 대한 소비자의 기대수준을 높여 새로운 경험에 대한 만족도는

• 마이크로 칩에 저장할 수 있는 데이터의 양이 18개월마다 2배씩 증가한다는 법칙으로 인텔의 공동 창업자인 고든 무어(Gordon Moore)가 규정하였다.

•• 미국 CNN이 제시한 법칙으로 스마트폰 신제품의 출시 주기가 짧아져 이제는 고작 2~3개월에 불과함을 나타내는 신조어이다.

도리어 낮아지고 있다. 예를 들어 최근 국내 이동통신시장에서 기업 간 롱텀에볼루션(LTE) 도입 및 서비스 경쟁이 격화되고 있지만, 정작 소비자들의 반응은 냉담하며 서비스 만족도도 하락하는 추세이다. 휴대폰 전문 리서치업체인 마케팅 인사이트가 2012년 9월 휴대폰 이용자 7만 3,365명을 조사한 결과, 이동통신 서비스에 만족한다고 답한 사람은 전체의 44%로 전년 대비 10%p 떨어졌고, 업계의 대표 3사에 대한 고객만족도 역시 현격히 낮아진 것으로 나타났다. 이와 함께 타사 브랜드로 전환하려는 사람들의 비율이 지속적으로 증가하고 있어 업계 전반에서 고객불만족과 이탈의 악순환이 심화되고 있다.

이동통신사 만족도 및 전환 의향

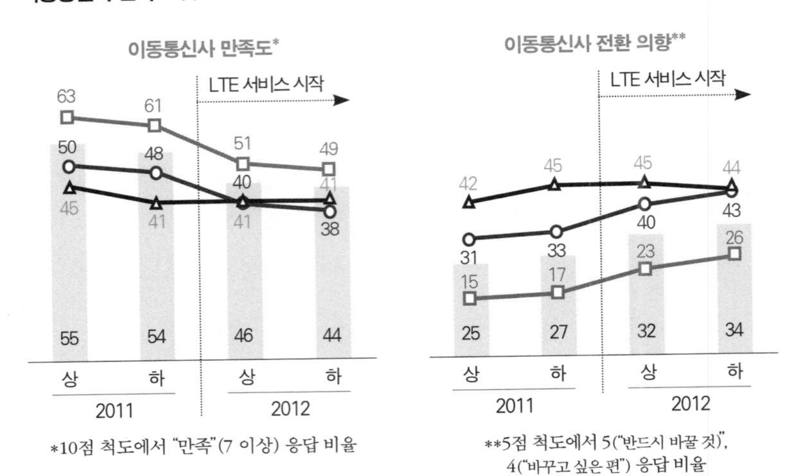

*10점 척도에서 "만족"(7 이상) 응답 비율

**5점 척도에서 5("반드시 바꿀 것"), 4("바꾸고 싶은 편") 응답 비율

전체 SKT KT LGU+

자료: "LTE 도입 후, 이통사 만족도 떨어져… LGU+만 '승승장구'" (2013. 1. 9). 《경제투데이》.

유선 인터넷보다 1.5배 빠른 LTE 기술을 세계 최초로 개발했다는 기술 차원의 성공은 달성했지만, 정작 소비자의 신기술 제품 만족도가 떨어지는 결과가 나온 것이다. 이와 유사하게, 국내 기업들이 풀HD보다 4배 선명한 VHD(초고화질)TV를 출시해 업계의 관심을 받았지만 실제 소비자들이 느끼는 신제품과 기존 제품 간의 차이는 미미해 오버스펙(over spec) 제품이라는 평가를 받기도 했다. 소비자 니즈가 존재하지 않는 분야에서 벌어지는 비효율적 경쟁은 만족 쳇바퀴 현상을 심화하고 새로운 소비 경험의 즐거움을 점점 더 사라지게 할 것이다.

정신적 풍요로움 추구

물질 만능주의가 쇠퇴하고 경제 침체가 장기화되면서 소비자의 가치관이 변화하고 있다. 물질 소비의 즐거움보다 정신적 풍요로움을 중시하고 대중적 유행을 좇기보다 자신이 추구하는 가치를 기준으로 판단하는 소비자가 많아졌다. 기존의 획일적 소비문화에 염증을 느끼고 자신만의 뚜렷한 소비관을 구축한 소비자들이 증가함에 따라 타인을 의식한 과시적 소비 성향은 점차 줄어드는 추세이다. 가치관의 변화가 어려운 경제환경과 맞물리면서 앞으로는 검소하고 절제된 생활을 추구하는 소비자가 계층과 세대를 넘어 더욱 증가할 것으로 보인다.

특히 외부환경에 쉽게 영향을 받는 민감한 청소년기에 사회적 · 경제적 변화를 겪은 소비자일수록 기존 세대와 명확히 구별되는 행태를 보인다. 현재 10~20대 젊은 층 사이에서 물질적 욕구의 감소 추세는 아주 뚜렷하다. 또 이들은 미래를 위한 자원 보존과 인류 공존을 중시함에 따라 풍요로운 청소년기를 지낸 기성세대와 달리 명품이나 사치스러운 생활을 선호하기보다는 검소하고 절약하는 생활을 추구하는 성향이 강하다. 향후 저성장이 장기화되고 사회의식이 성숙할수록 젊은 세대의 검약 추구 성향은 더 강해질 전망이다.

불황기(2008~2010년)와 불황 이전 시기(2004~2006년)에 각각 청소년기(고등학생)를 보낸 소비자들의 의식을 비교한 연구[32]에 의하면, 불황기에 청소년기를 보낸 젊은 층은 이전 세대에 비해 해외여행이나 고급 승용차 등 고가품 · 사치품에 대한 소비욕구가 적은 것으로 나타났다. 자가용보다는 자전거나 대중교통 이용을 선호하는 소비자는 28%에서 36%로 증가했고, '휴가를 위한 별장을 소유하는 것이 중요하다'라고 생각하는 비중도 46%에서 41%로 줄었다.

사회 · 환경의 지속 가능성에 대한 젊은 층의 높은 관심은 절제된 생활의 필요성을 더욱 높인다. 에너지 절약을 위해 난방을 줄이겠다는 젊은 층은 55%에서 63%로, 타인에게 직접적 도움을 줄 수 있는 직장을 원하는 비중도 44%에서 47%로, 빈곤층을 위해 식습관을 바꾸겠다는 소비자 비중은 58%에서 61%로 증가한 것으로 나타났다. '기아로 고통받는 사람들에게 음식을 제공하기 위해 육식 줄이기'를 중요하게 생각하는 젊은이도 많아져 일상생활 전반에서 절제와 검약을 실천하려는 성향을 보여주고 있다.

일본에서도 버블 붕괴 당시 청소년기를 보낸 20~30대 젊은 소비자들 사이에서는 기존 세대와 다른 비과시적 소비, 검소한 생활을 추구하는 성향이 나타나고 있다. 고가 명품보다 실리적 브랜드를 선호하

청소년기 경제적 환경이 성인 소비자의 태도에 미치는 영향

고등학교 시기	1976~1978년(불황)	2004~2006년	2008~2010년(불황)
자가용보다 대중교통 이용	49%	28%	36%
에너지 절약을 위해 난방 줄이기	78%	55%	63%
다른 사람을 직접 도와줄 수 있는 직업 선택	50%	44%	47%
빈곤층을 돕기 위한 식습관 변화	70%	58%	61%
2~3년마다 새 자동차로 바꾸기	30%	46%	40%

자료: "Youth attitudes shift during great recession" (2013. 7. 11). The Associated Press.

고 심플한 생활을 추구하는 일명 '코스파(Cost Performance) 세대'가 등장하는가 하면, 고소득층 사이에서도 검약과 절제를 중시하는 경향이 확산되고 있다.

현재 우리가 처한 장기 불황이라는 환경은 '무엇이 인생에서 중요한가'를 진지하게 생각하게 만든다. 따라서 최근 소비시장에서 일어나고 있는 변화는 기회 축소로 인한 수동적 선택이 아닌, 본질적 가치관 변화에 따른 능동적 선택에 따른 것이다. 특히 어려움 속에서 청소년 시절을 보낸 소비자의 가치관·소비관·행동의 변화는 기성세대가 일시적인 경제적 고충 때문에 소비를 줄이던 것과는 차원이 다르다. 화려한 삶보다는 소박한 생활을, 고액 연봉보다는 보람과 자부심을 중시하는 신세대가 소비시장을 서서히 바꾸어가고 있다.

대응전략: 단순함에서 해답 찾기!

기업들이 새로운 기술과 마케팅 기법을 앞다투어 사용하게 되면서 소비시장은 기업이 서로 '더 빨리', '더 많이', '더 먼저' 차지하기 위한 경쟁 공간이 되어버렸다. 소비자가 원하는 본질적 가치에서 벗어난 '경쟁을 위한 경쟁'은 소비자의 혼란과 피로감을 높일 뿐 아니라 경영 자원을 낭비하는 결과를 초래하게 된다. 따라서 마케팅·브랜드는 물론 전사적 기업전략에서도 'K.I.S.S.(Keep It Simple, Stupid!)'를 되새길 때이다.

무엇보다 요구되는 것은 경쟁자보다 더 많은 기능을 더하고 더 많은 정보를 전달하기보다는 소비자의 입장을 고려해 그들에게 꼭 필요한 혜택에 집중하고 기대수준 이상의 요소는 신중하게 검토하는 전략적 절제이다. 또한 제품 차원뿐 아니라 소비자가 탐색과 선택 등 의사결정의 전 과정에서 들이는 노력과 피로와 후회감이 최소화되도록 해야 한다. 실제로 구매 의사결정이 단순한 브랜드가 복잡한 단계를 거쳐야 하는 브랜드에 비해 소비자의 구매 확률이 86% 높을 뿐 아니라 긍정적 입소문을 낼 의향도 115% 높은 것으로 나타났다.

소비자의 삶의 질을 높이고 마케팅 효율성을 향상하기 위해 기업은 끝없이 돌아가는 경쟁의 쳇바퀴에서 탈출해야 한다. 본질과 방향성을 잃은 마케팅을 리셋(reset)해야 한다. 과연 우리 제품이 소비자 혼란을 가중시키거나 피로를 느끼게 하지 않을 정도로 중요하고 차별화된 혜택을 제공하는지, 또 우리가 전달하는 메시지를 소비자도 가치 있게 여길지, 우리 제품을 구매하는 과정이 소비자 친화적인지 등을 충분히 고려해야 할 것이다.

전략1 '굿 이너프'로 승부하라

로드아일랜드 디자인 스쿨의 학장 존 마에다(John Maeda)는 소비자가 제품을 선택할 때는 '많을수록 안전하다(More is safety)'는 생각에서 더 많은 기능의 상품을 선택하지만, 일상생활에서 실제로 사용할 때는 '적을수록 좋다(Less is better)'는 것을 알게 되어 결국 만족스러워하지 않는다고 설명한다. 상품 개발 전략에서 가능한 한 많은 것을 제공하기보다 소비자가 기대하는 수준 이상의 요소는 과감하게 제거하는 '굿 이너프(good enough) 전략'을 모색해야 하는 까닭이다.

이러한 주장은 신흥시장 중산층에게 최소한의 기본 기능 상품을 저렴한 가격에 제공하는 전략인 '굿 이너프'를 선진시장의 피로한 소비자를 대상으로 재해석한 것이다. 즉 '경쟁사보다 더 많은 것을 제공'하는 '다다익선'의 룰에서 벗어나 '필요 이상의 초과 가치는 제거'하는 '과유불급' 원칙을 적용하자는 이야기이다.

중요한 것은 소비자 피로를 유발하는 초과 기능은 제거하되 브랜드 에센스를 전달하는 부분에서 독보적 경쟁력은 강조해야 한다는 사실이다. '전문성'이 기반이 된 '단순성'을 제공해야만 고가치 · 저피로 혜택을 동시에 제시할 수 있기 때문이다. 기능을 제거하는 데 중점을 두었던 기존의 저가 디버전스 상품도 최근 전문성을 보유한 핵심 기능을 강화하고 브랜드 고유의 혜택을 강조하는 방식으로 진화하면서 컨

버전스 상품과 치열한 경쟁을 벌이고 있다. 대표적 성공 사례로 아마존의 킨들이 있다. 제프 베조스는 "킨들은 아이패드 같은 다목적 기기와 경쟁하게 될 것이지만 열성 독자들은 최적화된 제품을 선호할 것이다"라고 강한 자신감을 보인다. 실제로 전문가들도 "전자책을 보는 용도로 킨들을 능가할 제품은 없다"라며 호평하고 있다.

국내에서도 고객이 가치를 느끼지 못하거나 노이즈로 작용할 만한 요소는 과감하게 생략하는 마이너스 전략을 시도하여 성공한 사례가 등장하고 있다. 삼성전자는 2013년형 스마트TV용 리모컨에서 채널 숫자 등 불필요한 버튼을 최대한 제거해 버튼 수를 47개에서 17개로 줄이고, 세탁기에도 13개 버튼이 있던 전년 모델에서 반드시 필요한 전원 버튼과 동작 · 일시정지 버튼 2개만 남기는 등 획기적인 제품 단순화를 실현해 화제를 모았다.[33] 이는 단지 복잡한 성능을 숨기는 데 그치지 않고 터치 패널, LCD 화면 기술을 활용해 사용자가 좀 더 쉽게 직관적으로 사용할 수 있도록 한다는 점에서 소비자 경험의 만족감을

삼성전자의 스마트TV용 리모컨의 변화

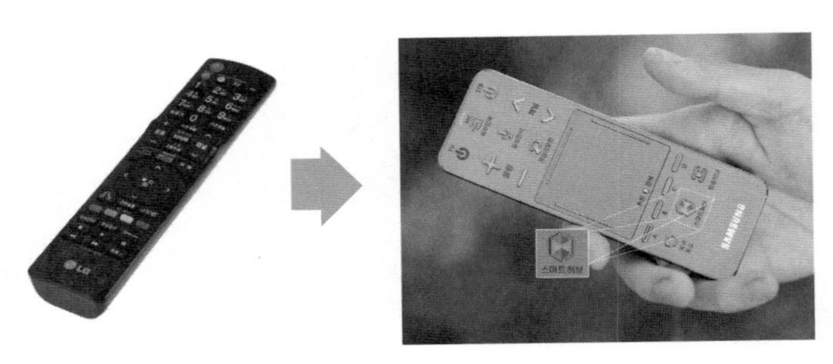

: 글로벌 브랜드 심플리시티 지수 조사 :

브랜드 컨설팅 업체 시겔+게일(Siegel+Gale)은 2009년부터 매년 미국·영국·독일·중국·인도와 중동 지역 7개국에서 소비자 1만여 명을 대상으로 한 '브랜드 심플리시티(Brand Simplicity)' 조사를 실시하여 브랜드와 산업별로 단순성 지수를 평가·발표해왔다. 조사는 25개 산업을 대표하는 90여 개 브랜드에 대해 제품·서비스, 커뮤니케이션이 경쟁 브랜드에 비해 단순/복잡한 정

2013년 글로벌 브랜드 심플리시티 지수 조사 결과

순위 (변동)	브랜드	점수
1 (9↑)	알디	883
2 (10↑)	아마존	874
3 (-2↓)	구글	868
4 (-2↓)	맥도날드	840
5 (15↑)	KFC	785
6 (3↑)	까르푸	784
7 (-3↓)	C&A	780
8 (6↑)	삼성	779
9 (-6↓)	IKEA	777
10 (-4↓)	피자헛	768

자료: Siegel+Gale (2013). "Global Brand Simplicity Index 2013: Demonstrating the impact of simplicity on revenue, loyalty and innovation".

도와 각 산업이 소비자 생활을 단순/복잡하게 만드는 데 기여하는 정도 등을 질문한 뒤 분석하는 것으로 이루어진다.

2013년에는 2011년과 2012년에 연속 1위를 지킨 구글을 제치고 독일 할인업체 알디(ALDI)가 1위를 차지했고, 소비자의 구매와 사용 편리성을 높인 아마존이 뒤를 이었다. 간소한 홈페이지가 상징적인 구글이 3위를 차지했으며, 맥도날드의 경우 간편한 주문방식과 이해하기 쉬운 메뉴, 투명한 가격 정책을 강화한 결과 단순화에 성공했다는 평가를 받았다. 산업 단순성 분석 결과를 보면 인터넷 검색, 전자 기기, 레스토랑, 인터넷 유통 및 가전 산업이 소비자의 삶을 단순하게 만드는 데 가장 큰 기여를 한 것으로 나타난다. 반대로 25개 산업 중 복잡성 지수가 가장 높게 나타난 분야는 건강 및 일반 보험으로 분석되었다.

높이는 효과를 창출할 수 있다.

마이너스 마케팅으로 성공한 또 다른 사례로 전 세계에서 체인을 운영 중인 여성 전용 피트니스 클럽 커브스(Curves)를 들 수 있다. 커브스는 일반 클럽에서 볼 수 있는 큰 거울을 없애고 10여 종의 운동기구만을 배치한 시설에서 여성들끼리 화장기 없는 맨 얼굴로 편하게 운동할 수 있도록 3 No(no mirror, no makeup, no man) 전략을 채택하고 있다. 이러한 전략은 건강에 관심이 많지만 불필요한 클럽 서비스에 불만을 품었던 40~60대 주부의 커다란 호응을 얻어 현재 일본과 한

: 절제(Good enough)의 정수를 보여주는 알디 :

전 세계 9,000개 이상의 매장을 운영하는 독일 할인점 알디(ALDI)는 '어떤 도시에서건 본질에 집중한다(focuses on the essentials, no matter what city)'라는 브랜드 슬로건에서 알 수 있듯이 핵심에 집중하는 경영철학을 실천한다. 알디의 본질이란 소비자에게 '믿을 수 있는 제품을 최저가로 제공하는 것'이다.

알디는 취급 품목 수를 대폭 줄이는 대신 신뢰할 수 있는 품질과 최저가를 고수한다. 월마트가 12만 개 넘는 품목을 취급하는 반면 알디는 1,000~1,500개 이내로 품목 수를 제한하고 있다. 일반 슈퍼마켓이 평균 3만 개 이상의 제품을 취급하는 것과 비교해 보면 알디가 얼마나 핵심 품목에 집중하는지 알 수 있다. 또 한 품목당 상품 하나만 판매하는 것이 알디의 원칙이다.

대신 알디에서는 월마트보다 20% 저렴한 가격으로 동일 제품을 구매할 수 있다. 취급 품목 수가 적은 만큼 재고 관리가 단순하고 상품회전율과 상품당 마진율을 높일 수 있어 결과적으로 경쟁사보다 20% 이상 낮은 가격을 소비자에게 제시할 수 있는 것이다. 알디의 품목당 매출액은 일반 슈퍼마켓에 비해 약 9.7배 높은 것으로 나타난다. 또 적은 수의 제조업체와 장기적 협력관계를 맺을 수 있어 안정적 조달 및 가격전략의 혜택을 누릴 수 있다. 일반 할인점이나 슈퍼마켓이 상시적으로 사용하는 쿠폰이나 매장 프로모션은 하지 않고 언제나 같은 가격을 책정하는 것도 오히려 소비자 신뢰를 확보하는 효과를 얻었다.

적은 수의 품목을 최저가로 판매하면서도 제품 품질은 엄격하게 관리하는 것이 알디의 무기이다. 매년 6회 이상 품질검사를 실시해 자사 기준에 미달하는 제품은 매장에서 철수시킨다. 싸구려로 인식되기 쉬운 자체 브랜드(PB) 제품도 글로벌 브랜드 수준의 품질로 제공해 소비자들에게 호응을 얻고 있다. 알디의 매력은 매장 인테리어와 서비스에서도 나타난다. 단순하고 군더더기 없는 인테리어로 고객이 빨리 쉽게 쇼핑을 마칠 수 있도록 하고, 매장당 직원도 5명 수준으로 제한하여 비용을 최소화한다.

알디는 영국에서 '최고슈퍼마켓상'을 2012년과 2013년에 연달아 수상했으며 테스코도 실패한 미국시장 진입에 성공하여 월마트를 위협하고 있다. 소비자가 필요로 하는 핵심 혜택에 집중해 신뢰할 수 있는 쇼핑 체험을 제공하는 알디는 독일은 물론 해외에서도 사랑받는 브랜드로 자리매김하고 있다.[34]

국 등 84개국에서 1만 개 이상의 클럽과 430만여 명의 회원을 확보하고 있다.

'굿 이너프' 상품은 소비자에게 높은 가치를 제공할 뿐 아니라 기업의 수익성에도 긍정적 영향을 준다. 2013년 글로벌 브랜드 심플리시티 지수(Global Brand Simplicity Index) 조사에 의하면 소비자들은 단순한 소비 체험에 5.4% 더 높은 가격을 지불할 의사가 있다고 밝혔다. 그리고 유통·식품·전자제품·패션 구매에서 단순화된 경험을 한 소비자의 75%가 주변 사람들에게 해당 브랜드를 추천하는 것으로 알려졌다.

영국의 유통 브랜드 테스코(Tesco)는 다양한 고객니즈를 만족시키기 위해 세계 각지에서 사과를 공급받았지만 실제 판매는 매우 저조했다. 이후 사과 종류를 3가지로 줄이자 오히려 판매량이 2배 증가했는데, 놀랍게도 고객들은 사과 종류가 줄었다는 것조차 인식하지 못했다고 한다. 다양한 선택을 제공하면 소재(부품)의 종류가 많아지고 규모의 경제를 달성하기가 어려울 뿐 아니라 재고 관리의 불확실성도 높아진다. 단 4개 메뉴만 제공하는 인앤아웃 버거(In-N-Out Burger)의 수익률이 14개 이상 메뉴를 제공하는 맥도날드보다 훨씬 높다는 사실도 '전문적 단순화'의 이점을 잘 보여준다.[35]

전략2 '심플리시티' 지향 문화를 구축하라

기술·상품 혁신은 경쟁사와 차별화를 위해 제품에 가능하면 더 많은 기능을 담으려고 하는 제조사의 열망이 아닌 소비자 입장에서 생활 전반의 편리성과 단순성을 높이기 위한 과정이 되어야 한다. 이를 위해서는 소비자의 복잡한 요구사항을 선별하고 통합하는 역량이 요구된다. 예를 들어 포커스 그룹 인터뷰에서 소비자는 이상적 세탁기의 조건으로 수십 개의 기능을 요구하지만 실제로는 70%의 소비자가 세탁 시에 매번 같은 기능만 사용하고 오히려 기능이 많으면 당황스러워한다.

구매 후 후회되는 감정을 줄이고 만족도를 높이려면 일반적 시장조사를 통해 수집된 광범위한 소비자 요구사항을 모두 충족시키기보다 경험이 풍부한 핵심고객의 니즈에 집중한 상품 개발 원칙을 준수하는 것이 바람직하다. 사용 경험이 풍부할수록 자신이 원하는 성능에 대한 확신을 지니게 되어 불필요한 요소로부터 느끼는 피로와 불쾌감이 커지기 때문이다. 또 소비자들에게 원하는 것을 직접 묻기보다는 일상생활에서 제품과 관련된 행동을 관찰하는 것이 차별화된 혜택을 발굴하고 불필요한 기능이나 서비스를 줄이는 데 효과적일 수 있다. 즉 제품 차원이 아닌 소비자의 생활 차원에서 접근해야 한다.

업계와 시장을 주도하는 '리더' 브랜드라면 주기적으로 시장 스트레스 조사를 실시해 시장 현황을 파악하고 소비자 삶의 질을 향상시키

글로벌 브랜드 심플리시티 지수(GBSI)의 산업 순위(상위 5위, 하위 5위)

순위		산업	점수
상위 5위	1	인터넷 검색	950
	2	전자제품	736
	3	레스토랑	734
	4	인터넷 쇼핑	723
	5	가전	719
하위 5위	21	이동통신, 케이블	484
	22	유틸리티	473
	23	여행, 자동차 렌탈	445
	24	건강보험	329
	25	일반보험	258

자료: Siegel+Gale (2013). "Global Brand Simplicity Index 2013: Demonstrating the impact of simplicity on revenue, loyalty and innovation".

는 전략을 구상할 필요가 있다. 소비자가 인지하는 일상생활의 복잡성, 제품 기능이나 정보로 인한 피로도와 고통 정도, 자사 제품 또는 브랜드가 소비자 생활에 미치는 영향 등을 파악한다면 장기적 발전을 위한 브랜드 전략을 찾을 수 있을 것이다. 특히 소비자에게 익숙지 않고 복잡한 상품구조를 지닌 보험, 여행, 렌트카 업종의 브랜드라면 간소하고 쉬운 상품 개발을 통해 차별화를 시도해볼 수 있다.

단순성 원칙은 기술·마케팅 등 부서 단위 노력만으로는 지켜지기 어렵다. 스스로 달성한 기능이나 서비스를 상품에 더하거나 확장하고 싶은 유혹에 빠지기 쉽기 때문이다. 브랜드 단순화가 성공하려면 전사 차원의 브랜드 운영 원칙에 '소비자 생활의 단순성'을 강조해야 하고 이를 준수하기 위한 최고의사결정자의 지원이 필수적이다. 즉 신상품을 개발하거나 제품 라인을 확장할 때 또는 커뮤니케이션 메시지를 전달하기에 앞서 브랜드 단순성의 원칙에 어긋나지 않는지 실무진은 물론 의사결정자가 충분히 고민해야 한다.

'시겔+게일'의 CEO 앨런 시겔(Alan Siegel)은 리더에게는 제품·서비스, 커뮤니케이션, 비즈니스 모델에서 불필요한 부분은 거침없이 제거하는 '무자비한 킬러'의 역할도 요구된다고 말했다. 애플과 구글이 직관으로 쉽게 사용할 수 있는 첨단 기기, 기본에 충실한 군더더기 없는 홈페이지 등 '단순성'을 콘셉트로 한 제품 및 서비스로 시장을 선도하는 것도 'less is more and smarter'를 믿는 최고의사결정자의 확고한 원칙이 있었기 때문이다. 다음은 전(前) 애플 CEO 스티브 잡스가 남긴 말이다.

: 'No' 문화가 만든 구글의 검색사이트 :

검색엔진 분야에서는 비교적 후발주자라고 할 수 있는 구글은 흰 바탕에 검색창과 브랜드 로고만 강조한 단순한 웹사이트 디자인이 상징화되면서 인터넷 검색의 대명사로 자리 잡았다. 구글의 유명한 홈페이지 디자인은 다양한 시도 끝에 우연히 만들어진 것이 아니라 '홈페이지에 무엇을 담을 수 있는가'에 관한 엄격한 원칙하에 개발된 것이다.

구글은 검색사이트 구축 초기부터 홈페이지가 복잡해지는 것을 방지하기 위해 기본 페이지에 새로운 기능과 디자인 등을 추가하려면 까다로운 절차를 거치도록 했다. 당시 소비자 웹 상품의 디렉터였고, 현재는 야후의 CEO인 마리사 메이어(Marissa Mayer)는 "추가 기능을 더하려면 오디션을 통과해야 했다"라고 말한다. 오디션 평가 시스템은 추가 기능이 구글의 검색 페이지에서 얼마나 잘 실행되느냐는 물론 글꼴과 사이즈, 컬러 적합성 등 구체적인 부분에서도 까다로운 기준을 적용했다.

구글 홈페이지의 단순성 원칙은 사내 크리에이티브나 기술진의 아이디어는 물론 고객의 요구사항까지 무시할 정도로 엄격하게 준수되고 있다. 예를 들어 주기적인 소비자 설문조사에서 페이지당 더 많은 수의 검색 결과를 원하느냐는 질문에 응답자들은 언제나 '그렇다'라고 대답하지만, 실제로는 그런 상황을 결코 받아들이지 않는다. 더 많은 검색 결과는 로딩을 느리게 하고 궁극적으로 고객체험의 질을 떨어뜨릴 것임을 알기 때문이다.

'고객은 스스로 요구하는 바가 어떤 결과를 가져다줄지에 대해 이해하는 데 한계가 있고, 그러므로 그것은 바로 우리가 해야 할 일'이라는 것이다. 구글은 여전히 페이지당 10개의 검색 결과만 보여준다는 원칙을 고수하고 있다. 자신들의 원칙에 대한 확신으로 더 많은 것을 원하는 고객에게 'no'라고 대답하는 배짱을 보여주는 셈이다.

집중은 '아니요(no)'를 말하는 것이다. '아니요, 아니요, 아니요'를 말할 수 있어야 한다. 그런 집중의 결과가 부분의 합보다 훨씬 큰 전체를 지닌, 정말로 대단한 제품들을 만들게 한다.

단순함이 복잡함보다 더 어렵다. 생각을 정리하기 위해 열심히 노력해야만 단순함이 가능해진다. 그러나 단순함을 얻게 된다면 산을 움직일 수 있을 만큼의 큰 가치를 얻게 될 것이다.

전략3 의사결정의 지름길을 제시하라

최적의 상품을 제공하는 것과 함께 소비자의 의사결정 과정에서 피로와 혼란을 줄여주는 것도 중요하다. 상품 수가 많아지고 새로운 속성이 빠르게 더해지면 의사결정이 어려워져 중도에 구매를 포기하거나 선택에 대한 자신감과 만족감이 떨어지게 된다. 따라서 고객이 최소한의 노력으로 최선의 선택을 할 수 있도록 '의사결정의 지름길'을 제시한다면 소비자의 피로와 혼란을 줄여주고 소비행동의 효용을 높일 수 있다.

소비자가 상품을 구매할 때 유의해서 비교해야 하는 주요 속성을 객관적이고 전문적으로 알려준다면 소비자의 불필요한 노력을 제거하고 만족감도 높일 수 있다. 특히 하나의 카테고리에서 다양한 제품을 판매하는 소비재 브랜드라면 같은 브랜드 내에서도 상품 간 차이점을 식별하는 데 혼란을 경험하는 소비자들이 많다는 점을 유의해야 한다. 이런 경우 고객이 각 속성의 중요도를 판단하고 대안을 제거해나갈 수 있는 가이드라인, 즉 의사결정 휴리스틱스(heuristics)•를 먼저 제안하는 것이 큰 도움이 된다.

성공적 사례로 허벌 에센스(Herbal Essence)를 들 수 있다. 이 브랜

허벌 에센스 웹사이트 이미지

자료: 〈http://us.herbalessences.com/en-US/hair-care-products〉.

• 소비자가 상품을 비교 · 평가해 선택을 결정하는 경험적 방식을 의미한다.

드는 웹사이트를 통해 고객이 70여 개 이상의 헤어 제품 중 자신의 모발 상태와 니즈에 꼭 맞는 제품을 선택할 수 있도록 가이드라인을 제시하고 있다. 고객은 모발의 길이, 굵기와 질감, 볼륨, 컬러 등 웹사이트에서 제시하는 기준과 절차에 따라 자신에게 가장 이상적인 샴푸를 결정할 수 있다. 전문적 가이드로 복잡한 비교 과정을 간소화하여 샴푸 구매에 들이는 노력을 최소화하도록 한 것이다.[36]

신기술 경쟁이 치열한 IT·가전 분야에서도 신상품 출시 경쟁에만 급급하기보다 소비자 혼란과 피로를 줄일 수 있는 지침을 제시해야 한다. 허벌 에센스의 사례를 적용하자면, 가족의 규모와 구성, 평소 자주 입는 의류 유형 등 제품 사용과 관련해 소비자가 쉽게 대답할 수 있는 핵심 질문을 통해 최적 용량과 최적 기능의 세탁기를 제안하는 것이 가능하다. 또 이동통신 혹은 인터넷 사용패턴 분석을 통해 고객에게 최적화된 서비스 상품을 설계·제안한다면 의사결정의 만족도는 물론 브랜드 신뢰와 충성도를 높일 수 있을 것이다.

브랜드가 제시하는 간단하지만 명확한 제품 비교 방식이 오피니언리더 또는 브랜드 전문가들에게 성공적으로 받아들여진다면 시장의 표준으로 자리 잡을 수도 있다. 특히 의사결정 과정에 시간과 노력을 많이 투자해야 하고, 자신의 선택에 불안감을 느낄 가능성이 있는 고가품이나 첨단 기능의 상품일수록 핵심적이고 객관적인 비교 기준을 제시하는 것이 효과적이다. 고가의 다이아몬드를 비교하는 복잡한 기준으로부터 소비자를 해방시키기 위해 '4Cs(Cut, Color, Clarity, Carat)'를 사용한 드 비어스(De Beers)는 4Cs가 상품 비교를 위한 보편적 기

: '단순한 보험'을 지향하는 현대라이프, 파머스 생명보험 :

'시겔+게일'이 글로벌 브랜드 심플리시티 지수를 발표하기 시작한 2011년부터 매년 가장 복잡한 상품으로 뽑히는 것이 바로 보험상품이다. 소비자 입장에서 기업이 제공하는 정보를 이해하기 어렵고 정보의 신뢰도, 의사결정 활용도가 낮을 뿐 아니라 상품을 구매하는 과정 자체가 복잡하기 때문이다. 특히 금융상품은 몰입도가 높고 구매 의사결정이 장기간 영향을 미치기 때문에 구매 과정이나 구매 후 경험이 오래도록 삶의 질을 떨어뜨리는 주범이 될 수 있다.

최근 국내외 보험사들이 '단순성'을 핵심으로 상품은 물론 소비자의 상품 선택 및 사용 과정을 개선하고자 노력하는 모습을 보이고 있다. 국내에서는 현대라이프가 단순화를 주도하고 있다. 2013년 초에 출시된 현대라이프 제로(Zero)는 단순하고(simple), 핵심에 집중하며(focused), 규격화(in-box)된 서비스를 표방한다. 현대라이프는 소비자의 의사결정 과정에 혼란과 고통 유발 요인으로 작용하는 어려운 보험약관, 복잡한 상품 구조를 쉽고 단순화하는 데 주력했다. 예를 들어 상품 포트폴리오를 사망·암·5대 성인병·어린이 보험 등 4가지로 축약했고, 불필요한 특약을 모두 없애면서 보장 내용과 기간을 최대한 간단히 제시해 고객이 선택하도록 한다.

보험 내용이나 보험금 지급 조건 등도 소비자가 직관적으로 이해할 수 있도록 단순하게 설계했는데, 이는 정보의 신뢰도와 활용도를 높이고 소비자 혼란과 피로감을 줄이는 효과를 냈으며 기업 수익성에도 긍정적 영향을 미쳤다. '현대라이프 제로'는 출시 2개월 만에 판매 1만 건을 달성했고, 이후 매월 1만 건 이상 판매되는 성과를 창출했다. 현대라이프의 이러한 시도는 '보험은 복잡하고 어려운 상품'이라는 고정관념에 도전함으로써 의사결정 과정에서 소요되는 소비자들의 노력을 최소화하고 서비스 경험의 가치를 최대화하고자 한 데 의미가 있다.

해외시장에서도 금융 서비스 상품 및 구매 의사결정 과정의 단순성이 고객과 장기적 관계를 구축하는 데 중요한 요인으로 부상하고 있다. 시애틀 소재 파머스 생명보험(Farmers Life)의 경우 소비자가 보험계약 절차 및 조건을 쉽고 빠르게 이해할 수 있도록 하는 'Simple Term Life'를 도입했다.

이를 위해 불필요한 서류 작업을 제거한 'paperless' 프로세스, 가입자 개인 특성에 맞춘 최적·최소의 질문을 제시할 수 있도록 하는 인공지능 시스템을 구축했다. 그 결과 계약서 작성, 건강 검사, 기타 서류 작업 등 보험 가입 절차에 소요되던 시간이 일반업체는 보통 20일 정도였는데 파머스 생명보험은 단 6분 이내로 처리할 수 있게 되었다. 결국 고객은 물론 직원의 시간과 노력까지 아껴 고객만족과 업무효율성을 동시에 높여주었다.[37]

준으로 인식되면서 업계 대표 브랜드라는 명성을 확보할 수 있었다.

전반적인 구매 의사결정 및 제품·서비스 체험 과정에서 고객 스트레스 수준을 분석하여 소비만족도를 높이는 방안도 구상할 필요가 있다. 예를 들어 호텔 서비스는 검색 초기 다양한 하위 브랜드 간 차이점

고객체험 단계별 복잡성/단순성 수준(호텔 서비스, 자동차 렌탈)

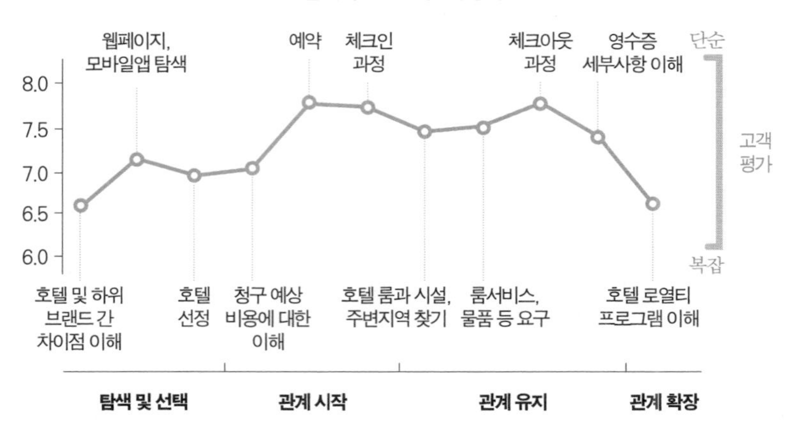

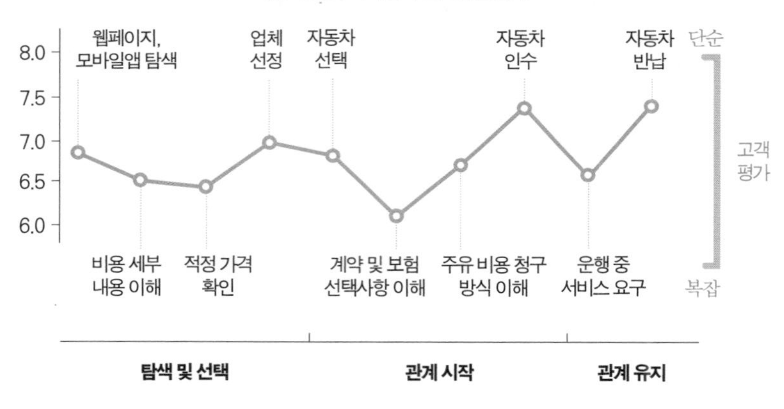

자료: Siegel+Gale (2012). “Global Brabd Simplicity Index 2012: Understanding how simplicity sparks profits, loyalty and innovation”

을 식별할 때나 투숙 후 리워드 프로그램을 사용할 때 혼란이 커지고 자동차 렌트 서비스에서는 계약 내용과 보험 선택 단계에서 스트레스가 높아지기 마련이다. 따라서 복잡한 사업구조를 보유한 글로벌 호텔 체인의 경우에는 하위 브랜드 체계를 소비자가 구별하기 쉽게 재조정하거나 마지막 지불 단계에서 리워드 프로그램에 대한 간편사용 설명서를 제공한다면 소비자들의 혼란을 줄여주면서 장기적 관계를 유지할 수 있을 것이다.

전략4 커뮤니케이션 버블을 제거하라

온·오프라인의 다양한 채널을 통한 접촉 빈도와 정보의 양을 무조건 늘리기보다는 각 접점에서 제공하는 정보의 가치를 최대화하는 노력이 필요하다. 소비자가 접하는 정보의 양이 기하급수적으로 증가하는데도 믿을 수 있는 고급 정보에 대한 요구가 더 커지는 모순적 현상이 빚어지고 있기 때문이다. 방대한 규모의 화려한 메시지가 아닌 소비자의 의사결정과 판단에 실질적으로 기여할 수 있는 정보를, 신뢰할 수 있는 채널에서 제공하는 것이 바람직하다. 한마디로, 커뮤니케이션의 양과 내용에서 버블을 제거해야 한다는 의미이다.

정보에 대한 신뢰는 무엇보다도 정보를 제공하는 정보원이 누구냐에 크게 좌우된다. 소비자는 기업이 직접 전달하는 정보보다 믿을 만한 주변인이나 특정 상품에 관한 한 전문가 수준에 오른 소비자의 의견을 더 신뢰하는 경향을 보인다. 이와 함께 많은 기업이 소비자 블로그나 소셜미디어를 통해 상품 체험 스토리를 확산시키는 전략을 택하고 있지만 정보의 객관성과 신뢰성에 대한 의구심은 오히려 커지고 있다. 그렇다면 정작 중요한 것은 무조건 많은 정보 확산자 확보가 아니라 소비자들의 의사결정을 '실질적으로 도와줄 수 있는 핵심 조언자'를 확보하는 것이다. 그리하여 소비자가 필요로 할 때 신뢰할 수 있는 양질의 정보를 전달하도록 해야 하는 것이다.

고객 조언자 패널을 통해 정보 신뢰를 확보한 사례로 디즈니를 들 수 있다. 디즈니는 디즈니 월드에 대해 베테랑인 엄마들을 가려 뽑아 'Walt Disney World Mom Panel'을 구성하고 이들이 디즈니 방문을 계획하는 소비자들의 질문에 응답하도록 하는 서비스를 제공하고 있다. 예를 들자면 다리가 불편한 두 아이의 엄마가 퍼레이드를 가장 잘 볼 수 있는 위치를 물어보면 디즈니 월드를 25번도 넘게 방문한 경험이 있는 베테랑 엄마가 다양한 경험을 토대로 맞춤화된 조언을 해주는 식이다. 디즈니 월드 웹사이트에서는 각 패널 엄마들의 디즈니 방문 경험과 조언 이력은 물론 가족사항과 고향, 그리고 남편을 만나게 된 스토리까지 제공되고 있어 소비자들이 자신의 상황에 가장 적합한 조언자를 찾아 실질적 정보를 얻을 수 있다.[38]

한편 중산층 이상의 구매력 있는 소비자들 사이에 절제되고 검소한 생활을 추구하는 경향이 확산됨에 따라 브랜드 메시지도 제품과 서비스의 과시적 측면보다는 실용성과 합리성을 강조하는 내용으로 구성하는 것이 효과적이다. 즉 불황이 장기화되고 검약소비가 트렌드로 정착된 선진국시장에서 고소득 소비자들을 대상으로 화려하고 현란한 VIP 마케팅을 벌인다면 오히려 거부감을 불러일으킬 가능성이 높다. 합리적 부자에게는 '남과 다름'을 강조하기보다 상품의 핵심적 · 실용적 가치에 집중하고 메시지의 거품은 제거하는 것이 더 효과적이다.

: 합리적 부유층을 타깃으로 한 볼보 광고 :

미국에서 메르세데스(Mercedes), BMW와 함께 고급 자동차 브랜드로 인식되는 볼보(Volvo)는 수십 년간 소수의 특별한 고객, 탁월한 제품 성능 등을 강조하는 전형적인 럭셔리 광고 전략을 펼쳐왔다. 그러나 2013년 TV 및 지면 광고에서는 과시적 부유층을 조롱하는 스토리로 '일상에서 만나는 평범한 사람들이 타는

볼보 S60 광고

"만약 당신의 집사가 집사를 가졌다면(위), 만약 당신의 개가 옷장을 가졌다면(아래), 아마도 볼보 S60은 당신을 위한 차가 아닐 것"이라는 내용을 담고 있다.

자료: "Volvo's New Ads Are Anti-Rich People" (Apr. 23, 2013). *Business Insider.*

자동차'로 리포지셔닝을 시도해 업계 전문가들에게 놀라움을 선사했다.

TV광고에서는 메르세데스를 탄 화려한 외모의 여성이 거울 속 자신의 얼굴에 도취된 듯한 장면과 볼보를 타고 아이들과 재미있는 장난을 치는 평범한 엄마의 모습을 보여주며 '볼보는 소수가 아닌 평범한 사람을 위한 차'라는 메시지를 전달하고 있다. 또 다양한 지면광고를 통해서는 상위 1%에 속하거나 그렇게 보이고 싶은 사람에게 볼보는 적합한 선택이 아니라는 식으로 부유층의 과시성을 비꼬는 메시지를 전달한다.

광고 속 제품 볼보 S60의 가격은 3만 3,300~4만 8,150달러 수준으로 메르세데스나 BMW의 동급 모델과 큰 차이가 없다. 볼보의 새로운 광고전략에 대해 전문가들은 자신을 과시하거나 두드러져 보이기를 원하지 않는 합리적 · 현실적 고소득층을 겨냥한 '안티리치(anti-rich) 브랜드'로서 리포지셔닝하기 위한, 실험적이면서도 유쾌한 시도라고 평가한다.[39]

전략5 소비의 의미를 업그레이드하라

상품 구매나 소비생활에 피로와 혼란, 싫증을 느끼는 소비자를 대상으로 감각적이고 자극적으로 관심을 끌려고 하면 이는 더욱더 심각한 소비욕구 저하와 불감증, 즉 과잉 마케팅의 악순환을 유발한다. 구매력은 있지만 소비의 즐거움을 잃은 소비자들은 자아실현 같은 상위 욕구와 정신적인 만족을 추구하는 성향이 강하므로, 소비활동을 단순한 '물질적 소유'가 아닌 '도전적이고 의미 있는 활동'으로 인식할 수 있도록 만들어주는 것이 중요하다.

소비가 즐겁고 의미 있는 체험이라는 인식을 심어줄 수 있는 전형적인 방식으로 DIY 상품을 들 수 있다. 그러나 단순히 제품을 조립하는 DIY 방식에서 벗어나 스스로 상품을 기획하고 라이프스타일을 구성할 기회를 제공한다면 소비는 일상적 · 소모적 업무(task)가 아닌 자신이 추구하는 라이프스타일을 실현하기 위한 가치 있는 활동(activity)이 된다. 즉 조립식 제품을 판매하는 데 그치지 말고 소비자가 직접 자신의 가치관과 취향에 맞는 생활을 꾸밀 수 있도록 제품의 기본 정보와 사용에 관한 컨설팅 서비스를 제공하는 것이 효과적이다.

IKEA가 다양한 라이프스타일을 제안하는 것도 바로 그런 이유다. 소비자 스스로 도전해 자신만의 공간을 연출하는 과정에서 즐거움을 느끼는 효과를 창출하는 것이다. 일본의 도큐핸즈(Tokyu Hands)도 다양한 DIY 제품을 판매할 뿐 아니라 고객이 만들고자 하는 물건 제작에 필요한 어드바이스를 제공하는 스태프를 현장에 배치해 도움을 주는데, 이런 점이 소비를 의미 있는 활동으로 인식시킨다. 자동차시장에서도 소비자가 스스로 제품을 디자인 · 설계하는 즐거운 경험을 통해 브랜드와 상품에 애착을 갖게 되는 사례가 많아지고 있다. 예를 들어 젊은 층을 대상으로 한 소형차 시트로앵 DS3는 루프, 바디, 사이드미러, 스마트키 등의 색상을 고객이 자기 개성에 맞춰 직접 선택할 수 있도록 한다.[40]

그러나 다양한 선택권을 부여하는 것이 또 다른 피로 요소로 작용할

: 고객의 수고(effort)가 주는 가치, IKEA 효과 :

사람들은 완제품을 제공받는 것보다 자신이 직접 시간과 노력을 들여 완성한 제품의 가치를 더 높이 평가하고 애착을 가지며 주변에 자랑하고 싶어한다는 사실이 밝혀졌다. 하버드경영대학의 마이클 노턴(Michael I. Norton) 교수는 이러한 경향을 DIY 가구의 선두주자인 스웨덴 기업의 이름을 빌려 IKEA 효과(IKEA effect)라고 정의했다. 예를 들어 조카를 위해 완제품 곰 인형을 사는 것보다 조카가 직접 만든다거나 인형에 이니셜을 새기는 것과 같은 노력을 들이도록 했을 때 결과물에 더 애착을 지니게 된다는 것이다.

소비자 실험에서 참가자 일부(조립 집단)에게 간단한 조작이 필요한 IKEA 정리함을 직접 조립하도록 하고 자신이 조립한 상품에 대한 입찰가를 제시하도록 했다. 또 다른 참가자들(평가 집단)에게는 전문가가 조립한 동일 정리함과 조립 집단이 만든 정리함을 평가하여 각 제품에 대한 입찰가를 쓰도록 했다. 조립 집단의 참여자들이 자신이 직접 만든 정리함을 평가한 평균 입찰가는 0.23달러였다. 반면 평가 집단은 전문가 제품을 0.27달러로, 일반인 조립 집단이 만든 제품을 평균 0.05달러의 가치로 평가했다.

객관적으로 보기에 일반인이 조립한 상품은 전문가가 만든 완제품에 비해 조악하고 가치 없는 종이상자로밖에 보이지 않지만, 직접 조립한 사람에게는 자신이 수고를 들인 상품으로서 그 가치가 약 5배 수준으로 높이 평가되는 것이다. 이는 불완전하지만 자신이 직접 제작한 제품을 중요하게 생각하고 남들에게 자랑하고 싶어하는 심리, 즉 IKEA 효과를 설명해준다.[41]

시트로앵 DS3

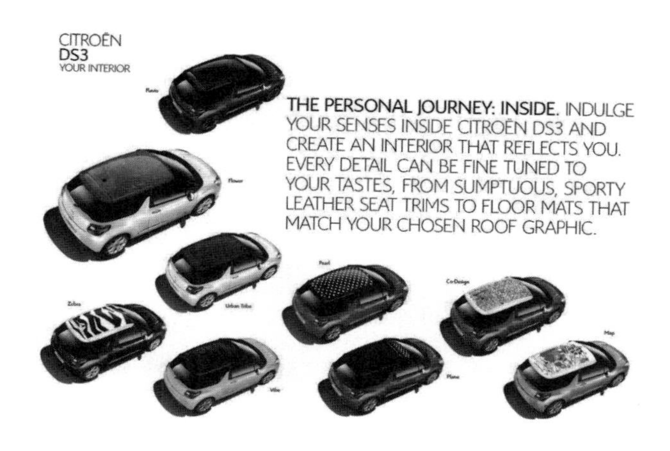

자료: 〈http://www.citroen.gf〉.

수 있으므로 타깃고객의 특성을 섬세하게 고려해야 한다. 고객이 가치를 두지 않는 부분에서 불필요한 에너지를 쏟도록 하는 것은 소비자 피로도를 높이는 결과만 낳을 수 있기 때문이다. 2000년대 초 미국 슈퍼마켓 업계에서는 셀프계산대 라인(self-checkout lines)을 설치하는 붐이 일었는데, 고객의 대기시간을 줄이고 스스로 체크아웃하는 재미와 선택권을 주기 위해서였다. 그러나 식품소매업연합(Food Marketing Institute)에 의하면 초기에 관심을 끌었던 이 셀프 라인의 사용률은 2007년 22%에서 2010년 16%로 하락하여 실질적 효과는 미흡한 것으로 나타났다.

처음에는 호기심과 기대로 사용해봤으나 고객들이 직접 스캔하고 계산기를 다루는 일이 즐겁거나 성취감을 주는 가치 있는 일은 아니

: 여성이 만드는 집, '로우스' :

미국의 주택 개조용품 유통업체 로우스(Lowe's)는 1980년대부터 업계 최초로 여성시장을 핵심시장으로 설정하며 혁신적인 여성 마케팅을 펼쳐오고 있다. 예를 들어 개인 고객의 구매 기록을 바탕으로 재구매 제품을 추천하는 'My Lowe's' 프로그램은 주택 개조에 필요한 공구나 도구에 익숙지 않은 여성고객들이 자신의 집에 맞는 페인트, 적합한 전구 종류 등을 선택할 때 요긴하게 사용되어 큰 호응을 얻었다.

또한 업계에서 전통적으로 사용되던 제품과 가격 위주의 카탈로그 홍보를 줄이고 집을 직접 개조하고 꾸미는 즐거움을 메시

'National Women Build Week' 포스터와 작업 현장

자료: 〈http://inhabitat.com/pick-up-a-hammer-for-habitat-for-humanitys-national-women-build-week/habitat-for-humanity-women6/〉.

지로 하는 TV광고를 제작했다. 여성 친화적 이미지를 구축하기 위해 광고 내용에서도 '주택(house)'을 '가정(home)'으로, '공사(construction)'를 '창조(creativity)'로, 용어를 전환하기도 했다. 2004년부터는 빈곤층을 위해 주택을 지어주는 공공단체 해비타트(Habitat)를 후원하며 1년에 한 주는 여성고객들이 자발적으로 참여하는 'National Women Build Week'를 진행하고 있다. 미국 전역에서 모집한 여성 봉사자들은 'Lowe's how-to clinic'에서 간단한 교육을 받은 후 파트너 가족을 위해 직접 집짓기 체험을 하게 되는데, 2008~2012년 기간 동안 4만 1,000명 이상의 여성고객이 참여한 것으로 알려진다. 여성들이 주택을 수리·개조하는 데 필요한 기본 정보를 습득할 뿐 아니라 새로운 일에 도전하고 가치 있는 활동에 참여한다는 성취감을 주는 프로그램으로 호평받고 있다.

라고 여겨 계속 사용하게 되지는 않았던 것이다.[42] 또 셀프 체크아웃에 문제가 생겨 결국 직원의 도움을 받아야 하거나 대기 중인 뒷사람들의 따가운 시선을 느끼게 되면 오히려 좌절감, 불쾌감, 불안감을 느끼는 부정적 경험이 된다. 바쁘고 지친 소비자들을 움직이기 위해서는 새로운 경험이 개인이 중시하는 가치를 실현하거나 생활의 완성도를 높일 수 있는지 신중하게 고려해야 한다.

고객반감을 자산화하라

브랜딩은 종교활동이 아니다. 무조건적 믿음과 사랑으로 무장한 맹신 소비자를 지닌 컬트 브랜드를 만든다는 것은 신화 같은 이야기이다. 브랜드는 소수의 열광하는 신도가 아니라 끊임없이 의심하고 불평하면서 적대감을 품는 소비자들을 대상으로 활동해야 한다. 브랜드에 실망하고 분노하는 고객은 브랜드 성장의 해법을 찾아줄 소중한 자산이다. 이제는 즐거움을 나누고 헤어지는 가벼운 관계가 아닌 다양하고 복잡한 감정을 이해하고 상처를 치유해줄 수 있는 성숙한 관계를 지향해야 한다.

'Wow'가 아닌 'Ouch'에 귀 기울여라

얼마 전 네슬레는 메인 페이스북의 '좋아요(like)' 60만 건 돌파에 대해 고객들에게 감사를 표했다. 그런데 한 고객은 "우리가 다 네슬레 팬이라고 착각하지 마라. 우리 중에는 네슬레의 비윤리성을 폭로하거나 제품불매운동을 확산하기 위해 모인 사람들도 많다"라고 일침을 가했다. 호의적인 감사 전달에 비하면 냉정하고 시니컬한 반응이다.

감성적인 10대 소비자들도 브랜드에 '쿨(cool)'하다. 자신이 좋아하는 브랜드를 통해 개성을 표현하고 이벤트에 열정적으로 참여하는가 하면, 관계의 선을 분명히 긋는다. 2010년 포레스터 리서치가 10대 네티즌 4,681명을 조사한 결과 브랜드와 친구가 되는 것이 괜찮다(OK with befriending brands)는 데 동의한 비중은 12%였으며, 소셜미디어로 브랜드와 '대화하기'를 원하는 비중은 16% 수준이었다.

틴에이저 소비자들은 자신이 개인적인 네트워크 활동을 하는 데 원치 않는 간섭을 하거나 주변에 어슬렁거리는 브랜드에 강한 불쾌감을 느낀다. 친구들과 브랜드나 제품에 대해 대화하기는 좋아하지만, 브랜드와의 직접적 상호작용을 즐기는 소비자는 매우 한정적이다. 긍정적이든 부정적이든 브랜드는 이야깃거리일 뿐 대화 상대는 아닌 것이다. 이러한 발견은 고객과 온라인 미디어를 통해 대화를 나누고 친근한 관계를 구축하고자 하는 기업들 입장에서는 무척 당황스러운 소식이다.

로맨스를 꿈꾸는 브랜드와 달리 소비자는 냉정하고 시니컬하다. 고객의 사랑을 얻기는 매우 어렵지만 그 행복은 그다지 오래 유지되지 않는다. 지금 현재 신뢰와 애정을 표현하는 고객도 기업의 작은 실수나 경쟁사의 손짓에 쉽게 그 감정이 증발해버린다. 기업이 그들을 충성고객으로 고착화하는 데는 많은 시간과 노력이 필요하지만 고객 마음속에서 브랜드 반감은 너무나 빠르고 간단하게 고착된다. 최근의 한 연구는 기업에 대한 고객불만이 4주 내에 해결되지 않으면 원한(grudge)이 고착화되어 돌이킬 수 없는 관계가 되어버린다는 점을 밝히고 있다.

기업은 '어떻게 브랜드 팬들을 양성할 것인가?'와 '어떻게 브랜드 적군과 화해할 것인가?'의 2가지 전략적 질문 사이에서 균형을 추구해야 한다. 독보적 상품력과 뚜렷한 개성을 지닌 브랜드라면 브랜드 팬층을 두텁게 하는 데 많은 투자를 할 필요가 있다. 물론 여기서도 미라클 휩이나 마마이트처럼 적대적 소비자들을 영리하게 활용하는 전략이 가능하다. 그러나 유사한 기능과 서비스로 치열한 경쟁을 벌이고 있는 대다수 기업들은 새로운 팬 고객을 만드는 데 자원을 집중하기보다는 실망감, 싫증, 체념, 분노 등 다양한 부정적 감정을 경험하고 있는 고객들과의 관계를 회복하는 데 관심과 자원을 배분해야 한다. 무차별적 마케팅으로 호응을 얻으려 애쓰기보다 공격적인 소비자, 빙산 아래의 잠재된 반감 고객들의 이야기를 듣고 해결책을 찾아가는 것이 기업 성장에 더 효과적일 것이다.

글로벌 선두 기업, 스타 브랜드일수록 수백억 달러의 브랜드 가치를 자축하고 일부 팬들의 칭송에 들떠 나르시시즘에 빠지기 쉬우니 주의해야 한다. 적당한 겸손함을 지닌 사람이 자신감에 가득 찬 사람보다 성공할 확률이 높듯이, 아무리 성공 가도를 달리는 브랜드라도 적정한 자신감 수준을 유지할 필요가 있다. 자신감이 적당히 낮을수록 부정적 피드백에 더 많은 주의를 기울이고 자신에 대해 냉정한 비판을 하게 되며, 이것이 자연스럽게 더 많은 노력과 성취로 연결될 것이기 때문이다.[1]

전 마이크로소프트 회장 빌 게이츠는 "가장 불행한 고객이 가장 위대한 학습원천(Your most unhappy customers are your greatest source of learning)"이라고 말했다. 충성고객과 마찬가지로 반감고객은 기업의 성장과 발전의 원동력이다. 'Wow!'를 연발하는 행복한 고객과의 로맨스만을 꿈꾸기보다 'Ouch!' 하며 비명을 지르는 불행한 반감고객을 찾아 학습하고 문제를 해결해 더 나은 상황을 제시한다면 고객을 뺏고 뺏기는 경쟁의 쳇바퀴에서도 탈출할 수 있을 것이다.

반감고객 포트폴리오를 관리하라

기업이 이상적으로 추구하는 긍정적 고객관계를 가족, 베스트프렌드, 로맨스, 복종적 관계 등 다양한 유형으로 분류하려는 시도가 이루어지고 있다.[2] 그러나 고객관계를 총체적·균형적으로 관리하려면 긍정적 관계에 있는 고객만이 아니라 부정적 관계의 고객도 세분화해 대응하는 작업을 병행해야 한다. 예를 들어 이 책에서 제시한 브랜드 보복형·유기형, 마케팅 유격형·탈출형과 같은 4가지 반감고객 유형이 부정적 고객 포트폴리오 관리의 기본 틀로 활용될 수 있을 것이다.

기본적으로 특정 브랜드에 대한 불만과 반감을 지닌 고객은 구체적으로 문제를 해결해주는 방식의 마케팅 부서 차원의 대응이 중요하다. 현장접점 또는 마케팅 리서치 전문가가 고객 개인의 성향, 드러나거나 잠재된 불만 상황, 고객의 요구사항에 대해 정확히 이해하고 있어야만 하기 때문이다. 손실에 대한 직접적 보상을 원하는 보복형 소비자라면 대화의 방식이나 내용을 바탕으로 한 MBTI(성격유형지표)식 고객 재분류와 맞춤 대응도 효과적일 것이다.

한편 획일적 대량 마케팅에 반감을 지닌 반감고객과의 관계를 개선하기 위해서는 상품의 기획 · 생산, 사회공헌활동, 조직문화 등 전사 차원의 대응과 변화가 요구된다. 과도한 마케팅에 대한 반소비 단체의 공격이라든지 소비자의 피로감 증대는 전 사회적 현상으로 특정 부서 차원에서 혹은 개인 고객 수준의 미봉책으로는 해결하기 어려운 문제이다. 특히 업계를 선도하는 파워 브랜드라면 '소비자 행복 지수', '소비자 스트레스 지수' 등을 개발하여 장기적 전략 방향을 제시하는 것이 바람직하다. 이를 위해서는 CEO가 앞장서서 사회 발전에 적극 참여하는 주체로서 기업의 역할을 강조하고, '레드 프로젝트' 같이 업(業)의 경계를 뛰어넘는 협력을 도모하는 것이 중요하다.

투쟁적 반감고객과 도피적 반감고객에 대한 대응전략도 차별화할 수 있다. 예를 들어 구체적 사안에 대한 보상 또는 시정을 요구하는 보복형 · 유격형 반감고객을 대할 때는 요구사항에 대응하는 '스피드(speed)'가 최우선시된다. 적극적으로 공격해오는 소비자에게 빠른 대응을 해주지 않으면 개인 차원에서 부정적 감정이 고착화될 뿐 아니라 소셜미디어 등을 통해 기업이나 브랜드가 대중적 비난을 당할 위기에 처하기 쉽다. 반면 자신의 감정을 드러내지 않거나 기업과의 접촉을 회피하는 반감고객과는 시간이 걸리더라도 깊이 있는 대화를

반감고객 포트폴리오 관리 방향

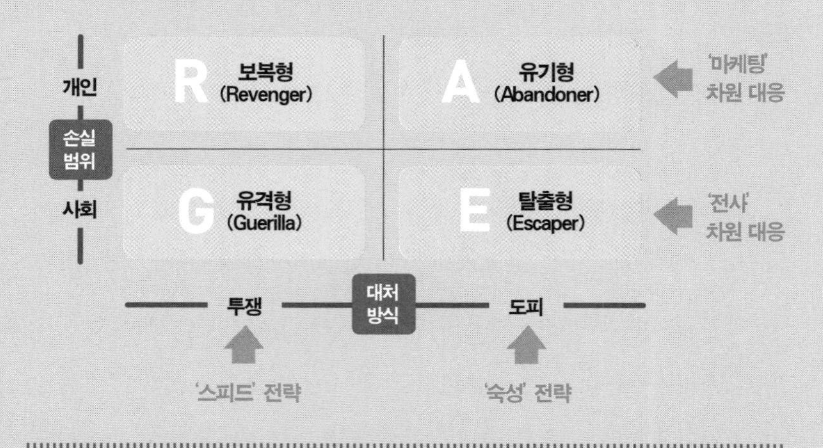

통해 부정적 상황의 배경을 파악하고 문제의 근본 원인을 해결하는 '숙성(mature)' 전략으로 관계를 회복하는 것이 효과적이다.

반감고객 포트폴리오 관리의 목표 중 하나에는 기업이 처한 상황에 따라 어느 반감고객 유형에 더 중점을 두고 문제를 해결할 것인가를 결정하는 과정도 포함된다. 예컨대 높은 수익을 제공하는 우수 고객에게 집중하는 로열티 강화 프로그램처럼 장기적으로 매출이나 브랜드 명성에 영향을 미치는 핵심 반감고객 유형을 선별하는 것이다. 시장을 선도하는 헤게모니 브랜드라면 유격형 반감고객들과의 관계를 우호적으로 변화시키는 데 집중할 필요가 있고, 성장기에 들어선 브랜드라면 보복형 반감고객들의 불만사항에 귀를 기울이며 제품과 서비스를 개선하는 데 노력을 들이는 것이 효과적일 수 있다. 한편 성장이 정체된 브랜드나 IT, 통신과 같이 고객 빼앗기 경쟁이 치열한 산업에 속한 브랜드는 유기형 · 탈출형 반감고객들과의 심층적 대화를 통해 새로운 도약을 계획할 수 있을 것이다.

반감자산을 활용하라

하버드경영대학의 시어도어 레빗(Theodore Levitt) 교수는 '기업에 문제가 생겼다는 가장 확실한 증거 중 하나는 바로 고객불만이 들리지 않기 시작했다는 것'이라고 말한다.[3] 만약 불평이 사라졌다면 고객들이 거짓말을 하고 있거나 이미 연결이 끊어진 상태이기 때문이다. 부정적 소비자는 감당하기 힘든 상대이지만 기업에 꼭 필요한 존재이다. 그들의 부정적 감정과 평가를 유발한 문제의 배경과 원인을 제대로 파악해야 장기적으로 심각한 악영향을 끼칠 수 있는 반감의 씨앗을 제거하고 기업이 안정적으로 발전할 수 있다.

반감고객과의 커뮤니케이션에서는 '제안'보다 '경청'이 우선시되어야 한다. 부정적 경험을 통해 이미 비판적 태도를 지닌 고객에게, 마케터는 편안한 환경에서 고객이 자유롭게 이야기할 수 있도록 유도하는 카우치 닥터(couch doctor)의 역할을 해야 할 것이다. 특히 잠재된 불만을 표현하지 않는 체념적 · 도피적 반감고객의 내면을 파악하려면 미국의 온라인 슈퍼마켓 피포드가 시도한 것과 같은 중대사건 심층 인터뷰를 통해 공감적 경청(emphatic listening) 노력을 기울일 필요가 있다.

고객 스토리 데이터를 수집 · 분석해 체계적 대응 시스템을 마련하는 것도 좋다. 특히 소셜미디어를 통해 오가는 대화에서 부정적 감정 형성을 일찌감치 감지한다면 대중적 비난과 반감이 형성되기 전에 문제를 해결해 고객분노를 잠재울 수도 있다. 예컨대 던킨 도너츠는 제대로 닫히지 않은 커피 뚜껑 때문에 셔츠와 자동차 시트를 버린 성난 고객의 트윗을 센싱하여 15분 만에 사과하고 무료쿠폰을 보내주었고, 네슬레는 온라인 고객의 정서를 실시간 분석하는 전담 부서(DAT)를 신설하여 전사 차원에서 활용하고 있다.

이뿐 아니라 일반 소비자를 대상으로 하는 제품 및 광고 선호도 조사에서 긍정적 최초 상기(TOM; Top Of Mind) 브랜드와 함께 가장 싫어하는 부정적 최초 상기(Negative TOM) 브랜드를 파악해 기피 원인을 분석한다면 브랜드 반감에 대한 이해의 폭을 넓히고 창의적 아이디어를 구할 수도 있을 것이다. 또 대중 소비자들이 '무엇을 원하는가' 뿐 아니라 '무엇을 싫어하는가', '무엇을 피하고 싶어하는가'를 이해하는 것은 변화의 방향을 예측하는 데 큰 도움이 된다. 사람들은 종종 자신이 좋아하는 대상보다 싫어하는 대상에 대해 더 확신하고, 싫은 대상을 거부함으로써 자신을 보다 구체적이고 풍부하게 표현할 수 있기 때문이다.

브랜드가 성장하기 위해 훌륭한 라이벌이 필요하듯 반감고객의 냉혹한 비판, 불만, 감시는 브랜드가 더 나은 가치를 창출하며 시장과 사회를 발전시킬 수 있도록 필수 영양분을 제공한다. 파워 브랜드로 성공하는 긴 여정에 그림자처럼 따라붙는 반감고객, 그들은 브랜드를 위협하면서도 성장을 촉진하는 기업의 중요한 자산이다. '반감자산(hatred equity)'을 효과적으로 활용하고 가치를 창출하는 능력은 경쟁을 뛰어넘어 시장을 선도하는 새로운 성장 원동력으로 작용할 것이다.

프롤로그 · Bad is stronger than good!

1 Baumeister, R. F., Bratslavsky, E., Finkenauer, C. and Vohs, K. D. (2001). "Bad is stronger than good". *Review of General Psychology*. 5(4), 323–370.

2 Dixon, M., Freeman, K. and Toman, N. (2010). "Stop trying to delight your customers". *Harvard Business Review*. 88(July), 116–122.

3 Arnold, M. J., Reynolds, K. E., Ponder, N. and Lueg, J. E. (2005). "Customer delight in a retail context: Investigating delightful and terrible shopping experiences". *Journal of Business Research*. 58, 1132–1145.

Part 1. 이별을 통보하는 고객들

1 "Longtime JCPenney customer explains why she feels betrayed by her favorite store" (August 23, 2012). *Business Insider*. 〈http://www.businessinsider.com/jcpenney-customer-betrayed-favorite-store-ron-johnson-2012-8〉.

2 〈http://www.edmundconway.com/2012/10/dear-apple-im-leaving-you/〉; 〈http://biz.chosun.com/site/data/html_dir/2012/11/07/2012110701025.html〉.

3 "Chobani : The unlikely king of yogurt" (November 30, 2011). CNN Money. 〈http://money.cnn.com/2011/11/29/smallbusiness/chobani_yogurt_hamdi_ulukaya.fortune/index.htm〉.

4 〈http://www.socialmediaexplorer.com/〉.

5 Roehm, H. L. and Brady, M. K. (2007). "Consumer responses to performance failures by high-euity bands". *Journal of Consumer Research*. 34(Dec.), 537-545.

6 존 거제마, 에드 러바 (2010). 《브랜드 버블》. 노승영 역. 초록물고기.

7 Mehrabian, A. and Russell, J. A. (1974). *An Approach to Environmental Psychology*. Cambridge : MA. MIT Press.

8 Izard, C. E. (1977). *Human Emotions*. New York : Plenum Press.

9 Izard, C. E. (1989), "Studies of development of emotion-cognition relations". Izard, C. E. (ed.). *Development of Emotion-cognition Relations*. New York : Plenum Press, 257-266.

10 Watson, D., Clark, L. A. and Tellegen, A. (1988). "Development and validation of brief measures of positive and negative affect : The PANAS scales". *Journal of Personality and Social Psychology*. 54(6), 1063-1070.

11 Schmukle, S. C., Egloff, B. and Burns, L. R. (2002). "The relationship between positive and negative affect in the Positive and Negative Affect Schedule". *Journal of Research in Personality*. 36(5), 463-475.

12 Richins, M. L. (1997). "Measuring emotions in the consumption experience". *Journal of Consumer Research*. 24(September), 127-146.

13 이학식, 임지훈 (2002). "소비 관련 감정척도의 개발". 《마케팅연구》. 17(3), 55-91.

14 서용원, 손영화 (2004). "한국인의 소비정서 항목 개발을 위한 탐색적 연구". 《한국심리학회지: 소비자 · 광고》. 5(1), 69-92.

15 Scherer, K. R. (2005). "What are emotions? And how can they be measured?". *Social Science Information*. 44(4), 695-729.

16 Russell, J. A. (1980). "A circumplex model of affect." *Journal of*

Personality and Social Psychology. 39(December), 1161-1178.

17 Giannakopoulos, T., Pikrakis, A. and Theodoridis, S. (2009). "A dimensional approach to emotion recognition of speech from movies". ICASSP 2009.

18 Scherer, K. R. (2005). "What are emotions? And how can they be measured?". *Social Science Information*. 44(4), 695-729.

19 Sacharin, V., Schlegel, K. and Scherer, K. R. (2012). *Geneva Emotion Wheel Rating Study*. Geneva, Switzerland: University of Geneva, Swiss Center for Affective Sciences.

20 Lazarus, R. (1985). "The psychology of stress and coping". *Issues in Mental Health Nursing*. 7, 399-418.

Part 2. 안티 브랜드 - 개인적 차원의 반감고객들

1 성형석, 한상린 (2010). "고객의 자기조절 성향이 서비스 실패에 따른 부정적 감정과 고객반응에 미치는 영향: 귀인과정에 따른 조정적 역할을 중심으로". 《한국마케팅저널》. 12(2), 83-110.

2 Gregoire, Y., Tripp, T. M. and Legoux, R. (2009). "When customer love turns into lasting hate: The effects of relationship strength and time on customer revenge and avoidance". *Journal of Marketing*. 73(November), 18-32.

3 대니얼 카너먼 (2012). 《생각에 관한 생각》. 이진원 역. 김영사.

4 Tripp, T. M. and Gregoire, Y. (2011). "When unhappy customers strike back on the internet". *MIT Sloan Management Review*. 37-44.

5 Patterson, P. G., McColl-Kennedy, J. R., Smith, A. K. and Lu, Z. (2009). "Customer rage: Triggers, tipping points, and take-outs". *California Management Review*. 52(1), 6-28.

6 Aggarwal, P. (2004). "The effects of brand relationship norms on

consumer attitudes and behaviors". *Journal of Consumer Research*. 31(June), 87-101.

7 Cohen, J. (1990). "Attitude, affect, and consumer behavior". Moore, B. S. and Isen, A. M. (eds.). *Affect and Social Behavior.* Press Syndicate, NY, 152-206.

8 Bechwati, N. N. and Morrin, M. (2003). "Outraged consumers: Getting even at the expense of getting a good deal". *Journal of Consumer Psychology*. 13(4), 440-453.

9 Ahluwalia, R. (2002). "How prevalent is the negativity effect in consumer environments?". *Journal of Consumer Research*. 29(September), 270-279; Ahluwalia, R., Burnkrant, R. E. and Unnava, H. R. (2000). "Consumer response to negative publicity: The moderating role of commitment". *Journal of Marketing Research*. 37(May), 203-214.

10 Gregoire, Y., Tripp, T. M. and Legoux, R. (2009). "When customer love turns into lasting hate: The effects of relationship strength and time on customer revenge and avoidance". *Journal of Marketing*. 73(November), 18-32; Aaker, J., Fournier, S. and Brasel, S. A. (2004). "When good brands do bad". *Journal of Consumer Research*. 31(June), 1-16; Roehm, M. L. and Brady, M. K. (2007). "Consumer responses to performance failures by high-equity brands". *Journal of Consumer Research*. 34(December), 537-545.

11 Gregoire, Y. and Fisher, R. J. (2006). "The effects of relationship quality on consumer retaliation". *Marketing Letters*. 17(January), 31-46.

12 Elangovan, A. R. and Shapiro, D. L. (1998). "Betrayal of trust in organizations". *Academy of Management Review*. 23(July), 547-567; Ward, J. C. and Ostrom, A. L. (2006). "Complaining to the masses: The role of protest framing in customer-created complaint web sites". *Journal of Consumer Research*. 33(December), 220-230.

13 Bies, R. J. and Tripp, T. M. (1996). "Beyond distrust: Getting even and

the need for revenge". Roderick M. Kramer and Tom R. Tyler (eds). *Trust in Organizations*. Newbury Park, CA: Sage Publications, 246–260; Koehler, J. J. and Gershoff, A. D. (2003). "Betrayal aversion: When agents of protection become agents of harm". *Organizational Behavior and Human Decision Process*. 90(March), 244–266.

14 Gregoire, Y., Tripp, T. M. and Legoux, R. (2009). "When customer love turns into lasting hate: The effects of relationship strength and time on customer revenge and avoidance". *Journal of Marketing*. 73(November), 18–32.

15 Gregoire, Y. and Fisher, R. J. (2006). "The effects of relationship quality on consumer retaliation". *Marketing Letters*. 17(January), 31–46.

16 앨리 러셀 혹실드 (2009). 《감정노동》. 이가람 역. 이매진.

17 황승미, 윤지환 (2012). "항공사 객실승무원의 감정노동이 소진 및 이직의도에 미치는 영향". 《호텔경영학연구》. 21(2), 227–244.

18 Gregoire, Y., Laufer, D. and Tripp, T. M. (2010). "A comprehensive model of customer direct and indirect revenge: Understanding the effects of perceived greed and customer power. *Journal of the Academy of Marketing Science*. 38, 738–758.

19 Han, S., Lerner, J. S. and Kelner, D. (2007). "Feelings and consumer decision making: The appraisal-tendency framework". *Journal of Consumer Psychology*. 17(3), 158–168.

20 Bechwati, N. N. and Morrin, M. (2007). "Understanding voter vengeance". *Journal of Consumer Psychology*. 17(4), 277–291; Zourrig, H., Chebat, J. and Toffoli, R. (2009). "Consumer revenge behavior: A cross-cultural perspective". *Journal of Business Research*. 62(10), 995–1001.

21 Blodgett, J. G., Hill, D. J. and Tax, S. S. (1997). "The effects of distributive, procedural, and interactional justice on post-complaint behavior". *Journal of Retailing*. 73(2), 185–210.

22 Patterson, P. G., McColl-Kennedy, J. R., Smith, A. K. and Lu, Z. (2009).

"Customer rage: Triggers, tipping points, and take-outs". *California Management Review*. 52(1), 6-28.

23 Bougie, R. and Zeelenberg, M. (2003). "Angry customers don't come back, they get back: The experience and behavioral implications of anger and dissatisfaction in services". *Journal of Academy of Marketing Science*. 31(4), 377-393; Gregoire, Y. and Fisher, R.J. (2006). "The effects of relationship quality on consumer retaliation". *Marketing Letters*. 17(January), 31-46; Smith, A.K., Bolton, R.N. and Wagner, J. (1999). "A model of customer satisfaction with service encounters involving failure and recovery". *Journal of Marketing Research*. 36, 356-372.

24 Patterson, P.G., McColl-Kennedy, J.R., Smith, A.K. and Lu, Z. (2009). "Customer rage: Triggers, tipping points, and take-outs". *California Management Review*. 52(1), 6-28.

25 한상린, 성형석 (2007). "서비스 실패에 따른 부정적 고객반응에 관한 연구: 귀인과정의 조정역할과 실망, 배반, 후회의 감정을 중심으로". 《소비문화연구》. 10(2), 1-26; Kelley, H.H. (1973). "The processes of causal attribution". *American Psychologist*, 28(2), 107-128; Heider, F. (1958). *The Psychology of Interpersonal Relations*, New York: Wiley.

26 한상린, 성형석 (2007). "서비스 실패에 따른 부정적 고객반응에 관한 연구: 귀인과정의 조정역할과 실망, 배반, 후회의 감정을 중심으로". 《소비문화연구》. 10(2), 1-26.

27 Gregoire, Y. and Fisher, R.J. (2006). "The effects of relationship quality on consumer retaliation". *Marketing Letters*. 17(January), 31-46.

28 Zeelenberg, M. and Pieters, R. (2004). "Beyond valence in customer dissatisfaction: A review and new findings on behavioral responses to regret and disappointment in failed services". *Journal of Business Research*. 57(4), 445-455.

29 Gregoire, Y., Laufer, D. and Tripp, T.M. (2010). "A comprehensive

model of customer direct and indirect revenge: Understanding the effects of perceived greed and customer power". *Journal of the Academy of Marketing Science*. 38, 738-758; Crossley, C. D. (2009). "Emotional and behavioral reactions to social undermining: A closer look at perceived offender motives". *Organizational Behavior and Human Decision Processes*. 108, 14-24; McGovern, G. and Moon, Y. (2007). "Companies and the customers who hate them". *Harvard Business Review*. 85(June), 78-84.

30 Wooten, D. B. (2009). "Say the right thing: Apologies, reputability, and punishment". *Journal of Consumer Psychology*. 19, 225-235.

31 Menon, K. and Bansal, H. (2006). "Exploring consumer experience of social power during service consumption". *International Journal of Service Industry Management*. 18, 89-104.

32 Aquino, K., Tripp, T. M. and Bies, R. J. (2006). "Getting even or moving on? Power, procedural justice, and types of offense as predictors of revenge, forgiveness, reconciliation, and avoidance in organization". *Journal of Applied Psychology*. 91(3), 653-658.

33 Patterson, P. G., McColl-Kennedy, J. R., Smith, A. K. and Lu, Z. (2009). "Customer rage: Triggers, tipping points, and take-outs". *California Management Review*. 52(1), 6-28.

34 Bitner, M, Booms, B. H. and Tetreault, M. S. (1990). "The service encounter: Diagnosing favorable/unfavorable incidents". *Journal of Marketing*. 54(1), 71-84.

35 Patterson, P. G., McColl-Kennedy, J. R., Smith, A. K. and Lu, Z. (2009). "Customer rage: Triggers, tipping points, and take-outs". *California Management Review*. 52(1), 6-28.

36 Tripp, T. M. and Gregoire, Y. (2011). "When unhappy customers strike back on the internet". *MIT Sloan Management Review*. 37-44.

37 "America and GM: Can this marriage be saved?" (January 30, 2006).

CNN Money. 〈http://money.cnn.com/2006/01/26/Autos/gm_anger/〉.

38 Zaltman, G. (2003). *How Customers Think: Essential Insights into the Mind of the Market*. Harvard Business School Press.

39 Bechwati, N. N. and Morrin, M. (2003). "Outraged consumers: Getting even at the expense of getting a good deal". *Journal of Consumer Psychology*. 13(4), 440-453.

40 최은실 (2008). "소비자집단분쟁조정제도의 현황과 전망". 《경영법연구》. 17권, 35-56; "소비자집단분쟁조정제도 통해 소비자 권익 확보될까" (2011. 11. 24). 《오마이뉴스》.

41 Ward, J. C. and Ostrom, A. L. (2006). "Complaining to the masses: The role of protest framing in customer-created complaint web sites". *Journal of Consumer Research*. 33(December), 220-230.

42 이승환 (2012). "스마트 시대, 소비자 '불만'을 '신뢰'로 바꾸는 비결". SERI 경제포커스, 제400호, 삼성경제연구소.

43 "Lessons in risk, reward, and failure from 7 brand disasters" (2011. 12. 6). *Fast Company*. 〈http://www.fastcompany.com/pics/7-disastrous-brand-improvements-didnt-improve-anything#9〉.

44 〈http://blog.van.fedex.com/absolutely-positively-unacceptable〉.

45 Roehm, M. L. and Brady, M. K. (2007). "Consumer responses to performance failures by high-equity brands". *Journal of Consumer Research*. 34(December), 537-545; Duhachek, A. (2005). "Coping: A multidimensional, hierarchical framework of responses to stressful consumption episodes". *Journal of Consumer Research*. 32(1), 41-53.

46 Roehm, M. L. and Brady, M. K. (2007). "Consumer responses to performance failures by high-equity brands". *Journal of Consumer Research*. 34(December), 537-545.

47 Griffin, J. (2002). *Customer Loyalty: How to Earn it. How to Keep it*. Jossey-Bass.

48 Tripp, T. M. and Gregoire, Y. (2011). "When unhappy customers strike

back on the internet". *MIT Sloan Management Review*. 37-44.

49 〈http://www.virginamerica.com/vx/sabre〉.

50 Dixon, M., Freeman, K. and Toman, N. (2010). "Stop trying to delight your customers". *Harvard Business Review*. 88(July), 116-122.

51 Roehm, M. L. and Brady, M. K. (2007). "Consumer responses to performance failures by high-equity brands". *Journal of Consumer Research*. 34(December), 537-545.

52 Gregoire, Y., Tripp, T. M. and Legoux, R. (2009). "When customer love turns into lasting hate: The effects of relationship strength and time on customer revenge and avoidance". *Journal of Marketing*. 73(November), 18-32.

53 Ringberg, T., Odekerken-Schroder, G. and Christensen, G. (2007). "A cultural models approach to service recovery". *Journal of Marketing*. 71(July), 194-214.

54 Aggarwal, P. (2004). "The effects of brand relationship norms on consumer attitudes and behaviors". *Journal of Consumer Research*. 31(June), 87-101.

55 "Call centres: Can we learn to love them?" (December 19, 2010). *The Guardian*. 〈http://www.guardian.co.uk/business/2010/dec/19/call-centres-makeover-alan-sugar〉.

56 "When, why, and how to fire that customer" (October 28, 2007). *Business Week*.

57 "When, why, and how to fire that customer" (October 28, 2007). *Business Week*.

58 "Sears posts wider loss as loyalty program costs increase" (August 23, 2013). Bloomberg. 〈http://www.bloomberg.com/news/2013-08-22/sears-posts-wider-loss-amid-loyalty-program-discounts.html〉.

59 "서민 高금리 수익, '상위 0.05%' VVIP 혜택에 퍼준 카드사들" (2013. 9. 30). 《한국경제신문》.

60 "기업 83% '소비자 황당 요구 경험'" (2011. 8. 31). 《머니투데이》. 〈http://www.mt.co.kr/view/mtview.php?type=1&no=2011083110174829288&outlink=1〉.

61 Gregoire, Y., Laufer, D. and Tripp, T. M. (2010). "A comprehensive model of customer direct and indirect revenge: Understanding the effects of perceived greed and customer power". *Journal of the Academy of Marketing Science*. 38, 738-758.

62 "〔귀한 손님 요우커〕 '7兆 관광 고객' 요우커를 푸대접하는 한국" (2014. 1. 16). 《조선일보》.

63 Assael, H. (1987). *Consumer Behavior and Marketing Action*. Boston: PWS-Kent; Day, G. S. (1969). "A two dimensional concept of brand loyalty". *Journal of Advertising Research*. 9(September), 29-36; Jacoby, J. and Chestnut, R. W. (1978). *Brand Loyalty: Measurement and Management*. New York: John Wiley.

64 Vavra, T. G. (1995). *Aftermarketing: How to Keep Customers for Life through Relationship Marketing*. New York: McGraw-Hill.

65 Fournier, S. (2008. 11. 9). "Lessons learned about consumers' relationships with brand". Working Paper 2008-3. Boston University School of Management.

66 Zourrig, H., Chebat, J. and Toffoli, R. (2009). "Consumer revenge behavior: A cross-cultural perspective". *Journal of Business Research*. 62(10), 995-1001.

67 *2011 National Customer Rage Study*. CCMC(Customer Care Measurement & Consulting).

68 Voorhees, C. M., Brady, M. K. and Horowitz, D. M. (2006). "A voice from the silent masses: An exploratory and comparative analysis if noncomplainers". *Journal of the Academy of Marketing Science*. 34(4), 514-527.

69 *2011 National Customer Rage Study*. CCMC(Customer Care Measurement

& Consulting).

70 "Survey : Most android users 'hate Apple'" (April 19, 2011). CNET. ⟨http://news.cnet.com/8301-17852_3-20055181-71.html%3E;5Reasons whypeopleHateApple(2010.8.5.).PCWorld⟩.

71 Levitt, T. (1983). "After the sale is over". *Harvard Business Review*. (Sept.-Oct.), 2-8.

72 Westbrook, R. A. and Oliver, R. L. (1991). "The dimensionality of consumption emotion patterns and consumer satisfaction". *Journal of Consumer Research*. 18(June), 84-91; Westbrook, R. A. (1980). "A rating scale for measuring product/service satisfaction". *Journal of Marketing*. 44(Fall), 68-72.

73 함유근, 채승병 (2012). 《빅데이터, 경영을 바꾸다》. 삼성경제연구소.

74 정재영 (2011). "디지털 감정 정보의 홍수 시대 '과학적 감성성'으로 시장의 정서를 읽는다". LG Business Insight.

75 Davies, H. and Kinloch, H. (2000). "Critical incident analysis : Facilitating reflection and transfer of learning". Cree, V. and Macaulay, C. (eds.). *Transfer of Learning in Professional and Vocational Education*. London : Routledge, 137-147.

76 Fournier, S. and Avery, J. (Spring 2011). "Putting the 'relationship' back into CRM". *MIT Sloan Management Review*.

77 ⟨http://blogs.hbr.org/cs/2012/12/your_customers_are_probably_annoyed_with_you.html⟩.

78 "Wendy's pigtails get first touch-up since 1983" (2012. 10. 11). AP.

79 "New life for old brands" (March 29, 2013). *Inc*. ⟨http://www.inc.com/magazine/201303/april-joyner/new-life-for-old-brands.html⟩.

Part 3. 안티 마케팅 - 사회적 차원의 반감고객들

1 Iyer, R. and Muncy, J. A. (2009). "Purpose and object of anti-consumption". *Journal of Business Research*. 62(2), 160-168; Zavestoski, S. (2002). "The social - psychological bases of anticonsumption attitudes". *Psychology & Marketing*. 19(2), 149-165.

2 Pink, D. (2012). *To Sell Is Human: The Surprising Truth About Moving Others*. Penguin Group USA.

3 대니얼 카너먼 (2012). 《생각에 관한 생각》. 이진원 역. 김영사.

4 Boston Consulting Group (2009). *China's Luxury Market in a Post-land-rush Era*.

5 Iyengar, S. S. and Lepper, M. R. (2000). "When choice is demotivating: Can one desire too much of a good thing?". *Journal of personality and social psychology*. 79(6), 995-1006.

6 Pew Forum Global Attitudes Project (2007). 〈http://e360.yale.edu/feature/chinas_emerging_environmental_movement/2018/〉.

7 남은영 (2010). "한국 중산층의 소비문화: 문화자본과 사회자본의 함의를 중심으로". 《한국사회학》. 44(4), 126-161.

8 "Frugal habits of the super rich" (May 30, 2013). news.com.au 〈http://www.news.com.au/money/money-matters/frugal-habits-of-the-super-rich/story-e6frfmd9-1226653022343〉.

9 "Wealthy take bigger helping of fast food" (September 30, 2010). *Wall Street Journal*.

10 "Rich Gen Y-ers see money as path to career freedom " (August 28, 2013). *Newsday*.

11 "'고소득층 소비↓' 가계지출 4년來 첫 감소·· '불황형 흑자 지속'" (2013. 5. 24). 《조선일보》. 〈http://biz.chosun.com/site/data/html_dir/2013/05/24/2013052401603.html〉.

12 이준환, 안신현, 하송, 홍선영 (2011). "'패스트패션'에서 배우는 역발상의 지

혜". CEO Information. 798호. 삼성경제연구소.

13 Cherrier, H. (2009). "Anti-consumption discourses and consumer-resistant identities". *Journal of Business Research*. 62(2), 181-190; Craig-Lees, M. and Hill, C. (2002). "Understanding voluntary simplifiers". *Psychology & Marketing*. 19(2), 187-210; Shaw, D., Newholm, T. and Dickinson, R. (2006). "Consumption as voting: an exploration of consumer empowerment". *European Journal of Marketing*. 40(9/10), 1049-1067.

14 Dobscha, S. (1998). "The lived experience of consumer rebellion against marketing". *Advances in Consumer Research*. 25(1), 91-97; Kozinets, R. V. and Handelman, J. (1998). "Ensouling consumption: a netnographic exploration of the meaning of boycotting behavior". *Advances in consumer research*. 25(1), 475-480.

15 Cherrier, H. (2009). "Anti-consumption discourses and consumer-resistant identities". *Journal of Business Research*. 62(2), 191-190.

16 〈https://www.livebelowtheline.com/us-en-thechallenge#sthash.oVMenhf0.dpuf〉.

17 "Companies that practice 'Conscious Capitalism' perform 10x better" (April, 2013). *Harvard Business Review blogs*. 〈http://blogs.hbr.org/2013/04/companies-that-practice-conscious-capitalism-perform/〉.

18 "페이스북 '성폭력·인종차별 페이지는 삭제'" (2013. 7. 1). 《조선일보》.

19 최명구 (2013). "기네스, 맥주로 세상을 이롭게 하라". SERICEO.

20 "Corporate social responsibility: A lever for employee attraction & engagement" (June 7, 2012). *Forbes*. 〈http://www.forbes.com/sites/jeannemeister/2012/06/07/corporate-social-responsibility-a-lever-for-employee-attraction-engagement/〉.

21 "A teaching moment: Professors evaluate Pepsi Refresh Project" (October 7, 2012). *AdAge*. 〈http://adage.com/article/viewpoint/a-teaching-moment-professors-evaluate-pepsi-refresh-project/237629/〉.

22 "'SNS글 때문에 신상 털려'··· 온라인 은둔족 급증" (2013. 5. 14). 《조선일보》. 〈http://news.chosun.com/site/data/html_dir/2013/05/14/2013051400128.html〉.

23 "Young people 'bored' with social media" (August 15, 2011). *Telegraph*; "소셜커머스 난립에 해외서 탈퇴 서비스 등장" (2012. 8. 23). 《연합뉴스》.

24 "4 Misconceptions About the Simple Life" 〈http://www.huffingtonpost.com/duane-elgin/four-misconceptions-about_b_937115.html〉.

25 "After PBR: Will the next great hipster beer please stand up?" (2013. 5. 26). *TIME*. 〈http://business.time.com/2013/05/26/after-pbr-will-the-next-great-hipster-beer-please-stand-up/#ixzz2XJ7zn2kG〉.

26 Jacoby, J. (1984). "Perspectives on information overload". *Journal of Consumer Research*. 10(4), 432-435.

27 Walsh, G. and Mitchell, V. W. (2010). "The effect of consumer confusion proneness on word of mouth, trust, and customer satisfaction". *European Journal of Marketing*. 44(6), 838-859.

28 Jacoby, J. and Chestnut, R. W. (1978). *Brand Loyalty: Measurement and Management*, New York, NY: John Wiley.

29 문영미 (2011). 《디퍼런트: 넘버원을 넘어 온리원으로》. 살림Biz.

30 문선정, 강보현, 이수형 (2011). "소비자 혼란이 분노를 통해 구전, 신뢰에 미치는 영향: 소비자의 부정적 감정 성향과 불확실성 인내력 부족의 조절역할을 중심으로". 《한국마케팅저널》. 13(1), 113-141.

31 문영미 (2011). 《디퍼런트: 넘버원을 넘어 온리원으로》. 살림Biz.

32 Park, H., Twenge, J. M. and Greenfield, P. M. (2013). "The great recession implications for adolescent values and behavior". *Social Psychological and Personality Science*. 24(10), 1722-1731.

33 "맞벌이 40대男, 아내 출장 떠나자 세탁기를···" (2013. 2. 28). 《매일경제신문》. 〈http://news.mk.co.kr/newsRead.php?no=152004&year=2013〉.

34 SERICEO(2010. 11. 23). "초저가, 고마진! 하드디스카운트"; "Simple Secret to America's Most Loved Companies" (Oct. 29, 2013). *Time*. 〈http://

business.time.com/2013/10/29/simple-secret-to-americas-most-loved-companies/#ixzz2kJo3dmfy〉.

35 "메뉴 4개 '인앤아웃 버거'가 '맥도날드' 보다 수익이 높은 이유" (2012. 11. 9). 《조선일보》. 〈http://biz.chosun.com/site/data/html_dir/2012/11/09/20121109〉.

36 Spenner, P. and Freeman, K. (2012). "To keep your customers, keep it simple". *Harvard Business Review*. 90(May), 108-114.

37 〈http://www.edaily.co.kr/news/NewsRead.edy?SCD=JA21&newsid=02243526602940776&DCD=A00102&OutLnkChk=Y〉; 〈http://www.koreatimes.co.kr/www/news/biz/2013/10/488_144769.html〉; 〈http://www.farmers.com/〉.

38 Spenner, P. and Freeman, K. (2012). "To keep your customers, keep it simple". *Harvard Business Review*. 90(May), 108-114.

39 "Volvo's new ads are anti-rich people" (April 23, 2013). *Business Insider*. 〈http://www.businessinsider.com/volvos-new-anti-rich-campaign-2013-4#ixzz2Um03wBB8〉.

40 "톡톡 튀는 DIY 자동차… 色다른 나만의 '애마', 칵테일처럼 내 맘대로" (2012. 7. 6). 《한국경제신문》. 〈http://www.hankyung.com/news/app/newsview.php?aid=2012070676271〉.

41 Norton, M., Mochon, D. and Ariely, D. (2011). "The 'IKEA Effect': When labor leads to love". *Journal of Consumer Psychology*. 22, 453-460; "The IKEA Effect: Study finds consumers over-value products they build themselves" (2011. 11. 26). *The Huffington Post*. 〈http://www.huffingtonpost.com/2011/09/26/ikea-effect-consumers-study_n_981918.html〉.

42 〈http://www.huffingtonpost.com/2011/09/26/ikea-effect-consumers-study_n_981918.html〉.

에필로그 · 고객반감을 자산화하라

1 Chamorro-Premuzic, T. (July 6, 2012). "Less-confident people are more successful". *Harvard Business Review blogs.* 〈http://blogs.hbr.org/2012/07/less-confident-people-are-more-su/〉.

2 Fournier, S. (1998). "Consumers and their brands: developing relationship theory in consumer research". *Journal of Consumer Research.* 24(4), 343-353.

3 Levitt, T. (1983). "After the sale is over". *Harvard Business Review.* (Sept.-Oct.), 2-8.